高职高专“十三五”规划教材 

国际货运代理操作

GUOJI HUOYUN DAILI CAOZUO

胡利利　王阳军　主编　　　唐艳红　副主编

化学工业出版社
·北京·

《国际货运代理操作》分两部分：第一部分，基础认知，包括国际货运代理认知、国际贸易相关业务认知；第二部分，操作实务，包括国际海运货运代理操作、国际航空货运代理操作、国际陆运货运代理操作、国际多式联运操作，重点对四大运输代理操作的基础知识、业务流程、单证制作进行阐述和分析，基于翻转课堂的理念，根据企业的真实业务设计工作任务单，学生通过自主学习和教师指导完成相应的工作任务。为方便教学，本书配有电子课件。

本书注重“工学结合”，是一本实操性较强的教材，并配有全面的单证模板和丰富的背景资料，可以帮助读者在较短的时间内掌握国际货运代理的操作流程和单证制作。

本书可作为高等院校物流管理专业、国际贸易、商务英语等相关专业的教材，也可作为行业相关从业人员学习的参考用书。

图书在版编目（CIP）数据

国际货运代理操作/胡利利，王阳军主编．—北京：化学工业出版社，2017.9

高职高专“十三五”规划教材

ISBN 978-7-122-30341-7

Ⅰ.①国…　Ⅱ.①胡…②王…　Ⅲ.①国际货运-货运代理-高等职业教育-教材　Ⅳ.①F511.41

中国版本图书馆CIP数据核字（2017）第181295号

责任编辑：旷英姿　　文字编辑：谢蓉蓉

责任校对：王素芹　　装帧设计：王晓宇

出版发行：化学工业出版社（北京市东城区青年湖南街13号　邮政编码100011）

印　　刷：北京市振南印刷有限责任公司

装　　订：北京国马印刷厂

787mm×1092mm　1/16　印张14½　字数375　千字　　2017年10月北京第1版第1次印刷

购书咨询：010-64518888（传真：010-64519686）　售后服务：010-64518899

网　　址：http://www.cip.com.cn

凡购买本书，如有缺损质量问题，本社销售中心负责调换。

定　　价：38.00元

前言
Foreword

随着对外贸易的迅速发展，对国际货运代理人才的需求与日俱增，近些年来，专业的国际货运代理企业发展迅速，对专业性人才的需求较大，引起社会的广泛关注。

由于国际物流不同于国内物流，我们通过跟踪市场的最新变化，充分调研，结合外贸物流实践，总结相关专业的教学经验，联合国际货运代理企业专业人员共同编写了这本教材。在编写中，我们力求做到：简明扼要阐述国际货运代理业务的基础知识和基本理论，便于学生的理解和掌握；设置的基本技能和操作技术知识贴近实际、便于运用；以真实的资料为背景，合理设计工作任务，便于评价。

《国际货运代理操作》分为基础认知和操作实务两个部分，六个学习情境，主要内容包括：国际货运代理认知、国际贸易相关业务认知、国际海运货运代理操作、国际航空货运代理操作、国际陆运货运代理操作、国际多式联运操作。本书可作为高等职业院校物流类和国际贸易类、商务英语等专业的教学用书，也可以作为行业初学者入门阅读书籍。

本书由湖南工程职业技术学院胡利利和王阳军任主编，唐艳红任副主编，浙江育英职业技术学院何玲辉参编，上海环世捷运物流有限公司深圳分公司海外客服陈姣和北京天安久恒国际货运代理公司王轲参编并提供业务指导。编写人员编写分工如下：学习情境一由胡利利、王阳军编写，学习情境二由唐艳红编写，学习情境三由胡利利、陈姣编写，学习情境四由王轲、胡利利编写，学习情境五由王阳军编写，学习情境六由何玲辉编写。

本书的编写得到了湖南工程职业技术学院、浙江育英职业技术学院和相关国际货运代理企业的大力支持，化学工业出版社为本书的出版提供了技术支持和帮助，在此一并表示感谢。

限于编者水平，难免存在不妥之处，恳请读者批评指正。

编者

2017 年 5 月

目 录
Contents

学习情境一

国际货运代理认知

学习目标

知识目标

1. 了解国际货运代理行业情况；
2. 了解国际货运代理企业基础知识；
3. 了解国际货运代理的法律地位；
4. 熟悉国际货运代理责任、责任限制及责任保险；
5. 掌握国际货运代理企业设立的程序和条件；
6. 掌握国际货运代理的从业要求。

能力目标

1. 懂得如何和团队共同策划成立一家货运代理公司；
2. 能分析国际货运代理企业的地位和责任；
3. 能进行有效的国际货运代理销售。

项目一 国际货运代理行业认知

一、国际货运代理的业务范围

1. 国际货运代理企业的经营范围

国际货运代理（international freight forwarding agent）是指国际货运代理组织接受进出口货物收货人、发货人的委托，以委托人或自己的名义，为委托人办理国际货物运输及相关业务，并收取劳务报酬的经济活动。

根据《中华人民共和国国际货物运输代理业管理规定实施细则》第 22 条规定，国际货运代理企业的经营范围包括以下内容。

（1）揽货、订舱（含租船、包机、包舱）、托运、仓储、包装。

（2）货物的监装、监卸、集装箱装拆箱、分拨、中转及相关的短途运输服务。

（3）报关、报检、报验、保险。

（4）缮制签发有关单证，交付运费，结算及交付杂费。

（5）国际展品、私人物品及过境货物运输代理。

(6) 国际多式联运、集运（含集装箱拼箱）。

(7) 国际快递（不含私人信函）。

(8) 咨询及其他国际货运代理业务。

2. 国际货运代理企业的主要类型

国际货运代理企业从事着与国际货物运输相关的业务。由于不同的企业自身的条件和经营范围的限制，从事着不尽相同的业务。

(1) 国际货物运输代理企业　目前，我国货代企业主要从事下列业务。

① 海上运输代理业务　由于海运的成本相对低廉，目前，世界上80%的国际货物运输都是由海运完成的，因此，海运代理业务占了货运代理业务的大半部分，它们主要从事着国际集装箱货物和件杂货的运输代理业务。

② 航空运输代理业务　国际航空货物的运输速度快、安全环节少，因而被越来越多的人所采用。

③ 国际陆路（铁路、公路）运输代理业务　国际陆路（铁路、公路）运输代理业务，虽然不是国际货物运输代理的主要业务，但因其具有运输便捷、运量大、成本低、受气候影响比较小等优点而具有一定的市场，特别是在与内陆地区连接的大陆桥运输和联合运输中起到了很大的作用。

④ 国际多式联运业务　国际多式联运是20世纪80年代兴起的一种国际货物运输方式。它通过两种或两种以上的运输方式将多程运输交由一个承运人来完成，把传统的海-海、空-空、陆-陆单一运输有机地结合起来，为客户提供经济、安全、合理、迅速、简捷的运输服务。国际多式联运业务有别于传统的代理业务。国际多式联运的经营人虽然可能不具有运输工具，但他还是以承运人的角色为客户提供服务，不但要承担代理人的责任，还要承担国际货物运输人的责任。国际多式联运企业必须熟悉代理业务，掌握相关的承运人的业务知识。

(2) 船舶代理企业　船舶代理企业是指接受船舶所有人的委托，代办与船舶有关的一切业务的企业。船舶代理业务范围很广，主要包括船舶进出港业务、货运业务、船舶供应和船舶服务业务以及其他服务性业务等。

(3) 无船承运人　无船承运人是指在国际货物运输中的契约承运人，而不是实际完成运输的实际承运人。国际货运代理企业进入运输领域，开展单一方式运输或多式联运业务时，由于与委托人订立运输合同，并签发自己的运输单据，对运输负有责任，因而已经成为承运人。但是，由于他们一般并不拥有或掌握运输工具，只能通过与拥有运输工具的承运人订立运输合同，由他人实际完成运输。他们实际的角色是自己不完成运输任务，但要承担订立货物运输合同的责任。

(4) 第三方物流经营人　对于第三方物流，目前的概念还不明确，存在着多种解释。但其本质就是通过运用各种信息技术，将传统的仓储、运输、装卸、包装等货物流动的活动系统化、专业化。第三方物流作为国际货运代理的一种发展，它可以被看作是国际货运代理业务的延伸和拓展。它实际上就是将传统的货运代理和新的增值服务结合起来，以达到降低货物的流通成本，为客户提供便捷、低廉的服务，经营人自己通过服务的延伸获取更多的利润。

二、国际货运代理行业组织

1. 国际货运代理协会联合会

国际货运代理协会联合会（International Federation of Freight Forwarders Associations）。其

法文缩写为“FIATA”，作为国际货运代理协会联合会的标识，被称为“菲亚塔”。FIATA 取得的令人瞩目的成就有：FIATA 推荐的国际货运代理标准交易条件范本与《FIATA 货运代理服务示范法》及制定的各种单证。

2. 中国国际货运代理协会

为协调货代行业发展中的全局性问题，促进我国国际货代业的健康发展，早在 1994 年商务部（原外经贸部）就做出了筹建中国国际货运代理协会（China International Freight Forwarders Association，简称 CIFA）的决定。

2000 年 9 月 6 日，中国国际货运代理协会在北京成立。协会是在民政部登记注册、由中国境内的国际货运代理企业自愿组成的、非营利性的、以民间形式代表中国货代业参与国际经贸运输事务并开展国际商务往来的全国性行业组织，接受商务部（原外经贸部）的业务指导和民政部的监督管理。其宗旨是：协助政府部门加强对我国国际货代行业的管理；维护国际货代业的经营秩序，推动会员企业间的横向交流与合作依法维护本行业利益；保护会员企业的合法权益；促进对外贸易和国际货代业的发展。

3. 国际货代是独立的行业

从历史上看，国际货运代理是从国际商业和国际运输这两个关系密切的行业里分离出来而独立存在的。这也是商业和运输高度社会化和国际化的必然结果，如今，货运代理是一个世界性的行业，国际货运代理协会联合会（FIATA）的成员已发展有 130 个国家和地区，拥有货运代理公司 35000 多家。它对世界货运代理业务的协调和改进起着促进作用。

FIATA 国际组织是这样介绍货运代理的作用的：

货运代理具有许多专门知识，所以它可以采用最安全、最迅速、最经济的办法组织货物；

货运代理在世界各贸易中心建立了客户网和自己的分支机构，可以控制货物的全程运输；

货运代理是工贸企业的顾问，它能就运费、包装、单证、结关、领事要求、金融等方面提供咨询；

货运代理可以对国内市场和国外市场销售的可能性提出建议；

货运代理能把小批量的货物集中为成组货物，所有客户都可以从这个特殊服务中受益；

货运代理不仅组织和协调运输，而且影响到新运输方式的创造、新运输路线的开发以及新运价的制定。

三、国际货运代理的法律地位

1. 国际货运代理人法律地位的含义

国际货运代理人的法律地位，是指国际货运代理人在从事业务经营活动时与他人发生的法律关系中所处的地位。

国际货运代理人在不同业务经营行为发生的法律关系中所处的法律地位不同，其所享受的权利、承担的义务和责任也有所不同。国际货运代理人的法律地位，本质上取决于其业务经营行为的方式、与客户之间的合同约定和相关法律、法规、规章的强制性规定。

2. 国际货运代理人的法律地位

根据《中华人民共和国国际货物运输代理业管理实施细则（试行）》第2条的规定，国际货运代理企业既可以作为进出口货物的收货人、发货人的代理人从事国际货运代理业务，也可以作为独立经营人从事国际货运代理业务。

由此可见，我国法律规定的国际货运代理人的法律地位可以分为两类：第一类是指作为代理人的法律地位；第二类是指作为当事人的法律地位。

鉴于国际货运代理企业在这两种情况下具有不同的法律地位，该细则第42条明确规定国际货运代理企业作为代理人，可以向货主收取代理费，并可以从承运人处取得佣金，但是不得以任何形式与货主分享佣金（给予中间人的报酬）。国际货运代理企业作为独立经营人，应当依照有关运价本向货主收取费用，但是不得从实际承运人处取得佣金。

国际货运代理人可能以两种身份出现：一是作为客户（收货人或发货人）的代理人；二是作为契约当事人。而这两种法律地位的不同，导致其权利义务、法律责任有着巨大的差异。作为代理人，货运代理只收取佣金，实际上只是提供代理服务，其法律行为的后果由客户承担，其业务活动产生的风险相对较小。作为契约的当事人，货运代理收取差价，但却是“背对背”两个合同的当事人，其义务的完全履行往往要靠另一方当事人（或者是货主，或者是实际承运人），所以，在这种情况下，货运代理要面临巨大的风险。

3. 国际货运代理人两种法律地位的区别

货运代理的法律地位不同，所承担的法律责任亦不同。实践中应如何区别他们在不同情况下的不同身份？如何确定他们所应承担的不同法律责任呢？

对于货运代理不同的法律地位，要根据具体业务来区分，根据所属国法律来认定。

（1）按收入取得的方式来认定　区分货运代理身份的一个重要标志，即从托运人那里取得的是佣金，还是运费差价。货运代理如果从托运人那里得到的是佣金，或者从承运人那里得到的是经纪人佣金，则被视为代理人；反之若从不同的运费费率差价中获取利润，则被视为当事人。

（2）按提单签发的方式认定　通常货运代理签发自己的提单，会被视为承运人，承担当事人的责任。但是，货运代理签发提单，并不一定就意味着是承运人，这里问题的关键是合同之规定，即在货运代理与托运人之间签订的委托合同规定为代理人还是承运人。一般来说签发多式联运提单和无船承运人提单的货运代理则被视为是多式联运经营人和无船承运人，即当事人，并需承担承运人的责任。

（3）按经营运作方式认定　货运代理若以自己的名义签订运输合同，并通过向托运人收取一笔纯粹的运费，转而向其他承运人支付较之收取的运费略低的运费，从这两笔运费的差价中赚取适当的利润；或者货运代理将诸多委托人之货物合并装入一个集装箱，从事拼箱、混装服务，以取得更多的收益。在这种情况下，货运代理对委托人来说身份为当事人，其责任为承运人的责任。根据承运人的资格，应享有承运人的全部权利（包括责任限制），并负有承运人的全部义务。无船承运人就属于这种性质。

（4）按习惯做法及司法认定　货运代理在作为托运人的代理人行事时，为了尽快替委托人订妥舱位。货运代理常以自己的名义与承运人订立合同，这在某些地方（如伦敦运输交易市场）是合理的习惯做法。在此情况下，若货物没有按时到达装货地点，根据所属国司法机关的认定，承运人可以向货运代理要求亏舱费的赔偿。货运代理赔付后可转向其委托人索赔。也就是说，货运代理只要以其自己的名义行事，即使本身没有过失，也会因其当事人的身份而承担责任，同时享有向过失方进行追偿的权利。

综上所述，确定货运代理究竟是作为代理人还是作为缔约当事人，不存在任何硬性规定。货运代理的身份取决于具体情况、具体事实和所属国的法律。法院或仲裁机构往往会综合考虑货运代理与委托人之间的全部情况，包括合同、电话、来往信件、电传、传真、电子邮件、费率和所签发的提单、海运单、空运单、铁路运单、公路运单及以往的业务情况等。但尽管如此，还是有以下可供参考的用以判断其身份的标准。

① 在合同文件中表示货运代理义务特性的方式；

② 支付方式，货运代理按运费、费用，外加一笔收入结算，还是从运费结算中提取一定的百分数，或者收取包括一切费用在内的总运费；

③ 提单签发方式；

④ 托运人是否已知道实际承运其货物的运输公司；

⑤ 当事人双方过去相互交往的方式。

4. 国际货运代理责任保险

目前，各国法律对货运代理所下的定义及其业务范围的规定有所不同，但按其责任范围的大小，原则上可分为三种情况。

第一种情况，作为国际货运代理，仅对其自己的错误和疏忽负责。

第二种情况，作为国际货运代理，不仅对自己的错误和疏忽负责，还应使货物完好地抵达目的地，这就意味着他应承担承运人的责任和造成第三人损失时的责任。

第三种情况，国际货运代理的责任取决于合同条款的规定和所选择的运输工具等。

（1）国际货运代理的责任

① 国际货运代理作为代理人的责任　国际货运代理作为代理人，受货主的委托，在其授权范围内，以委托人的名义从事代理行为，由此产生的法律后果由委托人承担。在内部关系上，委托人和货运代理之间是代理合同关系，货运代理享有代理人的权利，承担代理人的义务。在外部关系上，货运代理不是货主与他人所签合同的主体，不享有该合同的权利，同时也不承担该合同的义务。

国际货运代理作为纯粹的代理人，通常应对其本人及其雇员的过错承担责任。其错误和疏忽可能包括：未按指示交付货物；尽管得到指示，办理保险仍然出现疏忽；报关有误；运往错误的目的地；未能按必要的程序取得再出口（进口）货物退税；未取得收货的货款而交付货物。国际货运代理还应对其经营过程中造成的第三人财产灭失和损坏和人身伤亡承担责任。如果国际货运代理能够证明他对第三人的选择做到了合理的谨慎，那么他一般不承担因第三人的行为或不行为引起的责任。

② 国际货运代理作为当事人的责任　国际货运代理作为当事人，系指在为客户提供所需的服务中，是以其本人的名义承担责任的独立合同人，他应对其为履行国际货运代理合同而雇佣的承运人、分货运代理的行为或不行为负责。一般而言，他与客户接洽的是服务的价格，而不是收取代理手续费。国际货运代理以自己拥有的运输工具进行运输。或以自己的名义与承运人签订运输合同，或租用他人的运输工具进行运输，在此情况下，货运代理均为运输合同的一方，处于承运人的地位，无论是实际承运人，还是契约承运人，都承担承运人的责任和义务。

国际货运代理往往还经营国际多式联运业务，在此情况下，只要其签发了多式联运提单，不管是否实际参与了运输，均不影响其作为多式联运经营人的地位。根据有关国际多式联运的法律规定，多式联运经营人对全程运输负责。如在运输过程中发生货物的灭失、损坏或延误，多式联运经营人均应承担赔偿责任，除非能证明其为避免货物的灭失、损坏或延误已采取一切适当的措施。因此，在多式联运过程中，一旦发生货物灭失或损坏，作为多式联运经营人的货运代理，理应向委托人承担货损货差的赔偿责任，然后，再向发生货损货差区段的实际承运人（责任人）追偿。

作为当事人，国际货运代理不仅对其本身和雇员的过失负责，而且应对在履行与客户所签合同过程中提供的其他服务的过失负责。其中对客户的责任主要表现在以下三个方面：

a. 对于大部分情况属于对货物的灭失或残损的责任。

b. 对于因职业过失，尽管既非出于故意也非由于粗心，但给客户造成了经济损失。如不按要求运输；不按要求对货物投保；报关有误造成延误；运货至错误的目的地；未能代表客户履行对运输公司、仓储公司及其他代理人的义务；未收回提单而放货；未履行必要的退税手续再出口；未通知收货人；未收取现金费用而交货；向错误的收货人交货。

c. 对于迟延交货。尽管按惯例货运代理一般不确保货物的到达日期，也不对迟延交货负责，但目前的趋势是对过分的延误要承担适当的责任，此责任限于被延误货物的运费或两倍运费。

国际货运代理是当事人身份还是代理人身份

某土畜产进出口公司委托某外运公司办理一批服装的出口运输，从上海运至日本。外运公司租用远洋运输公司的船舶承运，但以其自己的名义签发提单。货物运抵目的港后，发现部分服装已湿损。于是，收货人向保险公司索赔。保险公司依据保险合同赔偿收货人后，取得代位求偿权，进而对外运公司提起诉讼。

分析：很明显，本案并非货运代理合同纠纷，而是运输合同纠纷。但由于外运公司是以其自己的名义签发提单，这一行为使其成为契约承运人。从而承担了承运人的责任和义务，对因承运人责任范围内的原因造成的货物损失负责赔偿。当然，外运公司仍有权依据其与远洋运输公司（实际承运人）签订的运输合同关系，向远洋运输公司进行追偿。

③ 国际货运代理对海关的责任　有报关权的国际货运代理在替客户报关时应遵守海关的有关规定，向海关当局及时、正确、如实地申报货物的价值、数量和性质，以免政府遭受税收损失。同时，如报关有误，国际货运代理将会受到罚款的惩罚，并难以从客户那里得到此项罚款的补偿。

④ 国际货运代理对第三人的责任　国际货运代理对第三人的责任多是指对装卸公司、港口当局等参与货运的第三人提出的索赔所承担的责任。这类索赔可分为两大类：一是第三人财产的灭失或损坏及由此产生的损失；二是第三人的人身伤亡及由此产生的损失。

（2）国际货运代理的责任限制　国际货运代理在对其过失或疏忽承担责任的同时亦享有责任限制。责任限制是一项特有的法律制度，即依据法律的有关规定，责任人将其赔偿责任限制在一定范围内的法律制度。

在国际货物运输中，往往会由于责任人（如船长、船员或货运代理）的过失造成货物的损害，或造成第三人的重大财产损失。这种损害或损失常常是严重的，涉及的赔偿金额也是巨大的，有时甚至会超过货物本身的价值或船舶的价值。为了保护本国的航运业，各国通常将这种赔偿责任用法律加以限制。国际货运代理与承运人一样，均有权将其责任限制在合理的限额内。当国际货运代理为承运人时，则享受有关承运人的责任限制。承运人的责任限制适用于对船上货物的损害赔偿，即基于合同关系产生的赔偿责任。这种责任限制一般按照损失一件货物或一个货运单位（一个集装箱）来确定赔偿限额。承运人的责任限额可以由合同当事人在法律规定的限额之上另行约定。国际货运代理通常在标准交易条件中规定其最高的责任限额，其赔偿限额无论在何种情况下，都不得超过国际货运代理在接收货物时货物的市价。各国有关国际货运代理的责任和责任限制是不一致的，而且赔偿限额也不相同，这完全取决于每宗案件所涉及的法律和合同的规定。

各国有关国际货运代理的赔偿限额规定

FIATA 推荐的标准交易条件范本成为各国制定本国标准交易条件的总原则。根据该原则，英国货运代理协会标准交易条件规定：赔偿限额为 2SDR／公斤(毛重)，每宗案件最高赔偿限额不超过 75000SDR；新加坡货运代理协会标准交易条件规定：赔偿限额 5 新加坡元／公斤，每宗案件最高赔偿限额不超过 10 万新加坡元；马来西亚货运代理协会标准交易条件规定：赔偿限额为 5 马来西亚林吉特／公斤，每宗案件最高赔偿限额不超过 10 万马来西亚林吉特；印度货运代理协会标准交易条件规定：赔偿限额为 15 印度卢比／公斤，每宗案件最高限额不超过 15000 印度卢比。

（3）国际货运代理的除外责任　除外责任，又称免责，系指根据国家法律、国际公约、运输合同的有关规定，责任人免于承担责任的事由。国际货运代理与承运人一样享有除外责任，对于承运人，我国《海商法》规定了 12 项免责事由，《海牙规则》和《海牙维斯比规则》规定了 17 项免责事由。对于国际货运代理，其除外责任，通常规定在国际货运代理标准交易条件或与客户签订的合同中，归纳起来可包括以下七个方面。

① 客户的疏忽或过失所致；

② 客户或其代理人在搬运、装卸、仓储和其他处理中所致；

③ 货物的自然特性或潜在缺陷所致，如由于破损、泄漏、自燃、腐烂、生锈、发酵、蒸发或由于对冷、热、潮湿的特别敏感性所致；

④ 货物的包装不牢固、缺乏或不当包装所致；

⑤ 货物的标志或地址错误或不清楚、不完整所致；

⑥ 货物的内容申报不清楚或不完整所致；

⑦ 不可抗力所致。

四、国际货运代理责任保险

责任保险是指以被保险人依法应当对第三人承担的损害赔偿责任为标的而成立的保险合

同。《中华人民共和国保险法》（以下简称《保险法》）第 49 条第 2 款规定：“责任保险是指以被保险人对第三者依法应负的赔偿责任为保险标的的保险。”依照责任保险合同，投保人（被保险人）按照约定向保险人支付保险费，在被保险人致人损害而应当承担赔偿责任时，由保险人按照保险单约定承担给付保险赔偿金的义务。

1. 责任保险的标的

责任保险的标的是指被保险人依法应对第三人承担的损害赔偿责任。被保险人对第三人承担的赔偿责任，除非被保险人故意所为，对被保险人而言，赔偿责任的承担属于非其所愿、所求的意外事件，而该意外事件必然会造成被保险人在经济上有所付出而受到不利的损失。

责任保险的标的可以为侵权损害的赔偿责任，也可以为违反合同的赔偿责任。

2. 责任保险的特征

责任保险是在财产保险的基础上发展起来的，但它又区别于普通的财产保险，因而具有以下特征：

（1）财产保险以填补被保险人的损害为目的，实行损害填补原则。而责任保险并非纯粹的填补损害的保险，其保险人向被保险人给付保险赔偿金的责任，不以被保险人实际向受害人给付赔偿金而受到实际损失为条件。

（2）责任保险为限额保险，不论保险合同是否有所约定，保险人对被保险人承担的给付责任，以被保险人所受的损害为最高限额。

（3）责任保险人代被保险人向受害人承担替代赔偿责任，而替代赔偿责任并非保险人对受害人所承担的直接赔偿责任。一般而言，受害人对保险人没有直接请求损害赔偿的权利。但是，责任保险的发展使得其具有保护受害人的赔偿利益的公益性，受害人可以依照保险合同的约定或者法律的规定，享有并取得被保险人在责任保险合同项下的利益，请求保险人承担给付保险赔偿金的责任，保险人也可以直接向受害人支付保险赔偿金。

（4）责任保险的标的特殊。责任保险的标的为被保险人对第三人应当承担的损害赔偿责任，但并非所有的损害赔偿责任均可以为责任保险的标的。被保险人对第三人的人身或财产免受损害没有直接的利益，其向保险人寻求化解的损失并非因为“事故”造成的第三人的人身损害或者财产损失，而是被保险人在因为“事故”造成第三人人身损害或者财产损失的场合，应当对该损害或者损失承担的民事责任。

（5）责任保险性质上为第三人保险。第三人对被保险人的赔偿请求，是责任保险合同得以成立和存在的基础。如果没有第三人的存在，被保险人的损害赔偿责任无从发生，也无责任保险的适用。也就是说，责任保险合同在相当程度上是为第三人的利益而订立的保险合同。

（6）责任保险人对被保险人向受害人承担赔偿责任后，可以代位被保险人向造成被保险人承担赔偿责任而应当负责的其他共同加害人或准加害人要求赔偿。

3. 国际货运代理责任保险的产生原因

国际货运代理所承担的责任风险主要产生于以下三种情况。

（1）国际货运代理自身的过失　国际货运代理未能履行代理义务，或在使用自有运输工具进行运输出现事故的情况下，无权向任何人追索。

（2）分包人的过失　在“背对背”签约的情况下，责任的产生往往是由于分包人的行为或遗漏，而国际货运代理没有任何过错。此时，从理论上讲国际货运代理有充分的追索权，但复杂的实际情况却使其无法全部甚至部分地从责任人处得到补偿，如海运（或陆运）承运人破产等。

(3) 保险责任不合理　在“不同情况的保险”责任下，单证不是“背对背”的，而是规定了不同的责任限制，从而使分包人或责任小于国际货运代理或免责。

上述三种情况所涉及的风险，国际货运代理都可以通过投保责任险，从不同的渠道得到保险的赔偿。

4. 国际货运代理责任险的内容

国际货运代理投保责任险的内容，取决于因其过失或疏忽所导致的风险损失。

(1) 错误与遗漏　虽有指示但未能投保或投保类别有误；迟延报关或报关单内容有误；发运到错误的目的地；选择运输工具有误；选择承运人有误；再次出口未办理退还关税和其他税务的必要手续，保留向船方、港方、国内储运部门、承运单位及有关部门追偿权的遗漏；不顾保单有关说明而产生的遗漏；所交货物违反保单说明。

(2) 仓库保管中的疏忽　在港口或外地中转库（包括货运代理自己拥有的仓库或租用、委托暂存其他单位的仓库、场地）监卸、监装和储存保管工作中代运的疏忽过失。

(3) 货损货差责任不清　在与港口储运部门或内地收货单位各方接交货物时，如果发生数量短少、残损责任不清，最后由国际货运代理承担的责任。

(4) 迟延或未授权发货　部分货物未发运；港口提货不及时；未及时通知收货人提货；违反指示交货或未经授权发货；交货但未收取货款（以交货付款条件成交时）。

5. 国际货运代理责任保险的方式

国际货运代理投保责任险时，主要有以下几种方式供选择。国际货运代理根据自己的情况，选择适合自己的方式进行投保。

(1) 国际货运代理的有限责任保险　国际货运代理仅按其自身规定的责任范围对其有限责任投保，国际货运代理的有限责任保险主要分为三种类型。

① 根据国际货运代理协会标准交易条件确定的国际货运代理责任范围，国际货运代理可选择只对其有限责任投保。

② 国际货运代理也可接受保险公司的免赔额，这将意味着，免赔额部分的损失须由国际货运代理承担。保单中订立免赔额条款的目的是：一方面使投保人在增强责任心、减少事故发生的同时，从中享受到缴纳较低保险费的好处；另一方面，保险人可避免处理大量的小额赔款案件，节省双方的保险理赔费用，这对双方均有利。免赔部分越大，保险费越低，但对投保人来说却存在一定风险，即对低于免赔额的索赔，均由国际货运代理支付，这样当它面对多起小额索赔时，就会承担总额非常大的损失，而且有可能根本无法从保险人处得到赔偿。

③ 国际货运代理还可通过缩小保险范围来降低其保险费，只要过去的理赔处理经验证明这是合理的。但意料之外的超出范围的大额索赔可能会使其蒙受巨大损失。

(2) 国际货运代理的完全法律责任保险　国际货运代理按其所从事的业务范围、应承担的法律责任进行投保。根据国际货运代理协会标准交易条件确定的国际货运代理责任范围，国际货运代理可以选择有限责任投保，也可以选择完全责任投保。但有的国家的法院对国际货运代理协会标准交易条件中有限责任的规定不予认定，所以，国际货运代理进行完全法律责任保险是十分必要的。

(3) 国际货运代理的最高责任保险　在某些欧洲国家，一种特种的国际货运代理责任保险体制被广泛采用。在这种体制下，对于超过确定范围以外的责任，国际货运代理必须为客户提供“最高”保险，即向货物保险人支付一笔额外的保险费用。这种体制尽管对国际货运代理及客户都有利，但目前仅在欧洲流行。

（4）国际货运代理的集体保险制度　在某些国家，国际货运代理协会设立了集体保险制度，向其会员组织提供责任保险。这种集体保险制度既有利也有弊。其优点是使该协会能够代表其成员协商而得到一个有利的保险费率；并使该协会避免要求其成员进行一个标准的、最小限度的保险，并依此标准进行规范的文档记录。这种制度的缺点是，一旦推行一个标准的保险费率，就等于高效率的国际货运代理对其低效率的同行进行补贴，从而影响其改进风险管理、索赔控制的积极性；同时使其成员失去协会的内部信息，而该信息可能为竞争者所利用。

6. 国际货运代理责任保险的除外责任

虽然国际货运代理的责任可以通过投保责任险将风险事先转移，但作为国际货运代理必须清楚地懂得，投保责任险并不意味着保险公司将承保所有的风险，因此绝不可误认为在任何情况下，发生任何事故，即使自己有责任也不必承担任何风险与责任，统统由保险公司承担，这种想法是错误的。事实上，保单中往往都有除外条款，即保险公司不予承保，所以要特别注意阅读保单中的除外条款，并加以认真地研究和考虑。另外，保单中同时订有要求投保人履行的义务条款，如投保人未尽其义务，也会导致保险公司不予赔偿的后果。

适用于各种保险，包括责任保险的保单中，除外条款和限制通常包括以下。

（1）在承保期间以外发生的危险或事故不予承保。

（2）索赔时间超过承保条例或法律规定的时效。

（3）保险合同或保险公司条例中所规定的除外条款及不在承保范围内的国际货运代理的损失。

（4）违法行为造成的后果，如运输毒品、枪支、弹药、走私物品或一些国家禁止的物品。

（5）蓄意或故意行为，如倒签提单、预借提单引起的损失；战争、入侵、外敌、敌对行为（不论是否宣战）、内战、反叛、革命、起义、军事或武装侵占、罢工、停业、暴动、骚乱、戒严和没收、充公、征购等的任何后果，以及为执行任何政府、公众或地方权威的指令而造成的任何损失或损害。

（6）任何由核燃料或核燃料爆炸所致核废料产生的离子辐射或放射性污染所导致、引起或可归咎于此的任何财产灭失、摧毁、毁坏或损失及费用，不论直接或间接，还是作为其后果的损失。

（7）超出保险合同关于赔偿限额规定的部分。

（8）事先未征求保险公司的意见，擅自赔付对方，也可能从保险公司得不到赔偿或得不到全部赔偿。例如：当货物发生残损后，国际货运代理自认为是自己的责任，未征求保险公司的意见，自作主张赔付给对方。如事后证明不属或不完全属国际货运代理的责任，保险公司将不承担或仅承担其应负责的部分损失。

7. 国际货运代理责任保险的赔偿

国际货运代理投保责任险后，既能使委托人较快地得到合理的赔偿，又能使国际货运代理提高服务质量，对委托人和国际货运代理都十分有益。国际货运代理从保险公司获得的赔偿与其所签订的保单条款有关。通常国际货运代理责任险的投保与赔偿大体可分为以下三种情况。

（1）国际货运代理以国际货运代理协会标准交易条件中所规定的责任限制条款为基础投保时，只能获得其责任限制的赔偿。

（2）国际货运代理虽采用该标准交易条件，但要求保险公司承保其全部责任时，则可获得全责险的赔偿。

在上述两种情况下，虽然保费是国际货运代理支付的，但该保费已包含在国际货运代理向委托人所收取的服务费中。一般来说，委托人没有向保险公司直接请求赔偿的权利，然而当国际货运代理破产时，保险公司只要承保了上述责任险，委托人就可以从保险公司得到赔偿。这种责任险与承运人投保的责任险相类似。

(3) 委托人投保货物运输过程的全部风险，其中包括由于国际货运代理的过失或疏忽所引起的损失的风险时，有权直接向保险公司进行索赔。因为他是投保的当事人，此时，保险公司不得援用国际货运代理所采用的标准交易条件中的责任限制条款。

国际货运代理责任险的上述三种赔偿情况，无不与投保人缴纳的保费有直接的关系。一般来说，缴纳的保费越多，承保的责任范围越大，赔偿的金额也就越高；反之，缴纳的保费越少，承保的责任范围越小，赔偿的金额也就越低。因此，国际货运代理须根据自己业务的性质、范围、责任的大小以及有关的法律与保险公司商讨制定出一个理想的保单，用以维护双方的合法权益。

项目二 国际货运代理企业的设立

一、国内投资货运代理企业的设立

1. 设立条件

（1）申请设立国际货代企业可由企业法人、自然人或其他经济组织组成。与进出口贸易或国际货物运输有关，并拥有稳定货源的企业法人应当为大股东，且应在国际货代企业中控股。企业法人以外的股东不得在国际货代企业中控股。

（2）国际货运代理企业应当依法取得中华人民共和国企业法人资格。企业组织形式为有限责任公司或股份有限公司。禁止具有行政垄断职能的单位申请投资经营国际货运代理业务。承运人以及其他可能对国际货运代理行业构成不公平竞争的企业不得申请经营国际货运代理业务。

（3）国际货物运输代理企业的注册资本最低限额应当符合下列要求。

① 经营海上国际货物运输代理业务的，注册资本最低限额为500万元人民币。

② 经营航空国际货物运输代理业务的，注册资本最低限额为300万元人民币。

③ 经营陆路国际货物运输代理业务或者国际快递业务的，注册资本最低限额为200万元人民币。

（4）国际货物运输代理企业营业条件包括以下内容。

① 具有至少5名从事国际货运代理业务3年以上的业务人员，取得通过商务部颁发的资格证书。

② 有固定的营业场所，自有房屋、场地须提供产权证明；租赁房屋、场地，须提供租赁契约。

③ 有必要的营业设施，包括一定数量的电话、传真、计算机、短途运输工具、装卸设备、包装设备等。

④ 有稳定的进出口货源市场，是指在本地区进出口货物运量较大，货运代理行业具备进一步发展的条件和潜力，并且申报企业可以揽收到足够的货源。

（5）企业申请的国际货运代理业务经营范围中如包括国际多式联运业务，除应当具备以上（1）、（2）、（4）项条件之外，还应当具备下列条件：

① 从事有关业务3年以上；

② 具有相应的国内、外代理网络；

③ 拥有在商务部登记备案的国际货运代理提单。

2. 设立的程序

知识链接 

货运代理备案制代替审批制

2005年2月16日，商务部、国家工商行政管理总局发布了关于国际货物运输代理企业登记和管理有关问题的通知，指出：“以后企业申请从事国际货物运输代理业务，商务主管部门不再对其进行资格审批，申请人直接向所在地工商行政管理部门办理登记注册。”

2005年4月1日起，商务部对在我国境内从事国际货运代理服务的企业将实行备案制，不再对企业经营资格进行审批。这表明我国物流市场的进一步开放。

新的《备案办法》对国际货运代理企业备案不设门槛，不收取任何费用，并对备案机关、程序、变更、注销等做了明确规定。而此前，国际货运代理企业在国内都是采用核准制。

（1）登记注册 取消国际货物运输代理经营资格审批后，企业申请从事国际货物运输代理业务，商务主管部门不再对其进行资格审批，申请人可直接向所在地工商行政管理部门办理登记注册，未经登记注册的，不得从事相关业务。

工商行政管理部门在登记注册时，要严格执行《中华人民共和国国际货物运输代理业管理规定》(以下简称《规定》）的第八条，关于经营海上、航空、陆路国际货运代理业务最低注册资本限额的规定。以从事国际货运代理为主要业务的，企业名称中应当体现“国际货运代理”类似字样；企业的经营范围原则上按“××国际货运代理业务”核定，需要具体核定的，按照《规定》第十七条规定的相关业务核定，其中依据有关法律、行政法规的规定，需经有关主管机关审批的，还应当提交有关主管机关批准文件。在经营资格审批取消后，已登记注册的企业不符合上述要求的，应当按上述要求予以规范。

（2）备案 国务院于2004年取消了货运代理企业经营资格审批，除货运代理设立无须商务部审批外，《货代管理规定》的大部分内容仍然是有效的。作为过渡阶段，2005年3月2日，商务部以2005年第9号部长令发布了《国际货运代理企业备案（暂行）办法》。

我国目前货运代理的管理体制实行的是商务部门为主，其他相关部门依职权参与管理，政府主管部门行政管理和行业协会自律并重的货运代理行业管理体制。货运代理企业每年3月底前向注册地货运代理行业中介组织或商务主管部门报送上年业务经营情况。

① 需要备案的货运代理企业范围 目前我国仅对全部由国内投资主体投资设立的货运代理企业及其分支机构实行登记注册后的备案制度，对于外商投资国际货物运输代理企业的设立仍然实行审批制度。

② 货运代理企业的备案项目范围 货运代理企业设立、变更以后，应当填写《国际货运代理企业备案表》(1)，对该表所列项目信息进行备案。

货运代理企业分支机构设立、变更以后，应当填写《国际货运代理企业备案表》(2)，对该表所列项目信息进行备案。

货运代理企业或其分支机构应在每年3月底前填写《国际货运代理企业业务备案表》(3)，对其上年业务经营情况进行备案。

知识链接 

中国的国际货代企业到底有多少？

中国的货代企业除了经过商务部审批或在商务部备案的1万多家较有规模的货代企业以外，还有众多中小企业和挂靠在其他企业的货代。业内人士估计总数在3万～4万家。

根据新版《中国货代企业名录大全》所收录的11000多家企业统计得出，货代物流企业较多的前10个地区依次为：上海约2100个、广东约1700个、山东约800个、江苏约760个、天津约740个、港澳台约700个、辽宁约650个、浙江约620个、北京约600个、福建约600个。具体来说，收录企业最多的上海占收录企业总数的约19.1%，位居第二的广东则占15.5%。

其余名列前8位的地区所占比例分别为：山东约7.3%、江苏约6.9%、天津约6.7%、港澳台约6.4%、辽宁约5.9%、浙江约5.6%、北京约5.5%、福建约5.5%。货代企业较多的前10个地区占到了收录企业总数的84.3%，这一结果基本符合业内有识之士对中国货代企业分布的看法。［根据《中国货代企业名录大全》（2006～2007年版）统计。］

二、外商投资国际货运代理企业的设立

外商投资者可以合资、合作方式在中国境内设立外商投资国际货运代理企业。

自2005年12月11日起，允许设立外商独资国际货运代理企业。设立外商投资国际货运代理企业注册资本最低限额为100万美元。

设立外商投资国际货运代理企业按国家现行的有关外商投资企业的法律、法规所规定的程序，向省级商务主管部门呈报第十条规定的文件。

省级商务主管部门自收到全部申报文件30日内，做出同意或不同意的决定，经审查批准的，颁发《外商投资企业批准证书》；不予批准的，书面说明理由。根据本规定第三条及其他外商投资法律法规超过省级商务主管部门审批权限的，省级商务主管部门应在对报送文件进行初审后，自收到全部申请文件之日起15日内上报商务部。

商务部应收到全部申报文件60日内，做出同意或不同意的决定，经审查批准的，颁发《外商投资企业批准证书》；不予批准的，书面说明理由。

设立外商投资国际货运代理企业需提供如下文件：

（1）申请书；

（2）项目可行性研究报告；

（3）设立外商投资国际货运代理企业的合同、章程，外商独资设立国际货运代理企业仅需提供章程；

（4）董事会成员名单及各方董事委派书；

（5）工商部门出具的企业名称预核准通知书；

（6）投资者所在国或地区的注册登记证明文件及资信证明文件。

外商投资国际货运代理企业正式开业满1年且注册资本全部到位后，可申请在国内其他地方设立分公司。分公司的经营范围应在其总公司的经营范围之内。分公司民事责任由总公司承担。

外商投资国际货运代理企业每设立一个从事国际货物运输代理业务的分公司，应至少增加注册资本50万人民币。如果企业注册资本已超过最低限额，超过部分，可作为设立公司的增加资本。

为了促进香港、澳门与内地建立更紧密经贸关系，鼓励香港服务提供者和澳门服务提供者在内地设立从事国际货运代理业务的企业，就香港和澳门投资者投资国际货物运输代理业作了补充规定，符合条件的香港服务提供者和澳门服务提供者在内地投资设立国际货运代理企业的注册资本最低限额应当符合下列要求：

（1）经营海上国际货物运输代理业务的，注册资本最低限额为500万元人民币；

（2）经营航空国际货物运输代理业务的，注册资本最低限额为300万元人民币；

（3）经营陆路国际货物运输代理业务的，注册资本最低限额为200万元人民币。

经营前款两项以上业务的，注册资本最低限额为其中最高一项的限额。

每设立一个分公司，应当增加注册资本50万元。

本办法中香港服务提供者和澳门服务提供者应分别符合《内地与香港关于建立更紧密经贸关系的安排》和《内地与澳门关于建立更紧密经贸关系的安排》中关于“服务提供者”定义及相关规定的要求。

【课后思考】 国际货运代理企业的岗位设置和招聘要求是怎样的？

请搜索几家货运代理企业的招聘信息进行详细了解。

项目三 国际货运代理企业营销

一、国际货运代理产品分析

产品策略是指企业制定经营战略时，首先要明确企业能提供什么样的产品和服务去满足消费者的要求，也就是要解决产品策略问题。从一定意义上讲，企业成功与发展的关键在于产品满足消费者的需求的程度以及产品策略正确与否。

1. 国际货代服务产品的含义

货代企业是为广大的客户（货主）提供货物在运输过程中所需的各项服务工作的服务性企业。其产品就是货物运输服务（简称货代服务），即货代企业为客户提供国际货物运输以及相关业务的综合性服务工作，包括揽货、订舱、配载、仓储、中转、货柜的拆拼箱、海上货物运输、陆上货物运输、航空货物运输、江河货物运输、国际多式联运、“一关三检”、保险、运杂费结算，以及包装、装卸、信息和咨询服务等，以收取报酬的经济活动。简言之，货代服务就是货代企业以提供劳务的形式，满足他人对货物运输的需要，并取得报酬的经济活动。

国际货代服务产品具体包括：揽货、订舱含租船、包机、包舱、托运、仓储、包装；货物的监装、监卸、集装箱拼装拆箱、分拨、中转及相关的短途运输服务；报关、报检、报验、保险；缮制签发有关单证、交付或收取运费、结算及交付或收取杂费；国际展品、私人物品及过境货物运输代理；国际多式联运、集运含集装箱拼箱；国际快递不含私人信函；咨询及其他国际货代代理业务。

国际货代代理企业提供服务还包含定期对运输相关指令和变更做出反应；提供容易使用、先进的货代 IT 技术；为客户印制标签和扫描货物包装上的条码以产生库存、收货清单；实力强的国际货代企业甚至提供直接上货架的货代方案等。

许多国际货代代理企业整合多类产品提供综合性物流服务，包括对整个供应链系统的协调管理，通过先进的信息交换系统来实现货代资源整合，集跨区域、网络化、信息化、智能化于一体。

2. 货代服务产品的质量

货代企业作为服务性行业，讲究的是服务质量，服务质量的好坏，决定服务企业的信誉和命运。

（1）货代服务质量定义　服务效用是指货代企业为客户提供货代服务的有效性和有用性，是反映货代企业提供货代服务满足客户和社会明确或隐含需要能力的特性总和，它包括安全性、功能性、经济性、时间性、完整性、准确性、方便性等。

客户需求的满意程度取决于客户总价值（产品价值、人员价值、服务价值、形象价值）与客户总成本（资金成本、时间成本、精力成本、体力成本）的比值。比值越大，满意程度越高，反之则低。在总价值和总成本一定的情况下，客户的满意程度取决于客户的预期价值与感受价值的比值。比值越小，满意程度越高，反之则低。

（2）货代服务质量内容

① 服务态度　服务态度是货代服务质量的重要组成部分，是指服务人员在服务过程中

言行举止的外部表现形式。它是由认知、情感和行为倾向三部分构成的一个有机整体。认知是指员工对客户和服务工作的认识和理解；情感是指员工对客户和服务工作的热心程度；行为倾向是指员工对客户和服务工作采取的行为。这三者缺少任何一个要素，都会对服务态度产生决定性的影响。服务态度主要是通过员工在服务过程中的表情、举止、言行表现出来。受主客观因素的影响，不同员工其服务态度的表现形式各异，很难用一把尺子来衡量服务态度的好坏。但经过长期的实践证明，对服务态度的评价还是有一个较为公认的标准。即：良好的服务态度主要是由“亲切、主动、耐心、诚恳、周到、热情”等方面构成，这些方面相辅相成，共同构成良好的服务态度。

② 服务技术 服务技术是评判服务质量的基本标准，是指员工在服务过程中对服务知识和操作技能掌握的熟练程度。它由服务知识和操作技能两个部分构成。服务知识主要是指员工对货代相关知识的掌握程度，包括对港口情况、航线、运输方式、货物特性及装载要求、运输情况以及最新货代动态、信息、国际国内关于运输的法律规定、外贸基本知识等。所谓操作技能是指员工的工作能力，即能否独立、迅速、准确地编制各种单据，熟练地处理各种英文函电，打字熟练、准确，能运用计算工具迅速、准确地进行价格、运费、保险费、杂费等计算，能熟悉计算机制单等。服务知识和操作技能是相辅相成的，缺乏任何一部分，都会对服务技术产生根本性的影响，最后会导致服务质量的下降。

③ 服务设施 完善而先进的服务设施是货代企业高度发展的一个重要标志，也是为客户提供高效率、高质量的服务所必需的物质基础，是保证服务质量，提高服务水平的重要组成部分。服务设施是指货代企业为客户提供服务所必需的硬件设施——生产资料。它包括运输工具、港口码头、车队、场站、装卸设备、集装箱、通信系统等。货代企业只有拥有先进的现代化设施，才能为客户提供优质服务。

④ 服务项目 服务项目是货代服务质量的重要内容之一，是指服务性企业为客户提供的服务范围或者服务内容，也即服务性企业的业务经营范围。货代公司其主营项目是运输服务，是其主导产业，同时，为了更好地提供货物运输服务，与货代相关业务又是货代企业的兼营项目。主营和兼营项目共同构成货代服务项目。服务项目的设置要以“需要”和“可能”为原则，以客户满意度，同时兼顾协调性策略，即各个服务项目应配套成龙。各行业、各专业之间一定要相互协调、相互促进，不能彼此制约、分散或抵消各项目和服务环节功能的发挥。

⑤ 服务时间 货代服务时间包括两层含义，一层含义是指货代企业为客户提供服务的工作时间范围，由于货代业的特殊性要求，企业应根据客户的需求，适当延长服务时间或者在某些服务环节或服务项目上，设置 24 小时服务或专人值班服务；另一层含义是指货代企业为客户提供服务的时间效率，包括及时、准时和省时三个方面。

二、国际货代企业促销策略

促销是企业通过一定的方式，将产品或劳务的信息传送给目标顾客，从而引起兴趣，促进购买，实现企业产品销售的一系列活动。促销的实质是传播与沟通信息。

企业在传播与沟通信息中可以使用多种方式，按照信息传递的载体是人力还是非人力，促销可以分为两种类型，四种方式——人员推销（揽货）和非人员推销（广告、营业推广、公共关系）。

（一）国际货代促销的特点

货代企业的产品是运输服务，由于服务产品本身的特殊性及货代行业的特点和目前市场的现状，决定了货代企业大都采取人员推销方式。

在货代业，人员推销又俗称“揽货”，是货代企业与客户建立业务联系，取得客户信任的一种最有效的促销方式。其主要特点是揽货人员可与客户进行面对面的信息传递，通过观察客户的态度、表情，了解客户的真实需求，以便及时调整营销策略，这样有利于揽货人员与客户培养感情，增进友谊，便于企业与客户建立长期稳定的业务联系。因此，人员推销是货物促销活动中最重要的一种推销方式。

(二) 国际货代人员推销（揽货）的基本形式

人员推销主要包括上门推销、柜台推销和电话推销三种方式。

1. 上门推销

这是一种主动向客户靠拢的“蜜蜂经营法”，即企业派出揽货人向客户和潜在客户面对面地介绍本企业的产品，直接为客户提供各种服务，全方位满足客户需求的一种经营模式。

上门推销有以下的优点：给顾客留下好印象，从推销员良好的形象“推导”出公司和其产品的良好形象；有机会把产品和售后服务卖给愿意购买或租赁的顾客；有机会纠正顾客对本公司及产品的偏见，改善老印象；随时回答顾客提问；可以从顾客那里得到明确的许诺以及预购和预租。

业务员拜访客户时，一般有六个步骤：第一步，对所推销的产品，售货服务和相关法规，金融政策了如指掌，并携带必不可少的基本文件资料；第二步，明白无误地向顾客介绍你的姓名和你所服务的公司，随后向招待者，或秘书和其他工作人员递上你的名片；第三步，简要而简洁地介绍你此行的目的；第四步，当被访问者愿意与你交谈时，你应聚精会神地听；第五步，你请求他们购买你的产品和服务；第六步，如果他们有购买的意向，那么你要尽快得到他们明确的许诺。

上门推销应注意的事项：业务员应在介绍、证实产品符合顾客需要的过程中，询问顾客对产品的接受程度，采取相应措施，借以促进顾客接受产品；业务员经过检查推销示范过程中的问题和及时采取措施予以纠正和补救，促使顾客接受产品；业务员在推销过程中不断总结推销进展程度情况，强调推销产品对顾客的需求满足，进一步推动顾客对产品的接受和认可；业务员通过向顾客提出一系列与推销产品有关的问题，请求顾客作答，逐一达成共识，促使顾客逐步接受推销的产品；业务员在顾客受因素影响无法立即接受推销的产品时，要学会等待，有时还要经过不少程序和工作才能促使顾客接受。业务员在等待过程中，要不断地与顾客接触，经常确认与顾客达成的共识及双方洽谈的过程，以期待经过较长时间的等待与积极推销，能争取更多顾客接受。

【课后思考】 国际货运代理销售员获得客户信息的来源有哪些？

2. 柜台推销

由营业员接待进入市场部的客户，在他们与顾客当面接触和交谈中介绍商品，回答询问，促成生意。这是一种“等客上门”式的营销方法。

柜台推销要求营业员在接待顾客时要注意讲究文明用语和说话的技巧。文明用语以选择词语为主；说话技巧则侧重在如何灵活委婉地使用词语。只有两者有机地结合起来，才能使顾客听起来自然、舒服、愉快，而这两者的有机结合，正是柜台语言艺术技巧之所在。

柜台推销应注意以下几点。

(1) 主动与客户打招呼，恰当地使用文明用语。要求语言要文明、礼貌、诚恳、亲切，用恰当的称呼说好第一句话。

(2) 要巧妙地回答客户的提问。在回答顾客的询问时，多用请求式，少用命令式；多用肯定式，少用否定式。请求式的语言是以尊重顾客为前提，是将自己的意志以征求对方意见的形式表达出来，使顾客感到亲切，从而乐意接受；而命令式语言是以顾客必须服从为前提的，是强迫对方的行为。肯定式是在肯定顾客陈述的基础上提出自己的意见，容易被顾客接受；否定式是否定顾客陈述的基础上提出自己的意见，会使顾客产生一种被轻视的感觉，从而不愿意接受。在回答顾客的询问时还应注意观察客户的面部表情变化，即业务员一边观察顾客的反应，一边回答顾客的询问，从而了解顾客对商品的态度，以便确定自己的回答方式。

（3）业务员对即将离开柜台的顾客说上一两句颇有礼貌的送别话，绝不仅仅是一种单纯的礼貌性的表示，而是有着丰富的内在意义。如业务员用关心性的话语与祝福性的话语送别客户，易使客户产生感激之情和深刻的印象。

柜台语言艺术技巧很多，业务员针对不同情况加以运用，不仅是礼貌待客的表示，更重要的是给顾客送去了交易后的愉快，为以后的服务奠定了基础，从而为企业树立了良好的社会形象。

3. 电话推销

由于城市规模扩大、交通堵塞等原因，登门拜访式的推销方式效率越来越低，而成本越来越高。因此利用电话进行推销，就成为快捷、节省的推销方式之一。利用电话推销，往往不会被拒绝接待，一般易于被对方接受，如果把电话直接打给对方的负责人，则效果更佳。电话推销的方式可有效减少双方的心理压力，同时可以有效降低成本，省时省力，效率高。

电话推销的原则如下。

（1）坚持有限目标原则。一般而言电话推销的目的应是等找到能购买可能的对象，排除没有购买可能的对象，从而提高登门拜访进行交易洽谈的成功率。换言之，电话推销旨在创造和有希望成交的推销对象的约会机会，他不能代替面对面的商谈，电话推销的目的是以建立一个恰当的约会为止。

（2）电话推销和登门拜访或推销一样，首先得有个推销计划。这个计划就是引导对方对产品的注意力。有了这样的计划，在推销中就可以从容不迫，给对方好感。

（3）选好打电话的时间，避开电话高峰和对方忙碌的时间。一般上午十点以后和下午都较为有利。如正值所找的人外出，可询问接电话者是否有其他人可以商谈，或问清对方什么时候回来，以便以后联系。

（4）讲话应热情和彬彬有礼。热情的讲话易于感染对方；彬彬有礼的话语，同样有利于得到有礼貌的正面回答。

（5）电话推销不急于推销，应以介绍产品信息、了解对方状况为主。降低推销意味，反而有利于达成约会机会。

（6）要留下对方姓名、电话、地址，并做好记录，营销报出自己的姓名，这样对方才有可能留下姓名和电话。

（7）最后应说明的是，在大家共用一个办公室和共用一部电话时，应取得大家的相互配合。无论是把电话打给对方，还是对方有电话打过来，办公室内应保持必要的安静，一个嘈杂的办公室或个别的大声说笑，都会砸了生意。同时，在对方打来电话时，应主动热情去接，如找某人，应迅速转达。如所找的人不在，应询问对方能否代为效劳，也可让对方留下姓名、电话，总之，整体的配合，也是电话推销中提高业绩的重要因素之一。

国际货代业务员第一、第二次给客户打电话时需注意（在愿意接受报价时）：询问对方是不是自己所要拨的电话用户，即确定自己是否打错电话。询问对方是否有货出口。询问是谁负责，姓什么。询问什么时候出货，从哪里出，出往哪里，柜货还是散货。销售的旺季，通常用什么船，公司传真号码是什么。询问对方是否方便给出 MSN 或方便拜访对方与否。

（三）国际货代人员推销（揽货）的操作流程

揽货也就是货代企业人员推销，即通过与客户直接洽谈或通过电话、传真、互联网、广告等各种方式从客户那里争取货源、承揽货载的行为。揽货的基本程序是大同小异的，一般需经过以下六个步骤。

1. 寻找潜在客户

成功地发掘潜在客户是企业拓展销售范围、增加揽货量、提高企业市场占有率的重要途径之一。寻找潜在的客户是揽货过程的开始，也是决定揽货成败的关键所在。通常货运企业销售人员可以通过资料查询法、客户引荐法、抛砖引玉法等方法寻找潜在客户。

2. 接触前准备

正式约见客户之前，销售人员还需要做许多准备工作。通常接触客户前的准备工作包括：收集潜在客户资料并建立客户档案、收集竞争对手的信息，并建立竞争者档案、制订访问计划。做到“知己知彼”“有的放矢”。

3. 约见客户

货运企业销售人员与客户面谈前，一般都需要事先约见客户。约见的内容包括确定约见对象、明确访问目的、确定访问时间、选择访问地点等。约见客户时应遵循以方便客户和客户自愿的原则。通过约见，有利于进行推销预测，制订可靠的访问计划，提高揽货的效率。

4. 推销洽谈

推销洽谈是整个揽货工作的核心内容，直接关系到揽货的成败。因此，货运企业的每位销售人员都应该高度重视洽谈的技巧和艺术性。由于货运企业的客户既包括各类专业进出口公司，也包括各种性质的货运代理公司，货运企业的销售人员应根据客户的具体情况做出具体分析，灵活机动地搞好洽谈。

5. 缔结合约

通过与客户的反复接触、多次洽谈，在双方意见趋于一致的情况下，销售人员应及时把握机会，争取早日与客户签订合约。

在与客户缔结合约时，应本着互惠互利的原则，并适当留有余地，这样便是与客户保持良好的合作关系，最终从该客户处揽取更多的货物。

6. 售后服务

揽货的售后服务，系指从接受客户订舱开始，直至货物目的港卸货交付收货人为止，所有与货物运输有关的服务总称。它是揽货工作的最后一环，也是货运企业履行合约，为客户提供运输服务产品的最重要的内容之一。

通常，与客户缔结了合约只是表明客户与本企业合作的开始，客户对本企业运输服务是否满意，还要看售后服务质量的高低。售后服务质量高低，直接影响到客户与本企业的未来合作，直接关系到客户对本企业的支持程度。因此，销售人员应与客户保持密切联系，协调好客户与货运代理、港口当局、海关、商检乃至车队等部门的关系，使货物在每一个运输环节的操作都能有条不紊地运行。

此外，销售人员应随时跟踪货物动态，货物到达目的港之前还应及时通知收货人提前办理有关清关、提货和中转手续，使收货人能及时、顺利地提取货物。只有货物能安全、迅速、及时地交付给收货人，客户才有兴趣和信心继续与本企业合作；同时收货人的满意，又会进一步坚定客户支持本企业的信心。因此，货运企业在制定揽货策略时，应优先注意提高今后服务水平。

（四）揽货人员应具备的基本知识和素质

西方一些营销学家认为，一个优秀的销售人员应具备两个基本素质：一是要善于从客户的角度考虑问题；二是对销售的成功要有强烈的愿望。揽货人员除了具备这两基本素质外，还应具备丰富的业务技能和揽货经验；不仅应具备运输的一般知识，还应熟知世界贸易的主要航线、港口所处的位置、运转地及其内陆集散地；十分熟悉本企业的服务性质、服务航线、船期 、挂靠港口与转运时间等信息；了解不同地区的港口习惯和海关程序；掌握一些货代代理业相关的法律知识、公约惯例等知识；了解竞争对手的信息等。

工作任务单：国际货运代理企业的设立与营销

一、任务背景

工作任务	国际货运代理企业的设立与营销		
学习情境		工作时间	
班　　级		姓　　名	
学习小组			

任务描述：某 A 国际贸易公司为一家从事进出口贸易的企业，主要从事化工、机械设备的进出口业务，年进出口额达到 8000 万美元。某 B 运输公司为一家长期从事国内外货物运输的企业，拥有韩国、日本、欧洲、美国等多条优势航线，与多家船公司有良好合作。A 国际贸易公司拟与 B 运输公司开展合作，抽出部分人力，招聘国际货代行业有经验的管理人员，利用原有航线和客户资源，以 A 国际贸易公司的业务关系为基础，成立 C 国际货运代理公司。两公司地处沿海同一城市。

请问：

1. 两家公司怎样合作才能具备国际货代企业成立的条件？
2. 如条件符合，应按怎样的程序来设立国际货运代理公司？
3. 如果货代公司开展业务一年后，形成一定规模，经营状况良好，怎样设立分公司？
4. 公司应该设立哪些工作岗位？
5. 公司招聘的货运代理操作人员应具备哪些素质？
6. 国际货运代理企业应如何进行营销？

二、操作步骤

1. 资讯阶段

（1）搜集资料，了解成立国际海运货运代理企业应具备的条件和程序，熟读《国际货运代理企业备案（暂行）办法》和中华人民共和国商务部公告 2004 年第 82 号《国际货物运输代理业管理规定实施细则》两个文件。

（2）阅读教材，搜集资料，掌握国际货运代理行业的特点、经营范围，国际货运代理营销经验与技巧。

（3）搜集资料，了解国际货运代理企业招聘的要求，以及国际货运代理企业一般设立哪些岗位。

（4）登陆锦程物流网搜集货运信息，登陆货代论坛，了解货代行业发展情况。阅读课外书籍。

2. 计划和决策阶段

(1) 将学生分组，完成成立一家虚拟的国际货运代理公司。

每组确定组长，为了完成工作任务，制订工作计划表（见表1-1）。每一组将本组模拟成国际货运代理公司，完成项目实施。为小组将要成立的公司或者你们的团队命名。

表1-1 工作任务安排表

小组名称(公司名称)		成员	
活动	搜集资料		负责人
成立公司的准备			
成立公司的程序			
公司组织结构、业务范围展示(设立部门和岗位)			
公司招聘岗位及要求			
国际货运代理销售经验			
PPT制作			

(2) 小组成员分别搜集资料，讨论修改本组的资料成果。

(3) 小组向全体同学展示工作成果。

三、实施阶段

(1) 小组汇报成立国际货运代理企业的条件和程序（PPT形式）。

(2) 小组展示本组的公司结构和岗位设置图（PPT形式）。

(3) 小组宣布本公司招聘国际货运代理从业人员的素质要求（PPT形式）。

(4) 了解国际货运代理销售经验和技巧。并编制一份国际货运代理报价单（可使用WORD或EXCEL进行制作）。

四、评价阶段

将工作任务评价填入表1-2。

表1-2 工作任务评价表

能力		自评(10%)	小组互评(30%)	教师评价(60%)	合计
专业能力(60分)	1. 企业成立条件正确(10分)				
	2. 企业成立的程序完整(10分)				
	3. 部门岗位设置合理(10分)				
	4. 熟知货运代理行业所要求的素质(10分)				
	5. 国际货代销售经验和技巧分享(10分)				
	6. 编制一份国际货运代理报价单(10分)				
方法能力(40分)	1. 信息处理能力(10分)				
	2. 表达能力(10分)				
	3. 创新能力(10分)				
	4. 团体协调能力(10分)				
综合评分					

一、单项选择题

1. （ ）是国际货运代理协会联合会的法文缩写，并被用作该组织的标志。

A. FIITA　　B. FIATT　　C. FIATA　　D. FAITA

2.（　）是我国国际货运代理行业的主管部门。

A. 交通部　　B. 国务院　　C. 商务部　　D. 全国人民代表大会

3. 国内投资者申请设立的国际货运代理企业，若经营海上国际货物代理业务和航空国际货物运输代理业务，其注册资本的最低限额为人民币（　）万元。

A. 800　　B. 500　　C. 300　　D. 200

4. 以下属于FIATA成立以来的主要成就的是（　）。

A.《国际货运代理示范法》　　B.《国际货运代理标准交易条件》

C. FIATA货运代理单证格式　　D. 培训了数万名学员

5. 根据《中华人民共和国民法通则》（以下简称《民法通则》）的有关规定，当货代以委托人的名义开展业务时，处于（　）的法律地位。

A. 当事人　　B. 代理人　　C. 承运人　　D. 被代理人

6. 如果货代是以代理佣金的形式收取报酬，则其法律地位通常会被认定为（　）。

A. 当事人　　B. 代理人　　C. 承运人　　D. 被代理人

7. 国际货运代理企业经营多式联运并签发多式联运提单时，其法律地位是（　）。

A. 代理人　　B. 承运人　　C. 发货人　　D. 收货人

8. 国际货运代理所承担的责任风险主要产生于（　）。

A. 国际货运代理本身的过失　　B. 分包人的过失

C. 保险责任不合理　　D. 以上皆是

二、判断题

1. 无船承运人不是运输合同当事人。（　）

2. 通常代理中的本人是指货运代理人，也就是被代理人。（　）

3. 作为代理人，国际货运代理只对其本身（在履行义务中）的过失及其雇员的过失负责。（　）

4. 国际货运代理从事纯粹代理业务，无论本身是否有过失，都不承担任何责任。（　）

5. 国际货运代理投保责任险，是防止或减少其责任风险的主要办法之一。（　）

6. 投保了责任险并不意味着保险公司将承保所有的风险。（　）

三、案例分析题

我国A贸易公司委托同一城市的B货运代理公司办理一批从我国C港运至韩国D港的危险品货物。A贸易公司向B货运代理公司提供了正确的货物名称和危险品货物的性质，B货运代理公司为此签发公司的house B/L给A公司。随后，B货运代理公司以托运人的身份向船公司办理该批货物的订舱和出运手续。为了节省运费，同时因为B货运代理公司已投保责任险。因此B货运代理公司向船公司谎报货物的名称，亦未告知船公司该批货物为危险品货物。船公司按通常货物处理并装载于船舱内，结果在海上运输中，因为货物的危险性质导致火灾，造成船舶受损，该批货物全部灭失并给其他货主造成巨大损失。请根据我国有关法律规定回答下列问题：

1. A贸易公司、B货运代理公司、船公司在这次事故中的责任是什么？

2. 承运人是否应对其他货主的损失承担赔偿责任？为什么？

3. 责任保险人是否承担责任？为什么？

学习情境二
国际贸易相关业务认知

学习目标

知识目标

1. 掌握常用国际贸易术语；
2. 了解国际货物运输风险及规避；
3. 熟悉主要国际货款收付方式；
4. 掌握海运保险基本险种；
5. 掌握国际贸易合同主要条款；
6. 掌握国际货运业务中代理报检、报关、保险知识。

能力目标

1. 能选择使用常用国际贸易术语；
2. 能阅读国际贸易合同与信用证；
3. 能办理保险业务；
4. 能办理报检、报关业务。

项目一 国际贸易基础知识

一、国际贸易常用术语及使用

（一）国际贸易术语的含义及作用

在国际贸易交易中，交易商品价格表达与国内贸易不同，例如，100% full cotton women's blouse USD8.80/pc FOB Shanghai（全棉女式衬衫每件 8.80 美金 上海港船上交货），FOB Shanghai 就是贸易术语，它又称价格条件或交货条件，是国际贸易中用来表明进出口商品的价格构成、买卖双方各自应负担的责任、承担的费用和风险及货物所有权转移的术语。在长期的国际贸易实践中，为了降低交易成本和提高交易效益，逐渐形成了简短的概念或外文字母缩写（如 FOB、CFR、CIF 等）。

国际贸易术语主要作用如下。

（1）有利于买卖双方洽商交易和订立合同 由于每一种贸易术语对买卖双方的义务都有统一的解释，有利于买卖双方明确各自的权利和义务，早日成交。

（2）有利于买卖双方核算价格和成本 各种贸易术语对于成本、运费和保险费等各项费用由谁负担都有明确的界定，买卖双方比较容易核算价格和成本。

（3）有利于解决履约当中的争议 由于贸易术语由相关的国际惯例解释，对买卖双方在交易中的争议，可通过国际贸易惯例解释。

由此可见，贸易术语具有两重性，即一方面表示交货条件；另一方面表示成交价格构成的因素。这两者是紧密相关的。在进出口交易磋商中，使用贸易术语不但简化了交易磋商的内容，缩短了成交过程，提高了交易效率，而且还能在很大程度上节省交易费用。

（二）有关贸易术语的国际贸易惯例

在国际贸易业务实践中，因各国法律制度、贸易惯例和习惯做法不同，为了避免各国在对贸易术语解释上出现分歧和引起争议，有些国际组织和商业团体便分别就某些贸易术语做出统一的解释与规定，其中影响较大的主要有：国际法协会制定的《1932年华沙-牛津规则》，美国一些商业团体制定的《美国对外贸易定义修订本》，国际商会制定的《国际贸易术语解释通则》（International Rules for the Interpretation of Trade Terms，简称 INCOTERMS），其中《2000年国际贸易术语解释通则》（《Incoterms 2000》）2000年1月1日起生效，它标志着国际贸易惯例的最新发展。《Incoterms 2000》对13种术语按其特点分类，分为E、F、C、D组。国际商会根据国际货物贸易的发展，对《2000年国际贸易术语解释通则》进行修订，2010年9月27日公布，于2011年1月1日实施。《2010年国际贸易术语解释通则》删去了《2000年国际贸易术语解释通则》4个术语：DAF（Delivered at Frontier，边境交货）、DES（Delivered Ex Ship，目的港船上交货）、DEQ（Delivered Ex Quay，目的港码头交货）、DDU（Delivered Duty Unpaid，未完税交货），新增了2个术语：DAT（Delivered at Terminal，在指定目的地或目的港的集散站交货）、DAP（Delivered at Place，在指定目的地交货）。即用DAP取代了DAF、DES和DDU三个术语，DAT取代了DEQ，且扩展至适用于一切运输方式，详见表2-1。

表2-1 《2010年国际贸易术语解释通则》中11种贸易术语分组

类 型	术语名称	中文含义
第一组 适用各种运输方式	EXW(Ex Works)	工厂交货
	FCA(Free Carrier)	货交承运人
	CPT(Carriage Paid To)	运费付至目的地
	CIP(Carriage and Insurance Paid To)	运费/保险费付至目的地
	DAT(delivered at terminal)	目的地或目的港的集散地交货
	DAP(delivered at place)	目的地交货
	DDP(delivered duty paid)	完税后交货
第二组 适用于水上运输方式	FAS(free alongside ship)	装运港船边交货
	FOB(free on board)	装运港船上交货
	CFR(cost and freight)	成本加运费
	CIF(cost insurance and freight)	成本、保险费加运费

修订后的《2010年国际贸易术语解释通则》取消了“船舷”的概念，卖方承担货物装上船为止的一切风险，买方承担货物自装运港装上船后的一切风险。在FAS、FOB、CFR

和 CIF 等术语中加入了货物在运输期间被多次买卖（连环贸易）的责任义务的划分。考虑到对于一些大的区域贸易集团内部贸易的特点，规定《Incoterms 2010》不仅适用于国际销售合同，也适用于国内销售合同。

（三）三种常用的贸易术语使用

FOB、CFR 和 CIF 均为装运港交货的贸易术语，也是国际贸易中最经常采用的三种贸易术语，现就《2010 年国际贸易术语解释通则》的三种术语分别作如下介绍。

1. FOB 术语

Free On Board——装运港船上交货（指定装运港），是指卖方在指定的装运港，将货物交至买方指定的船上，风险转移给买方。买卖双方主要义务见表 2-2。

表 2-2 FOB 术语买卖双方主要义务

卖方主要义务	买方主要义务
(1)负责在合同规定的日期或期限内，在指定装运港，将符合合同的货物按港口惯常方式交至买方指定的船上，并给予买方充分的通知 (2)负责取得出口许可证或其他核准书，办理货物出口手续 (3)负担货物在装运港装上船前为止的一切费用和风险 (4)负责提供商业发票和证明货物已交至船上的通常单据。如果买卖双方约定采用电子通信，则所有单据均可被具有同等效力的电子数据交换信息(EDI message)所替代	(1)负责按合同规定支付价款 (2)负责租船或订舱，支付运费，并给予卖方关于船名、装船地点和要求交货时间的充分的通知 (3)自负风险和费用取得进口许可证或其他核准书，并办理货物进口以及必要时经由另一国过境运输的一切海关手续 (4)负担货物在装运港装上船后的一切费用和风险 (5)收取卖方按合同规定交付的货物，接受与合同相符的单据

注意：美国对 FOB 术语的特殊解释。《1941 年美国对外贸易定义修正本》将 FOB 术语分为六种，其中只有“指定装运港船上交货”［FOB Vessel（named port of shipment）］与《Incoterms 2000》解释的 FOB 术语相近。然而按《1941 年美国对外贸易定义修正本》规定，只有在买方提出请求，并由买方负担费用的情况下，FOB Vessel 的卖方才有义务协助买方取得由出口国签发的为货物出口或在目的地进口所需的各种证件，并且，出口税收政策和其他税捐费用也需由买方负担。这些规定与《Incoterms 2000》FOB 术语关于卖方须负责取得出口许可证，并负担一切出口税捐及费用的规定，有很大不同。因此，我国外贸企业在与美国和其他美洲国家出口商按 FOB 术语洽谈进口业务时，除了应在 FOB 术语后注明“vessel”（轮船）外，还应明确提出由对方（卖方）负责取得出口许可证，并支付一切出口税捐及费用。

2. CIF 术语

Cost，Insurance and Freight——成本加保险费、运费（指定目的港），是指当货物在指定装运港装上船时，卖方即完成交货。卖方必须支付将货物运至指定目的港所必需的费用和运费，但交货后货物灭失或损坏的风险，以及由于发生事件而引起的任何额外费用，自卖方转移至买方。然而，在 CIF 术语中卖方还必须为货物在运输中灭失或损坏的买方风险取得海上保险。因此，卖方须订立保险合同，并支付保险费。CIF 术语要求卖方办理货物出口清关。本术语只适用于海运和内河运输。如果双方当事人不拟以货物装上船作为完成交货，则应使用 CIP 术语。

按照《Incoterms 2010》，CIF 合同买卖双方的主要义务见表 2-3。

表 2-3 CIF 合同买卖双方的主要义务

卖方主要义务	买方的主要义务
(1)负责在合同规定的日期或期间内,在装运港将符合合同的货物交至运往指定目的港的船上,并给予买方充分的通知 (2)负责办理货物出口手续,取得出口许可证或其他核准书 (3)负责租船或订舱,并支付至目的港的运费 (4)负责办理货物运输保险,支付保险费 (5)负担货物在装运港装上船之前的一切费用和风险 (6)负责提供商业发票、保险单和在目的港提货所用的通常运输单据。如果买卖双方约定采用电子通信,则所有单据可被具有同等效力的电子数据交换信息所替代	(1)负责按合同规定支付价款 (2)负责办理货物进口手续,取得进口许可证或其他核准书 (3)负担货物在装运港越过船舷后的一切费用和风险 (4)收取卖方按合同规定交付的货物,接收到合同相符的单据

在使用 CIF 术语时，需注意以下几点。

(1) CIF 合同属"装运合同" 根据《Incoterms 2010》，CIF 术语的交货点/风险点与 FOB 术语完全相同。在 CIF 术语下，卖方在装运港将货物装上船，即完成了交货义务。因此，和 FOB 一样，采用 CIF 术语订立的合同属"装运合同"。但是，由于在 CIF 术语后所注明的是目的港（例如"CIF 纽约"）以及在我国曾将 CIF 术语译作"到岸价"，所以 CIF 合同的法律性质，常被误解为"到货合同"。为此，必须明确指出，CIF 以及其他 C 组术语（CFR、CPT、CIP）与 FOB 以及其他 F 组术语（FCA、FAS）一样，卖方在装运地完成交货义务方面其性质是相同的，采用这些术语订立的买卖合同均属"装运合同"性质。此类合同的卖方按合同规定在装运地将货物交付装运后，对货物可能发生的任何风险不再承担责任。

(2) 卖方租船或订舱的责任 CIF 合同的卖方为按合同规定的时间装运出口，必须负责自费办理租船或订舱。如果卖方不能及时租船或订舱，而不能按合同规定装船交货，即构成违约，从而需要承担被买方要求解除合同及/或损害赔偿的责任。

(3) 卖方办理保险的责任 在 CIF 合同中，卖方是为了买方的利益办理货运保险的，因为此项保险主要是为了保障货物装船后在运输途中的风险。《Incoterms 2000》对卖方的保险责任规定：如无相反的明示协议，卖方只需按协会货物保险条款或其他类似的保险条款中最低责任的保险险别投保。如买方要得到更大责任保险险别的保障，及/或要求投保战争、罢工、暴动和民变险，须与卖方明示地达成协议，或者自行安排额外保险。最低保险金额应为合同规定的价款加 10%，并以合同货币投保。

(4) 单据买卖 从商业观点看，有人曾认为，CIF 合同的目的不是货物本身的买卖，而是与货物有关的单据买卖（a sale of the documents）。CIF 合同的卖方可通过向买方提交货运单据（主要包括提单、保险单和商业发票）来完成其交货义务。卖方提交单据，可推定为交付货物，即所谓"象征性交货"（symbolic delivery）。而买方则必须凭上述符合合同要求的货运单据支付价款。如前所述，CIF 合同属装运合同性质，卖方按合同规定在装运港将货物装上船，但他不保证货物必然到达和在何时到达目的港，也不对货物装上船后的任何进一步的风险承担责任。

3. CFR 术语

Cost and Freight——成本加运费（指定目的港），是指当货物在指定装运港装上船时，卖方即完成交货。卖方必须支付将货物运至指定目的港所必需的费用和运费，但交货后货物灭失或损坏的风险，以及由于发生事件而引起的任何额外费用，自卖方转移至买方。CFR

术语要求卖方办理出口清关。本术语只适用于海运和内河运输。在实际业务中，应规范地使用这一术语的标准缩写——CFR。

CFR 与 CIF 不同之处仅在于：CFR 合同的卖方不负责办理保险手续和不支付保险费，不提供保险单据，有关海上运输的货物保险由买方自理。除此之外，CFR 和 CIF 合同中买卖双方的义务划分基本上是相同的。

按 CFR 术语订立合同，需特别注意的是装船通知问题。因为，在 CFR 术语下，卖方负责安排在装运港将货物装上船，而买方须自行办理货物运输保险，以就货物装上船（越过船舷）后可能灭失或损坏的风险取得保障。因此，在货物装上船前，即风险转移至买方前，买方及时向保险公司办妥保险，是 CFR 合同中一个至关重要的问题。国际商会在 Incoterms 先前版本中均强调，CIF 卖方必须毫不迟延地（without delay）通知买方货物已装上船，在《Incoterms 2000》CFR A7 中也规定：卖方必须给予买方关于货物已按 A4 规定交至船上的充分的通知（sufficient notice）。所谓“充分的通知”，意指该装船通知在时间上是“毫不迟延”的，在内容上是“详尽”的，可满足买方为在目的港收取货物采取必要的措施（包括办理保险）的需要。在实际业务中，我方出口企业应事先与国外买方就如何发出装船通知商定具体做法；如果事先未曾商定，则应根据双方已经形成的习惯做法，或根据约定后、装船前买方提出的具体请求（包括在信用证中对装船通知的规定），及时用电信向买方发出装船通知。上述做法也适用于我方出口的 FOB 合同。

FOB、CFR、CIF 异同点见表 2-4。

表 2-4 FOB、CFR、CIF 异同点

<table>
<tr><th colspan="2">异同点</th><th>卖方</th><th>买方</th></tr>
<tr><td colspan="2" rowspan="6">相同点</td><td>(1)装货、充分通知</td><td>(1)接货</td></tr>
<tr><td>(2)办理出口手续，提供证件</td><td>(2)办理进口手续，提供证件</td></tr>
<tr><td>(3)交单</td><td>(3)受单、付款</td></tr>
<tr><td colspan="2">(4)都是装运港交货，风险、费用划分一致，都是以“船舷”为界</td></tr>
<tr><td colspan="2">(5)交货性质相同，都是凭单交货、凭单付款</td></tr>
<tr><td colspan="2">(6)都适合于海洋和内河运输</td></tr>
<tr><td rowspan="3">不同点</td><td>FOB</td><td></td><td>租船订舱、支付运费(F)
办理保险、支付保险费(I)</td></tr>
<tr><td>CFR</td><td>租船订舱、支付运费(F)</td><td>办理保险、支付保险费(I)</td></tr>
<tr><td>CIF</td><td>租船订舱、支付运费(F)
办理保险、支付保险费(I)</td><td></td></tr>
</table>

二、国际贸易支付方式及支付流程

（一）汇付（remittance）

汇付，又称汇款，是付款人通过银行，使用各种结算工具将货款汇交收款人的一种结算方式。属于商业信用，采用顺汇法。汇付业务涉及的当事人有四个：付款人（汇款人 remitter）、收款人（payee 或 beneficiary）、汇出行（remitting bank）和汇入行（paying bank）。付款人（通常为进口商）与汇出行（委托汇出汇款的银行）之间订有合约关系，汇出行与汇入行（汇出行的代理行）之间订有代理合约关系。在办理汇付业务时，需要由汇款人向汇出行填交汇款申请书，汇出行有义务根据汇款申请书的指示向汇入行发出付款书；汇入行收到会计授权委托书后，有义务向收款人（通常为出口商）解付货款。但汇出行和汇入行对不属于自身过失而造成的损失（如付款委托书在邮递途中遗失或延误等致使收款人无法或迟期收到货款）不承担责任，而且汇出行对汇入行工作上的过失也不承担责任。

汇付具体有电汇、信汇、票汇三种形式，其中电汇是进口商请求当地银行（汇出行）用电报或电传委托出口人所在地银行（汇入行）向出口人付款的一种结算方式。因电汇收款速度快，安全对出口人收款有利，但对进口商来说则要负担较高的电报费用。电汇业务如图2-1所示。

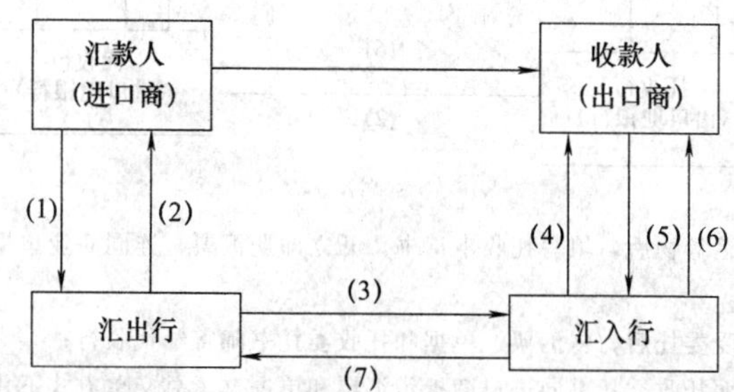

注：

（1）汇款人填写电汇申请书，交款付费给汇出行；

（2）汇出行接受申请，将电汇回执交付汇款人；

（3）汇出行根据申请书的内容，用电传、电报或SWIFT方式向其国外的联行或代理行（即汇入行）发出支付委托书；

（4）汇入行收到支付委托书后核对密押，通知收款人取款；

（5）收款人持通知书及其他有关单证前去汇入行取款，并在收款人收据上签字；

（6）汇入行借记汇出行账户，取出头寸，解付收款人；

（7）汇入行将付讫借记通知书邮寄给汇出行。

图2-1 电汇业务流程

（二）托收（collection）

托收（collection），是指债权人出具汇票委托银行向债务人收取货款的一种支付方式，它属于逆汇法。其基本做法是，出口方在货物装运后根据发票金额开出汇票，连同货运单据，委托出口地银行通过进口地代收行向进口方收取货款。

托收方式的当事人主要有四个：委托人（principal），又称出票人，是开出汇票委托银行向付款人收款的人，通常是进出口业务中的出口商。托收行（remitting bank），又称寄单行，是接受委托人的委托，为其办理托收业务的银行，通常是出口商所在地的银行。代收行（collecting bank），有时直接被称为进口方银行，是接受托收行的委托，向付款人收款的银行。代收行经常在进口人所在地，是托收行的分支机构或事先与托收行订有代理协议的其他银行。代收行以托收行对其发出的托收委托书为依据，代托收行办理收款业务。付款人（payer）是汇票的受票人，通常为进口商。

上述当事人中，委托人与托收行之间、托收行与代收行之间都是委托代理关系，付款人与代收行之间不存在任何法律关系，付款人是根据合同付款，委托人能否收到货款，托收行与代收行均不承担责任。

在国际贸易中，托收的一般程序为：出口商（委托人）开具汇票委托银行向进口商（付款人）收取货款或其他费用；受托的银行（托收行）通过它在进口地的分行或代理行（代收行），要求进口商按照委托书的指示付款；代收行将收妥之货款拨交托收行；托收行再转付给出口商。按其交单的方式不同，可分为付款交单程序和承兑交单程序，如图 2-2 所示。

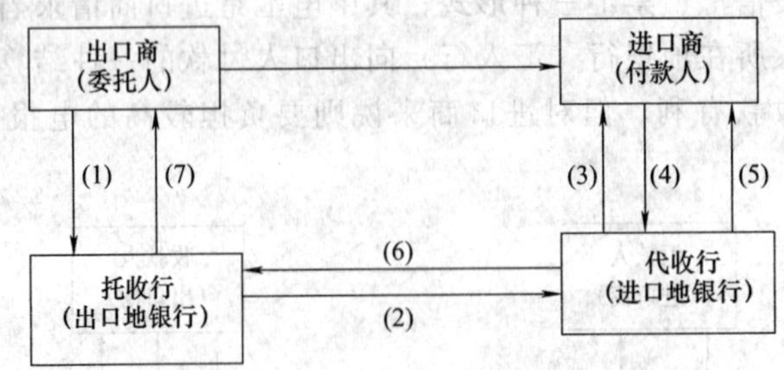

注：

(1) 出口商发运货物后，填写托收申请书，开立即期汇票，连同商业单据，交托收行委托收款；

(2) 托收行接受委托后，将汇票、单据和托收委托书邮寄给代收行；

(3) 代收行按照托收委托书向进口商提示汇票和单据（承兑交单方式下代收行按照托收委托书向进口商提示远期汇票和单据，进口商审单无误后，对汇票进行承兑，代收行收回汇票，将单据交给进口商）；

(4) 付款人审单无误后付款（承兑交单方式下远期汇票到期时，进口商向代收行付款）；

(5) 代收行向付款人交单（付款交单方式）；

(6) 代收行按托收委托书规定的方式将货款交付托收行；

(7) 托收行向出口商交付货款。

图 2-2 托收业务流程

(三) 信用证 (letter of credit)

1. 信用证的含义

信用证（letter of credit，简称 L/C），是指开证银行应申请人的要求并按其指示向第三方开立的载有一定金额的，在一定的期限内凭符合规定的单据付款的书面保证文件。信用证是国际贸易中最主要、最常用的支付方式。

2. 信用证的主要内容

目前信用证大多采用全电开证，各国银行使用的格式不尽相同，文字语句也有很多差别，但基本内容大致相同，主要包括以下几个方面。

(1) 对信用证本身的说明，如其种类、性质、有效期及到期地点。

(2) 对货物的要求，根据合同进行描述。

(3) 对运输的要求。

(4) 对单据的要求，即货物单据、运输单据、保险单据及其他有关单证。

(5) 特殊要求。

(6) 开证行对受益人及汇票持有人保证付款的责任文句。

(7) 国外来证大多数均加注："除另有规定外，本证根据国际商会《跟单信用证统一惯例》，即国际商会 600 号出版物（《UCP 600》）办理。"

(8) 银行间电汇索偿条款（T/T reimbursement clause）。

全球大多数国家大多数银行已使用 SWIFT（环球同业银行金融电信协会）系统。SWIFT 的使用，使银行的结算提供了安全、可靠、快捷、标准化、自动化的通信业务，从而大大提高了银行的结算速度。由于 SWIFT 的格式具有标准化，目前信用证的格式主要都是用 SWIFT 电文，简单了解 SWIFT 信用证，MT 700 格式跟单信用证电文主要内容如表

2-5 所示。

表 2-5　MT 700 格式跟单信用证电文主要内容

Tag(代号)	Field Name(栏目名称)
* 27	Sequence of Total(报文页次)
* 40A	Form of Documentary Credit(跟单信用证类别)
* 20	Documentary Credit Number(信用证编号)
* 31C	Date of Issue(开证日期)
* 31D	Date and Place of Expiry(信用证的到期日及到期地点)
* 50	Applicant(开证申请人)
52A	Issuing Bank(开证行)
57A	Advising through Bank(通知行)
* 59	Beneficiary(受益人)
* 32B	Currency Code,Amount(信用证的币种与金额)
39A	Percentage Credit Amount(信用证金额允许浮动的范围)
39B	Maximum Credit Amount Tolerance(最高信用证金额)
39C	Additional Amounts Covered(可附加金额)
* 41A	Available With ... By ...(指定的有关银行及信用证的付款方式)
* 42C	Drafts at...(汇票付款日期)
42A	Drawee-BIC(汇票付款人-银行代码,用于限制议付信用证)
42 D	Drawee(汇票付款人,用于自由议付信用证)
42M	Mixed Payment Details(混合付款指示)
42P	Deferred Payment Details(延迟付款指示)
* 43P	Partial Shipments(分批装运)
* 43T	Transshipment(转船)
* 44A	Loading on Board / Dispatch/Taking in Charge(装船/发运/接受监管地点)
* 44B	For Transportation to ...(货物运往最终目的地)
* 44C	Latest Date of Shipment(最迟装运日)
44D	Shipment Period(装运期)
44E	Port of Discharge/Airport of Destination(卸货港/目的地机场)
* 45A	Description of Goods and/or Services(货物描述)
* 46A	Documents Required(单据要求)
* 47A	Additional Conditions(附加条款)
* 71B	Details of Charges(费用负担)
* 48	Period for Presentation(交单期限)
* 49	Confirmation Instructions(保兑指示)
53A	Reimbursing Bank(偿付行)
78	Instructions to Paying/Accepting/Negotiating Bank(银行间指示)
72	Sender to Receiver Information(附言)

注:“*”表示必填项目。

3. 信用证业务特点及业务流程

（1）银行信用 信用证支付方式是一种银行信用，由开证行以自己的信用做出付款的保证。在信用证付款的条件下，银行处于第一付款人的地位。《跟单信用证统一惯例》规定，信用证是一项约定，按此约定，根据规定的单据在符合信用证条件的情况下，开证银行向受益人或其指定人进行付款、承兑或议付。信用证是开证行的付款承诺，因此，开证银行是首先付款人。在信用证业务中，开证银行对受益人的责任是一种独立的责任。

（2）自足文件 信用证的开立是以买卖合同作为依据，但信用证一经开出，就成为独立于买卖合同以外的另一种契约，不受买卖合同的约束。《跟单信用证统一惯例》规定，信用证与其可能依据的买卖合同或其他合同，是相互独立的交易。即使信用证中提及该合同，银行也与该合同无关，且不受其约束。所以，信用证是独立于有关合同以外的契约，开证银行和参加信用证业务的其他银行只按信用证的规定办事。

（3）单据交易 在信用证方式之下，实行的是凭单付款的原则。各有关方面处理的是单据，而不是与单据有关的货物、服务或其他行为。所以，信用证业务是一种纯粹的单据业务。银行虽有义务合理小心地审核一切单据，但这种审核，只是用以确定单据表面上是否符合信用证条款为原则，开证银行只根据表面上符合信用证条款的单据付款。所以在信用证条件下，实行所谓“严格符合的原则”。“严格符合的原则”不仅要做到“单、证一致”，即受益人提交的单据在表面上与信用证规定的条款一致；还要做到“单、单一致”，即受益人提交的各种单据之间表面上一致。

采用信用证方式结算货款，需要经过多道环节，并需办理各种手续。从一般原理来分析，信用证的支付过程，包括几个最基本的环节，如图 2-3 所示。

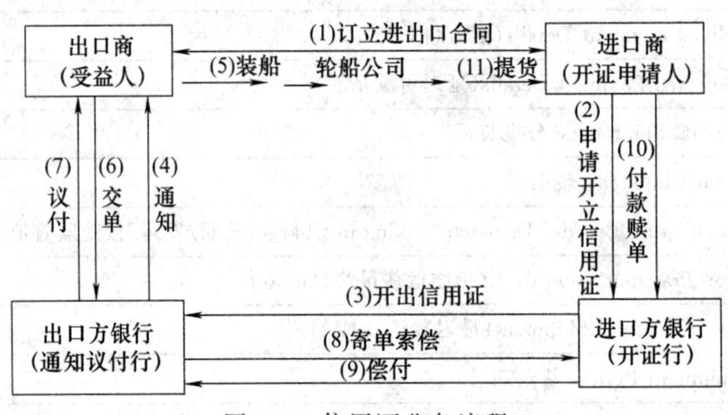

图 2-3 信用证业务流程

项目二 国际贸易业务流程

一、国际贸易合同识读

(一) 国际货物买卖合同订立

在国际货物买卖合同商订过程中，一般包括询盘（inquiry）、发盘（offer）、还盘（counter-offer）和接受（acceptance）四个环节，其中发盘和接受是达成交易、合同订立不可缺少的两个基本环节和必经的法律步骤。当进出口商经过交易磋商，一方发盘被另一方有效接受，交易达成，合同即告成立（图 2-4）。为了明确双方的权利和义务，要以书面的形式签订买卖合同。

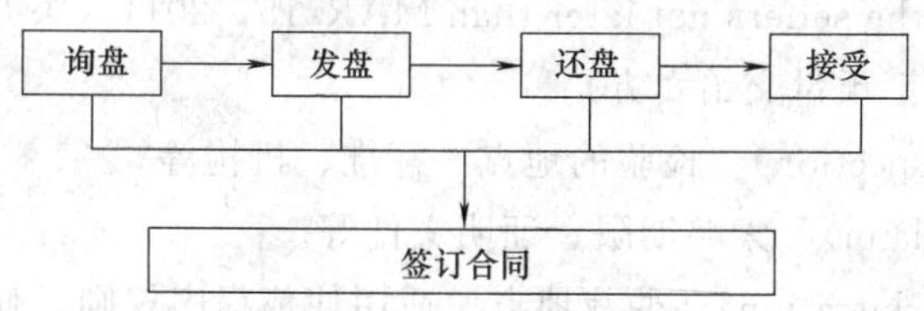

图 2-4 贸易合同订立流程

目前，在我国实际进出口业务中，通常使用的书面合同主要有买卖合同和销售确认书。买卖合同（sales contract）的内容比较全面，除合同里的货物名称、品质规格、数量、包装装运条款、支付条款等主要条款外，还有异议、索赔不可抗力条款。销售确认书（sales confirmation）是合同的简化形式，对于异议、仲裁、不可抗力等一般条款都不予列入。

(二) 国际贸易合同内容

1. 约首

名称，合同编号，签约日期，签约地点，双方名称、地址、联系电话。

2. 正文

（1）交易商品名称（name of commodity） 商品的品名应采用国际上的通称，以便于计算关税和运价，例如，name of commodity：northeast soybean（品名：东北大豆）。

（2）质量（quality）条款 确定品质的方法和标准，确认品质的时间、地点、品质公差条款等。例如，eddy bear soft plush toy features：1. size：4"，6"，8"，10"，could be customized；2. material：soft plush；3. test：CE，EN71，ASTM。

（3）数量（quantity）条款 合同中应注明数量的计算单位（cartons，case，set，piece，etc.）和交货总量，溢短装条款如 10000M/T，5% more or less，at seller' s option。

（4）价格（price）条款 价格术语、使用货币种、佣金、折扣等，例如，USD200/SET CIF Landed London。

（5）包装（packing）条款 内包装、外包装、填塞物、包装尺寸、重量和唛头等，例如，In cloth bales of 80 sets，each set packed in a poly bag.（布包，每包 80 套，每套塑料袋装）。Each set packed in one export carton，each 810 cartons transported in one 40ft container.（每台装 1 个出口纸箱，810 纸箱装 1 个 40 英尺集装箱运送）。

（6）保险条款（insurance） 保险条款中应订明投保人（insurer）、险别（coverage）、保险金额等。例如，采用 CIF 或 CIP 成交的合同保险条款可订为“to be covered by the seller for ××% of total invoice value against ×× and ×× as per ocean marine cargo clauses of the people' s insurance company of China dated 1/1/1981.”（“保险由卖方按发票金额的××% 投保 ××险和××险，以中国人民保险公司 1981 年 1 月 1 日的有关海洋货物保险条款为准”）。

（7）交货（shipment）条款 装运交货地点、时间、方式、装运通知等。例如，From Shanghai China to Nagoya，Janpan not later than Mar. 31，2015（从中国上海到日本名古屋不晚于 2015 年 3 月 31 日）。

（8）支付条款（payment） 合同中应明确规定付款方式，如 T/T，L/C，D/P，D/A 等，及付款的货币和日期。例如，The buyers should pay 100% of the sales proceeds in advance by T/T to reach the sellers not later than MAR. 15，2011（买方应不迟于 2011 年 3 月 15 日将 100%的货款电汇预付交给卖方）。

（9）检验条款（inspection） 检验的地点、标准、机构等。

（10）索赔条款（claim） 索赔期限、证明文件等。

（11）仲裁条款（arbitration） 仲裁地点、适用仲裁程序规则、仲裁机构等。

（12）不可抗拒条款（force majeure） 不可抗力事故范围、通知的时间和方式、证明文件、报告以及单据、负责条款等。

（13）违约和取消合约条款（breach of contract） 违约的处理、赔偿金额等。

（14）适用法律（applicable laws）。

（15）其他条款。

3. 约尾

合同的尾部，通常写明合同使用的文字及其效力、合同正本的份数、附件及其效力，以及双方当事人或其授权人的签字。

售货合同（sales contract）范本如下。

日期（Date）：Dec. 15，2015

签约地点（Place of Signature）：Guangzhou China

合同号（NO.）：8867

卖方（Seller）：	买方（Buyer）：
GUANGDONG EVERBRIGHTINDUSTRIAL IMP&EXP CO.，LTD	BOSTON TRADING CO.，LTD
地址（ADD）：	地址（ADD）：
NO. 128 Tianhe Road Guangzhou China	NO. 333 Confederation PKY，Boston，USA
电话 Tel：86-020-84272409	电话 Tel：1-857-8277868
传真 Fax：86-020-84272617	传真 Fax：1-857-8277687
E-MAIL：bmehec@163. com	E-MAIL：bt@friendlycity. net

兹确认售与你方下列货品，成交条款如下：

We hereby confirm having soul to you the following goods on terms and conditions as specified below.

(1)货物名称、规格装运唛头 (Name of Commodity, Specifications and Mark)	(2)数量 (Quantity)	(3)单价 (Unit Price)	(4)总值 (Total Amount)
100% full cotton T/SHIRT	1000PCS	CIF Boston USD 19.00/PC	USD19,000.00
总价(Total):Say Total us Dollars Nineteen Thousand Only.			

(5) 包装 (Packing): 10PCS packed in a carton, total 100 cartons.

(6) 装运日期 (Time of Shipment): During January and February, 2016.

(7) 装运口岸 (Port of Loading): Huangpu, Guangzhou, China

(8) 目的港口 (Port of Destination): Boston, USA

(9) 付款条件 (Terms of Payment): 保兑不可撤销即期信用证。(By confirmed irrevocable L/C payable by draft at sight).

(10) 保险 (Insurance): To be covered by the seller for 110% of CIF Value against FPA and war risk as per CIC of PICC dated 1981/1/1.

(11) 仲裁 (Arbitration): 凡因执行本合同所发生的或与本合同有关的一切争议，应由双方通过友好协商解决；如果协商不能解决，应提交北京中国国际经济贸易仲裁委员会根据该会的仲裁规则进行仲裁。仲裁裁决是终局的，对双方都有约束力。(All disputes arising from the execution of or in connection with this contract, shall be settled amicably through friendly negotiation. In case no settlement can be reached through negotiation, the case shall then be submitted to China International Economic & Trade Arbitration Commission, Beijing, for arbitration in accordance with its arbitration rules. The arbitration award is final and binding upon both parties.)

卖方 (Seller):	买方 (Buyer):
李强	Tina Smita
Guangdong Everbright	Boston Trading CO., LTD
Industrial IMP&EXP CO., LTD	

二、报检业务

出入境检验检疫，是指检验检疫部门和检验检疫机构依照法律、行政法规和国际惯例等的要求，对出入境的货物、交通运输工具、人员等进行检验检疫、认证及签发官方检验检疫证明等监督管理工作。

(一) 报检基础知识

1. 报检定义

报检，一般是指国际经济贸易人按照法律、行政法规的规定或根据需要，申请商品检验机构对进出口商品进行检验的行为。它是进出口商品检验业务的第一个环节。

2. 报检资格

报检单位首次报检时须持本单位营业执照和政府批文办理登记备案手续，取得报检单位代码。对报检员的要求是：报检员必须经国家质检总局统一考试合格，取得《报检员资格证》，并在《报检员资格证》有效期内向其所在地辖区的检验检疫机构注册登记，取得出入境检验检疫《报检员资格证》后持证上岗，方可从事报检业务。同时，报检单位对其指派的报检人员的报检行为负法律责任。

代理报检企业如报关行、国际货运代理公司、无船承运人、专业咨询公司应当在商检机构进行注册登记，有不少于 10 名取得《报检员资格证》的人员。

3. 报检地点与报检时间规定

(1) 报检地点　进口货物，应在入境前或入境时向入境口岸、指定的或到达站的检验检疫机构办理报检手续，但政府有关审批、许可证等批文中已规定检验检疫地点的，在规定的地点报检；大宗散装商品、易腐烂变质商品、废旧物品、卸货时发现包装破损、数量短缺的商品，必须在卸货口岸检验检疫机构报检；需结合安装调试进行检验的成套设备、机电仪产品以及在口岸开件后难以恢复包装的商品，应在收货人所在地检验检疫机构报检并检验。

出口货物应当在货物报关所在地检验检疫机构办理报检。对有内地运往口岸分批、并批的货物，应在产地办理预检，合格后，方可运往口岸办理出境货物的查验换证手续。

(2) 报检时间　进口货物需对外索赔出证的，应在索赔有效期前不少于 20 天内向到货口岸或货物到达地的检验检疫机构报检。出口货物最迟应在出口报关或装运前 7 天报检，对于个别检验检疫周期较长的货物，应留有相应的检验检疫时间。

(二) 报检程序

1. 入境货物检验检疫的程序

先放行通关后进行检验检疫，即报检—受理报检并计费—签发《入境货物通关单》—通关—检验检疫。

入境货物的报检随附单证包括外贸合同、发票、各运程提单、装箱单、输出国家或地区官方检疫证书、产地证等；出境货物包括外贸合同、发票、装箱单、信用证、产检单等单证。

其他应提供的单证按《出入境检验检疫报检规定》第 11 条、第 13 条办理。

随附贸易单证应加盖货主单位公章。随附单证应当齐全、合法、有效，货主单位或报检单位对提供的随附单证负法律责任。

入境-代理-本地货的报检流程如图 2-5 所示。

2. 出境货物检验检疫的程序

先检验检疫，后放行通关，即报检—受理报检并计费—实施检验检疫—产地和报关地一致的出具《出境货物通关单》，不一致的出具《出境货物换证凭单》。

出境货物检验检疫应提供的单据如下。

① 填写《出境货物报检单》；

② 外贸合同或销售确认书或订单、信用证、有关函电；

③ 生产经营部门出具的厂检结果单原件；

④ 检验检疫机构签发的《出境货物运输包装性能检验结果单》正本；

⑤ 凭样品成交的，须提供样品；

⑦报关
海关
⑧海关放行
检验检疫机构
贸易公司
②委托报检
报检行
③电子申报(CIQ2000)
⑤缴纳费用
①准备随附单据:
合同、发票、装箱单、L/C、提单;
特殊证单
⑥签证放行
合格:《入境货物通关单》
不合格:《检验检疫处理通知书》
④现场交单
现场查验
⑨预约检验
⑩抽/采样;检验检疫
保税区堆场
⑪ 签证放行
合格:《入境货物检验检疫证明》
不合格:《检验检疫处理通知书》

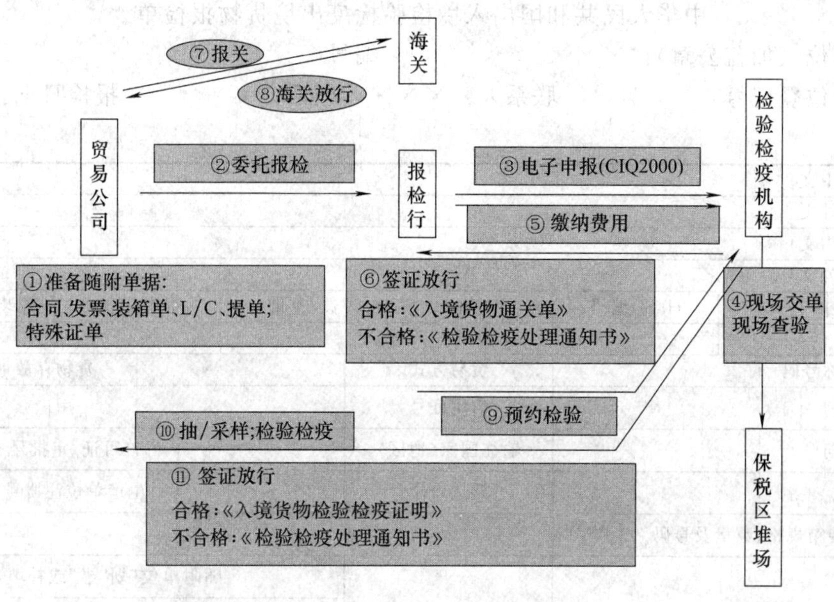

图 2-5　入境-代理-本地货的报检流程

⑥ 经预检的货物，在向检验检疫机构办理换证放行手续时，应提供该检验检疫机构发的《出境货物换证凭单》(正本)；

⑦ 产地与报关地不一致的出境货物，在向报关地检验检疫机构申请《出境货物通关单》时，应提交产地检验检疫机构签发的《出境货物换证凭单》(正本)；

⑧ 按照国家法律、行政法规的规定实行卫生注册和质量许可的出境货物，必须提供经检验检疫机构批准的注册编号或许可证编号；

⑨ 出口危险货物时，必须提供《出境货物运输包装性能检验结果单》正本和《出境危险货物运输包装使用鉴定结果单》(正本)；

⑩ 出境特殊物品的，根据法律法规规定应提供有关审批文件。

出境-代理-本地货的报检流程如图 2-6 所示。

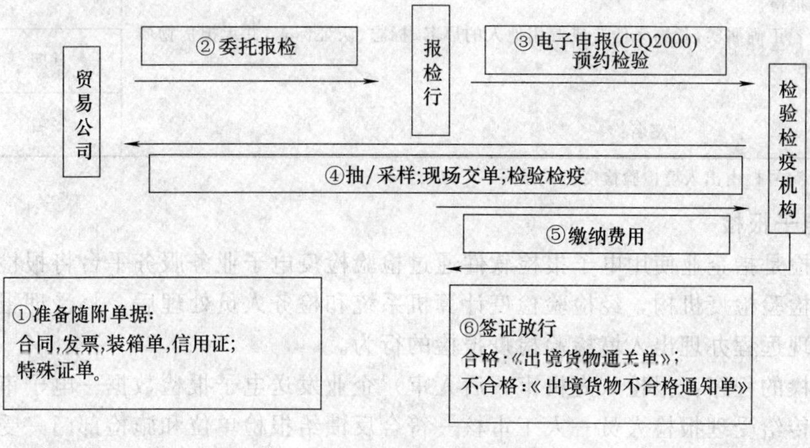

贸易公司
②委托报检
报检行
③电子申报(CIQ2000)
预约检验
检验检疫机构
④抽/采样;现场交单;检验检疫
⑤缴纳费用
①准备随附单据:
合同,发票,装箱单,信用证;
特殊证单。
⑥签证放行
合格:《出境货物通关单》;
不合格:《出境货物不合格通知单》

图 2-6　出境-代理-本地货的报检流程

出境货物报检单范本如下。

中华人民共和国出入境检验检疫出境货物报检单

报检单位（加盖公章）：××× *编号

报检单位登记号：××× 联系人：××× 电话：×× 报检日期： 年 月 日

<table>
<tr><td rowspan="2">发货人</td><td colspan="5">（中文）</td></tr>
<tr><td colspan="5">（外文）</td></tr>
<tr><td rowspan="2">收货人</td><td colspan="5">（中文）</td></tr>
<tr><td colspan="5">（外文）</td></tr>
<tr><td>货物名称（中/外文）</td><td>H. S. 编码</td><td>产地</td><td>数/重量</td><td>货物总值</td><td>包装种类及数量</td></tr>
<tr><td></td><td></td><td></td><td></td><td></td><td></td></tr>
<tr><td>运输工具名称号码</td><td></td><td>贸易方式</td><td></td><td>货物存放地点</td><td></td></tr>
<tr><td>合同号</td><td></td><td>信用证号</td><td></td><td>用途</td><td></td></tr>
<tr><td>发货日期</td><td></td><td>输往国家（地区）</td><td></td><td>许可证/审批号</td><td>×××</td></tr>
<tr><td>启运地</td><td></td><td>到达口岸</td><td></td><td>生产单位注册号</td><td>×××</td></tr>
<tr><td colspan="6">集装箱规格、数量及号码</td></tr>
<tr><td colspan="2" rowspan="2">合同、信用证订立的检验检疫条款或特殊要求</td><td rowspan="2">标记及号码</td><td colspan="3">随附单位（划“√”或补填）</td></tr>
<tr><td colspan="2">√合同
√信用证
√发票
换证凭单
√装箱单
厂检单</td><td>包装性能结果单
许可/审批文件</td></tr>
<tr><td colspan="4">需要证单名称（划“√”或补填）</td><td colspan="2">*检验检疫费</td></tr>
<tr><td colspan="2" rowspan="3">品质证书 _正_副
重量证书 _正_副
数量证书 _正_副
兽医卫生证书 _正_副
健康证书 _正_副
卫生证书 _正_副
动物卫生证书 _正_副</td><td colspan="2" rowspan="3">植物检疫证书 _正_副
熏蒸/消毒证书 _正_副
出境货物换证凭单
√出境货物通关单</td><td>总金额
（人民币元）</td><td></td></tr>
<tr><td>计费人</td><td></td></tr>
<tr><td>收费人</td><td></td></tr>
<tr><td colspan="4" rowspan="3">报检人郑重声明：
1. 本人被授权报检。
2. 上列填写内容正确属实，货物无伪造或冒用他人的厂名、标志、认证标志，并承担货物质量责任。

签名：×××</td><td colspan="2">领取证单</td></tr>
<tr><td>日期</td><td></td></tr>
<tr><td>签名</td><td></td></tr>
</table>

注：有“*”号栏由出入境检验检疫机关填写。

（三）电子报检

电子报检是指企业使用电子报检软件通过检验检疫电子业务服务平台将报检数据以电子方式传输给检验检疫机构，经检验检疫计算机系统和检务人员处理后，将受理报检信息反馈给企业，实现远程办理出入境检验检疫报检的行为。

电子报检的程序：报检（先机审，后人审）企业发送电子报检数据—电子审单中心自动审核—符合传给受理报检人员—人工审核—符合反馈给报检单位和施检部门—受理报检—施检—计收费用—签证放行。

报验单被接受登记编号、计收费后，当为报验成立。报验成立后，商检机构就应按照接受的报验单所列的项目，开始进入检验工作程序。

三、报关业务

根据我国《中华人民共和国海关法》（以下简称《海关法》）的有关规定，所有进出境运输工具、货物、物品都必须办理报关手续。

（一）报关基础知识

1. 报关定义

报关是指进出口货物收发货人、进出境运输工具负责人、进出境物品所有人或者他们的代理人向海关办理货物、物品或运输工具进出境手续及相关海关事务的过程，包括向海关申报、交验单据证件，并接受海关的监管和检查等。报关是履行海关进出境手续的必要环节之一。

根据海关总署《中华人民共和国海关对报关单位注册管理规定》，报关单位经向海关注册登记取得法定报关资格。报关单位分自理报关单位和代理报关单位。代理报关单位即报关企业是指经海关准予注册登记，接受进出口货物收发货人的委托代理报关的企业。目前我国报关企业包括：一种是专营报关业务的报关企业，俗称“报关行”；另一种是兼营报关业务的报关企业，俗称“代理报关企业”。

2. 报关对象

所有进出境运输工具、货物、物品都需要办理报关手续，报关的具体范围如下。

（1）运输工具　进出境运输工具是指用以载用人员、货物、物品进出境，并在国际运营的各种境内或境外船舶、车辆、航空器和驮畜等。

（2）进出境货物　进出境货物是指一般进出口货物，保税货物，暂准进出境货物，特定减免税货物，过境、转运和通用及其他进出境货物。

（3）进出境物品　进出境物品是指进出境的行李物品、邮递物品和其他物品。以进出境人员携带、托运等方式进出境的物品为行李物品；以邮递方式进出境的物品为邮递物品；其他物品主要包括享有外交特权和豁免的外国机构或者人员的公务用品和自用物品等。

3. 报关地点、报关时限和报关单证规定

（1）申报地点　进口货物通常在货物的进境地海关申报，出口货物通常在货物的出境地海关申报；经收发货人申请，海关同意，进口货物的收货人或其代理人可以在设有海关的货物指运地、出口货物的发货人或其代理人可以在设有海关的货物启运地申报。以保税货物、特定减免税货物和暂准进境货物申报进境的货物，因故改变使用目的从而改变货物性质转为一般进口时，应当在货物所在地的主管海关申报。

经电缆、管道或其他特殊方式运输进出境的货物，经营单位应当按海关要求定期向指定的海关申报并办理有关进出口海关手续。

（2）申报时限　进出口收发货人或其代理人，在海关规定的期限内，以书面或电子数据交换（EDI）方式向海关报告进出口货物的情况，并随附有关货运和商业单据，申请海关审查放行，并对报告内容的真实准确性承担法律责任的行为。

进口货物装载货物的运输工具申报进境之日起 14 日内；出口货物的申报期限为货物运抵海关监管区后、装货的 24 小时以前。进口货物自装载货物的运输工具申报进境之日起超过 3 个月仍未向海关申报的，货物由海关提取并依法变卖。对属于不宜长期保存的货物，海关可以根据实际情况提前处理。

（3）报关单证

① 基本单证　与进出口货物直接相关的商业和货运单证，包括发票、装箱单、提（装）货凭证或运单、包裹单、出口收汇核销单、进出口减免税证明。

② 特殊单证　国家有关法律规定实施特殊管制的证件。配额许可证管理证件（配额证明、进出口许可证），和其他各类特殊管理证件（机电证、商检、动检、药检等）。

③ 预备单证　预备单证是指在办理进出口货物手续时，海关认为必要时查阅或收取的单证。包括：合同、产地证、委托单位的工商执照及账册等。

（二）报关程序

1. 海关对国际物流的监控流程

进口货物自入境申报起到放行前，出口货物自运到检验场所向海关申报起到出境前，必须置于海关的监管之下。在此期间未经海关许可不得装卸、提取、交付、续运、调换、开拆取样、改装和更换标志。

海关对物流监控就是通过严密的实体监控和有效的信息监控，保证对物流监控目标在海关监管的时间、空间范围内进出、装卸、存放、移动和处置，实现全方位、全过程的监控，管住、管好进出境运输工具和货物。为加强对监管场所、进出境运输工具和货物的实际监管，我国海关已建立起物流监控系统。这一物流监控系统主要分为审单前物流监控、查验监控、放行监控、审单后物流监控（图 2-7）。

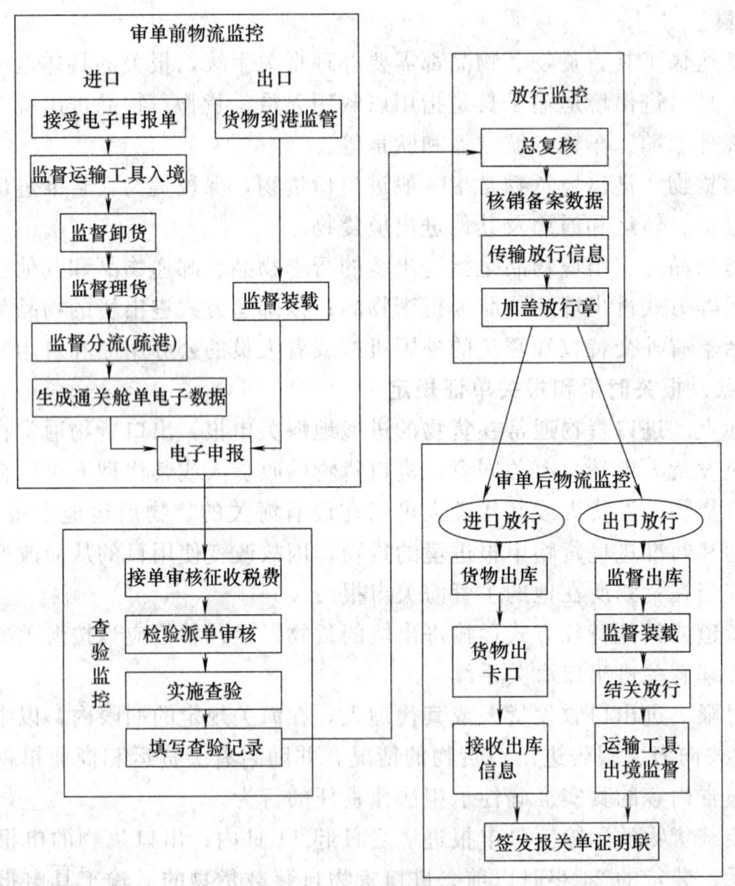

图 2-7　海关对物流监控流程

2. 进出口货物报关程序

进出口货物收发货人或其代理人应当按海关规定的程序办理进出口申报、配合查验、缴纳税费、装运货物等手续，货物才能出境。与之相应，海关对出境货物经过审单、查验、征税、放行四个海关作业环节。

（1）申报方式　按照《海关法》第 19 条规定，在实行计算机报关的口岸，自理报关单位和报关企业应负责将报关单上的申报数据录入计算机，并将数据传送到海关报关自动系统，海关方予以接受申报。目前，我国大多数口岸已实行计算机报关，因此申报都必须先到海关批准的预录入单位将报关单预录入，海关计算机系统自动审核报关单内容，如果系统不接受，说明报关单上有不符合海关规定的内容，需要重新修改后录入，一直到海关计算机系统接受；只有系统接受，才能到申报大厅递交纸质报关单证。

（2）配合查验　配合查验是指申报出口的货物经海关决定查验时，出口货物的发货人，或者办理进出口申报具体手续的报关员应到达查验现场，配合海关查验货物，并负责按照海关的要求搬移、开拆或重封被查验货物的工作。海关查验主要是海关根据海关法确定进出境货物的性质、价格、数量、原产地、货物状况等是否与报关单上已申报的内容相符。海关通过查验，核实有无伪报、瞒报、申报不实等走私、违规行为，同时也为海关的征税、统计、后续管理提供可靠的资料。

（3）缴纳税费　进出口税费是指在进出口环节中由海关依法征收的关税、消费税、增值税、船舶吨税及相关费用。进出口税费征纳的法律依据主要是《海关法》《进出口税则》以及国务院制定的有关法律、法规等。海关根据计算机计算的税费，开具关税和代征税缴款书。进出口收发货人或其代理人在规定时间内，持缴款书或收费票据向指定银行办理税费或可以通过电子口岸接收海关发出的税款缴款书和收费票据，在网上向签有协议的银行进行电子支付税费。

进出口货物通关流程如图 2-8 所示。

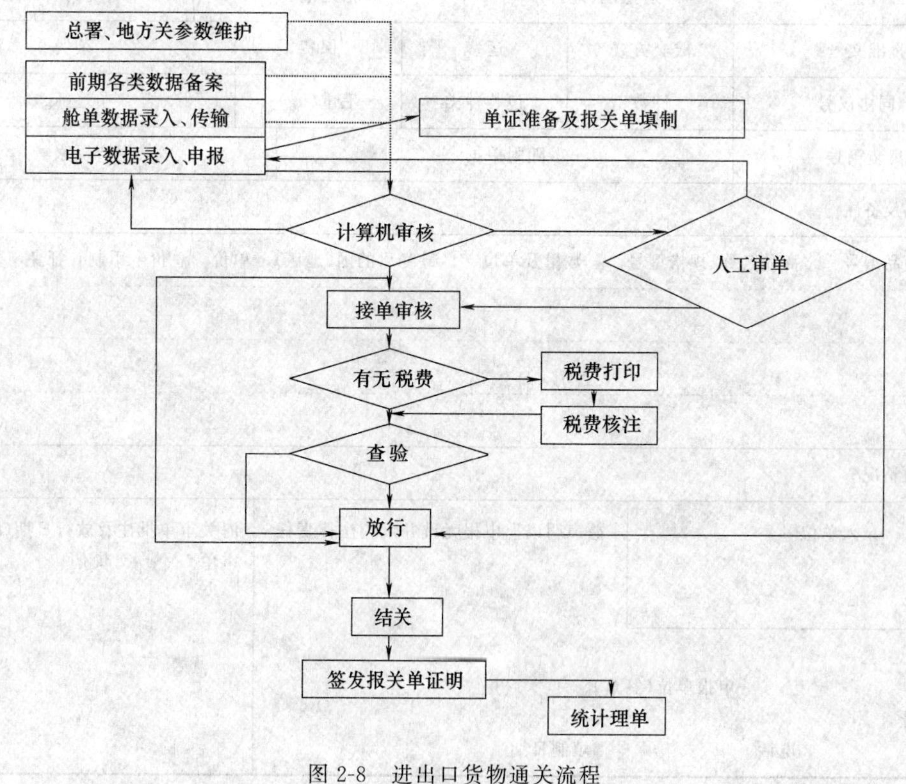

图 2-8　进出口货物通关流程

（4）装运或提取货物　装运货物是指出口货物的发货人或其代理人，在办理了出口申报、配合查验、缴纳税费等手续，海关决定放行后，凭海关加盖“放行章”的出口装货凭证（在无纸通关方式下，也可凭海关通过计算机发送的放行通知书）到货物出境地的港区海关监管区（仓库）办理将货物装运上运输工具的手续。出口装货凭证一般有运单、装货单和场站收据等。进口货物收货人或其代理人签收海关加盖海关放行章戳记的进口提货凭证，凭已到货物进境地的港区、机场、车站、邮局等地的海关监管仓库提取进口货物。

（5）申请签发证明　进口付汇证明联需要在银行或国家外汇管理部门办理进口付汇核销的进口货物→海关签章→通过电子口岸执法系统向银行和国家外汇管理部门发送证明联电子数据；出口收汇核销单需要在银行或国家外汇管理部门办理出口收汇核销的出口货物→海关签章→通过电子口岸执法系统向银行和国家外汇管理部门发送证明联电子数据；出口退税证明需要在国家税务机构办理出口退税的出口货物→海关签章→通过电子口岸执法系统向国家税务机构发送证明联电子数据。

出境货物报关单范本如下。

中华人民共和国海关出口货物报关单

预录入编号：　　　　　　　　　　海关编号：

出口口岸	备案号	出口日期	申报日期	
经营单位	运输方式	运输工具名称	提运单号	
发货单位	贸易方式	征免性质	结汇方式	
许可证号	运抵国(地区)	指运港	境内货源地	
批准文号	成交方式	运费	保费	杂费
合同协议号	件数	包装种类	毛重(kg)	净重(kg)
集装箱号	随附单据		生产厂家	
标记唛码及备注				
项号　商品编号　商品名称、规格型号　数量及单位　最终目的国(地区)　单价　总价　币制　征免				
税费征收情况				
录入员　录入单位	兹声明以上申报无讹并承担法律责任		海关审单批注及放行日期(签章) 审单　审价	
报关员 申报单位(签章) 单位地址 邮编　电话　填制日期				

四、国际货运保险业务

（一）国际货物运输涉及保险风险

保险业把海上货物运输的风险分成海上风险和外来风险。风险是造成损失的原因。

1. 海上风险

海上风险包括自然灾害和意外事故。自然灾害仅指恶劣气候、雷电、洪水、流冰、地震、海啸以及其他人力不可抗拒的灾害，而不是指一般自然力所造成的灾害。意外事故主要包括船舶搁浅、触礁、沉没、碰撞、失火、爆炸以及失踪等具有明显海洋特征的重大意外事故。

2. 外来风险

外来风险是指海上风险以外的各种风险，分为一般外来风险和特殊外来风险。一般外来风险指偷窃、破碎、渗漏、沾污、受潮受热、串味、生锈、钩损、短量、淡水雨淋等。

特殊外来风险是指由于政治、军事、国家法令、政策及行政措施等特殊外来原因所造成的风险称为特殊外来风险，如战争、罢工、取不到货、拒绝收货等。

（二）国际货物运输保险涉及的损失

海上货物运输的损失又称海损（average），指货物在海运过程中由于海上风险而造成的损失，海损也包括与海运相连的陆运和内河运输过程中的货物损失。海上损失按损失的程度可以分成全部损失和部分损失。

1. 全部损失

全部损失又称全损，指被保险货物的全部遭受损失，有实际全损和推定全损之分。实际全损是指货物全部灭失或全部变质而不再有任何商业价值。推定全损是指货物遭受风险后受损，尽管未达实际全损的程度，但实际全损已不可避免，或者为避免发生实际全损所支付的费用和继续将货物运抵目的地的费用之和超过了保险价值。推定全损需经保险人核查后认定。

2. 部分损失

不属于实际全损和推定全损的损失，为部分损失。按照造成损失的原因可分为共同海损和单独海损。

（三）国际货运保险种类

国际货物运输保险是以对外贸易货物运输过程中的各种货物作为保险标的的保险。外贸货物的运送有海运、陆运、空运以及通过邮政送递等多种途径。国际货物运输保险是国际贸易的重要组成部分，国际货物运输保险不但可以给运输中的货物提供保障，而且还能为国家提供无形贸易的外汇收入。国际货物运输保险主要包括海上货物运输保险、铁路货物运输保险、公路货物运输保险、航空货物运输保险和邮包运输保险等。其中历史最悠久、业务量最大、法律规定最全的是海上货物运输保险。

保险险别是保险人对风险和损失的承保责任范围，它是保险人与被保险人履行权利与义务的基础，也是保险人承保责任大小和被保险人缴付保险费多少的依据。

1. 海洋货物运输保险

根据我国现行的《海洋货物运输保险条款》的规定，在基本险别中包括平安险（free from particular average，简称 FPA）、水渍险（with particular average，简称 WPA）和一切险（all risks，简称 AR）三种。

（1）平安险　当前平安险的责任范围包括以下。

① 在运输过程中，由于自然灾害和运输工具发生意外事故，造成被保险货物的实际全损或推定全损。

② 由于运输工具遭遇搁浅、触礁、沉没、互撞、与流冰或其他物体碰撞及其失火、爆

炸等意外事故造成被保险货物的全部或部分损失。

③ 只要运输工具曾发生搁浅、触礁、沉没、禁毁等意外事故，不论这意外事故发生之前或者以后曾在海上遭遇恶劣气候、雷电、海啸等自然灾害造成的被保险货物的部分损失。

④ 在装卸转船过程中，被保险货物一件或数件落海所造成的全部损失或部分损失。

⑤ 被保险人对遭受承保责任内危险的货物采取抢救，防止或减少货损措施支付的合理费用，但以不超过该批被救货物的保险金额为限。

⑥ 运输工具遭遇自然灾害或者意外事故，需要在中途的港口或在避难港口停靠，因而引起的卸货、装货、存仓以及运送货物所产生的特别费用。

⑦ 发生共同海损所引起的牺牲、分摊费和救助费用。

⑧ 运输契约订有“船舶互撞责任条款”，按该条款规定应有货方偿还船方的损失。

(2) 水渍险　水渍险的责任范围，除包括上列“平安险”的各项责任外，还负责被保险货物由于恶劣气候、雷电、海啸、地震、洪水等自然灾害所造成的部分损失。

(3) 一切险　一切险的责任范围除包括“平安险”和“水渍险”的所有责任外，还包括货物在运输过程中，因一般外来原因所造成的被保险货物的全损或部分损失。

上述三种基本险别，被保险人可以从中选择一种投保。根据中国人民保险公司海洋运输货物保险条款规定，“平安险”“水渍险”和“一切险”承保责任的起讫，均采用国际保险业中惯用的“仓至仓条款”(warehouse to warehouse，简称 W/W）规定的办法处理。仓至仓条款规定保险公司所承担的保险责任，是从被保险货物运离保险单所载明的起运港（地）收货人仓库开始，一直到货物到达保险单所载明的目的港（地）发货人的仓库时为止。当货物一进入收货人仓库，保险责任即行终止。

附加险可以分为一般附加险、特别附加险、特殊附加险三种。

① 一般附加险（general additional risk）　一般附加险包括偷窃提货不着险、淡水雨淋险、短量险、混杂沾污险、渗漏险、碰损破碎险、串味险、受潮受热险、钩损险、包装破裂险、锈损险共 11 种险别。它们包括在一切险范围内。

② 特别附加险　特别附加险包括交货不到险、进口关税险、舱面险、拒收险、黄曲霉素险、出口到港澳存仓火险、战争险和罢工险。

附加险不能单独投保，可在投保一种基本险的基础上，根据货运需要加保其中的一种或若干种险。投保了一切险后，因一切险中已包括了所有一般附加险的责任范围，所以只需在特殊附加险中选择加保。

【课后思考】国际海运的一般附加险和特殊附加险具体的承保范围分别是什么？

2. 陆上运输货物保险

陆上运输货物保险是货物运输保险的一种，分为陆运险和陆运一切险两种。

陆运险的责任范围：被保险货物在运输途中遭受暴风、雷电、地震、洪水等自然灾害，或由于陆上运输工具（主要是指火车、汽车）遭受碰撞、倾覆或出轨。如在驳运过程，包括驳运工具搁浅、触礁、沉没或由于遭受隧道坍塌、崖崩或火灾、爆炸等意外事故所造成的全部损失或部分损失。保险公司对陆运险的承保范围大至相当于海运险中的“水渍险”。陆运一切险的责任范围除包括上述陆运险的责任外，保险公司对被保险货物在运输途中由于外来原因造成的短少、短量、偷窃、渗漏、碰损、破碎、钩损、雨淋、生锈、受潮、霉、串味、沾污等全部或部分损失，也负赔偿责任。

3. 其他运输货物保险

航空货物运输保险是以航空运输过程中的各类货物为保险标的，当投保了航空货物保险的货物在运输途中因保险责任造成货物损失时，由保险公司提供经济补偿的一种保险业务。

航空运输货物保险也为航空运输险和航空运输一切险两种。

邮包运输保险是指承保邮包通过海、陆、空三种运输工具在运输途中由于自然灾害、意外事故或外来原因所造成的包裹内物件的损失。

邮包运输保险承保通过邮政局邮包寄递的货物在邮递过程中发生保险事故所致的损失。以邮包方式将货物发送到目的地可能通过海运，也可能通过陆上或航空运输，或者经过两种或两种以上的运输工具运送。不论通过何种运送工具，凡是以邮包方式将贸易物货运达目的地的保险均属邮包保险。

（四）国际贸易货物运输保险办理程序

在国际货物买卖过程中，由哪一方负责办理投保国际贸易运输保险，应根据买卖双方商订的价格条件来确定。例如按 FOB. 条件和 CFR. 条件成交，保险即应由买方办理国际运输保险；如按 CIF. 条件成交，保险就应由卖方办理国际运输保险。办理国际贸易运输保险的一般程序是：

1. 选择投保险别

一般说来，对投保险别的选择，必须根据货物的性质、包装、运输、装载、季节、气候及安全等具体情况全面考虑：要考虑风险与货物损失之间的关系，货物的包装状况，航行路线和港口情况等，做到既要使货物得到充分的保险保障，又要注意保险费用的合理负担。

2. 确定保险金额和保险费

(1) 保险金额（insured amount） 保险金额是被保险人对保险标的实际投保金额，是保险人承担保险责任的标准和计收保险费的基础，是保险人赔偿的最高限额。按照国际惯例，投保金额应按发票上的 CIF 的预期利润计算。国际货物运输保险的保险金额，一般是按 CIF 发票金额加一成（即加成率为 10%）计算：保险金额＝CIF 货价×(1＋加成率)。

(2) 保险费（insurance premium） 被保险人应缴纳的保险费是以投保货物的保险金额为基础，按一定的保险费率计算出来的，其公式为：保险费＝保险金额×保险费率＝CIF (1＋加成率)×保险费率。

【例题】 某出口商品 CFR 天津新港价为 1200 美元，投保一切险，保险费率为 0.63%，客户要求加一成投保，求保险金额和保险费。

解 CIF＝1200/(1－0.63%×110%)＝1208.37（美元）

保险金额＝1208.37×110%＝1329.21（美元）

保险费＝1329.21×0.63%＝8.37（美元）

保险费：CIF－CFR＝1208.37－1200＝8.37（美元）

3. 填写国际运输保险投保单

投保单是投保人向保险人提出投保的书面申请，其主要内容包括被保险人的姓名、被保险货物的品名、标记、数量及包装、保险金额、运输工具名称、开航日期及起讫地点、投保险别、投保日期及签章等。

4. 支付保险费，取得保险单

保险费按投保险别的保险费率计算。保险费率是根据不同的险别、不同的商品、不同的运输方式、不同的目的地，并参照国际上的费率水平而制定的。它分为“一般货物费率”和“指明货物加费费率”两种。前者是一般商品的费率，后者系指特别列明的货物（如某些易碎、易损商品）在一般费率的基础上另行加收的费率。交付保险费后，投保人即可取得保险单（insurance policy）。保险单实际上已构成保险人与保险人之间的保险契约，是保险人对被保险人的承保证明。在发生保险范围内的损失或灭失时，投保人可凭保险单要求赔偿。

（五）保险单

保险单简称为保单，是保险人与被保险人订立保险合同的正式书面证明。保险单必须完整地记载保险合同双方当事人的权利义务及责任。保险单记载的内容是合同双方履行的依据，保险单是保险合同成立的证明。

保险单范本如下。

PICC 中国人民保险集团股份有限公司

The People's Insurance Company of China Limited

总公司设于北京 Head Office Beijing　　　　一九四九年创立 Established in 1949

货物运输保险单

Cargo Transportation Insurance Policy

发　票　号(Invoice NO.)		保单号次 Policy NO.	
合同号(Contract NO.)			
信用证号(L/C NO.)			
被保险人：INSURED：			

中国人民保险公司(以下简称本公司)根据被保险人的要求，由被保险人向本公司缴付约定的保险费，按照本保险单承保险别和背面所载条款与下列特款承保下述货物运输保险，特立本保险单。

This policy of insurance witnesses that the people's insurance company of China limited(here in after called"the company")at the reoues of the insured and in consideration of the agreed premium paid to the company by the insured, undertakes to insure the undermentioned goods in transportation subject to the conditions of this policy as per the clauses printed overleaf and other special clauses attached hereon.

标　记 Marks&NOS	包装及数量 Quantity	保险货物项目 Description of Goods	保险金额 Amount Insured

总保险金额：Total Amount Insured：					
保费：Premium：	As arranged	启运日期：Date of commencement：	出运日期	装载运输工具：PER conveyance：	
自 from：		经 Via		至 To	
承保险别：Conditions：					

所保货物，如发生保险单项下可能引起索赔的损失或损坏，应立即通知本公司下述代理人查勘。如有索赔，应向本公司提交保单正本(本保险单共有 1 份正本)及有关文件。如一份正本已用于索赔，其余正本自动失效。

In the event of loss or damage witch may result in a claim under this policy, immediate notice must be given to the Company's agent as mentioned hereunder. claims, if any, one of the original policy which has been issued in | one | Original(S)

Together with the relevant documents shall be surrendered to the company. if one of the original policy has been Accomplished the others to be void.

赔款偿付地点 Claim Payable at	目的港		中国人民保险集团股份有限公司 The People's Insurance Company of China Limited

工作任务单一：国际贸易合同和信用证识读

一、任务背景 1

张鑫从某高职院校毕业后应聘到福建运达国际货运代理公司从事国际货运代理操作工作，他的主要工作内容是：负责与客户联系，提供及时专业的货运业务咨询；负责客户的配载订舱及报关业务，并能缮制与货运业务相关的各种单证；负责各代理航空公司、船公司的操作及单证要求，并能及时有效地和他们沟通联系，保证货物安全及时顺利的出运；查询货物状态并及时通知客户等。

2015 年 9 月 5 日，他收到来自福建兴隆进出口有限公司的李伟需要办理一笔货物出口到加拿大温哥华的海运业务咨询，作为国际货运代理操作员，他应该具备哪些相关国际贸易基础知识？根据对方提供的业务信息及支付要求，如何理清工作业务程序为客户提供更优质的增值服务？

销售确认书（Sales Confirmation）如下。

NO.：XL0798

Date：Apr. 22，2015

The Seller：Fujian Xinlong I/E Co.，Ltd　　The Buyer：LK Footwear Inc.
No. 99 Yan’an Rd.，Fuzhou　　No. 876 Walk Rd.，Vancouver

This Contract is made by and between the Buyer and Seller，whereby the Buyer agrees to buy and the Seller agrees to sell the under-mentioned commodity according to the terms and conditions stipulated below.

Commodity& Specification	Quantity	Unit Price	Amount
(1) Snow Boots style NO. NM1048	(2) 4800 pairs	(3) USD 15.50/pair CIF Vancouver，Canada	(4)USD 74400.00
Total	4800 pairs		USD 74400.00
Total Contract Value：(5)US. Dollars Seventy-four thousand four hundred only.			

Packing：(6) Packed in 1pairs/box then 6 boxes/carton

Time of Shipment：(7)：Not later than Oct. 31，2015

Port of Loading：(8) Fuzhou，China.

Port of Destination：(9) Vancouver，Canada. Transshipment is (10) allowed and partial shipment (11) is allowed

Insurance：For 110PCT of the invoice value covering all risks and war risk as per CIC of PICC dated 1981/1/1

Terms of Payment： (12) The Buyers shall open through a bank acceptable to the Sellers an Irrevocable Sight Letter of Credit to reach the Sellers 30 days before the month of shipment，valid for negotiation in China until the 15th day after the month of shipment.

Arbitration：All disputes arising from the execution of or in connection with this contract，shall be settled amicably through friendly negotiation. In case no settlement can be reached through negotiation, the case shall then be submitted to China International Economic & Trade Arbitration Commission, Beijing, for arbitration in accordance with its arbitration rules. The arbitration award is final and binding upon both parties.

Beneficiary Bank: Bank of China, Fujian Branch

Swift code: BKCHCNBJ720

Name: Fujian Xinlong I/E Co., Ltd.

A/C NO: 80020002700605302

Remarks: This contract is made in two original copies and becomes valid after both parties' signature, one copy to be held by each party.

Signed by:

The Seller: The Buyer:

(1) 根据该业务背景所涉及的关系人有哪些，填写表2-6。

表2-6 合同当事人详细情况

序号	合同当事人	详细内容
1	卖方	
2	买方	

(2) 填写国际买卖合同条款内容（见表2-7）。

表2-7 国际买卖合同条款内容

序号	合同条款	详细内容
1	品名、品质条款	
2	数量条款	
3	单价、金额	
4	包装方式	
5	装运口岸和目的口岸	
6	装运日期	
7	分批装运和转运	
8	保险条款	
9	费用计算	
10	付款方式	

二、任务背景2

根据上述业务背景，福建兴隆工业品进出口有限公司（Fujian Xinlong I/E Co., Ltd）收到了加拿大公司于2015年9月20日通过美国花旗银行温哥华分行开出的信用证，马上积极备货。同时通过比较，选择福建运达国际货运代理公司安排出口运输及相关事宜。作为为进出口有限公司服务的国际货运代理公司，必须熟悉相关外贸业务流程，正确根据信用证要求为客户办理代理报检、报关、投保业务，缮制单证等。

信用证如下。

Sender: The Citizen Bank of USA, 23 Breton Street, Vancouver, Cananda

Receiver: Bank of China, Fujian Branch

40A/form of Documentary Credit: Irrevocable

20/Documentary Credit Number：55618-723

＊31C/Date of Issue：15/09/20

＊31D/Date and Place of Expiry： 15/11/20 in China

＊50/Applicant： LK Footwear INC

NO. 876 Walk RD，Vancouver

＊59/Beneficiary：Fujian Xinlong I/E CO.，LTD

NO. 99 Yan' an Road，Fuzhou

＊32B/Amount：USD 74400. 00

＊41D/Available With... BY：Any Bank，By Negotiation

＊42C/Drawee At...：At Sight

＊42D/Drawee：Issuing Bank

＊43P/Partial Shipments：Allowed

＊43T/Transshipment：Allowed

＊44A/Loading in Charge：Fuzhou，China

＊44B/For Transportation To：Vancouver，Canada

＊44C/Latest Date of Shipment：15/10/31

＊45A/Descp of Goods：Snow Boots Style NO：NM1048 CIF Vancouver，Canada As PER NO.：XL0798

＊46A/Documents Required：

+Commercial Invoice in 3 Originals and 2 Copies

+Packing List in 3 Orginals and 2 Copies.

+3/3 Set of Original Clean on board ocean bills of lading made out to order of us and blank endorsed and marked freight Prepaid and notify applicant with full notify and address as above.

+Insurance Policy or certificate in 2 fold endorsed in blank，for 110PCT of the invoice value covering all risks and war risk as per CIC of PICC dated 1981/1/1

To be payable in USA in the currency of the drafts

+Certificate of Origin GSP form a in 1 original and 1 Copy

＊47A/Additional conditions：

+An extra Copy of Invoice and transport documents for issuing bank's file is required.

+A USD35. 00 fee will be deducted if proceeds are remitted VIA wire transfer.

＊71B/charges：

All banking charges outside country of issue for account of beneficiary.

＊48/Preiod for Presentation：Within 15 days after the date of shipment but within the validity of the credit.

＊49/Confirmation Instructions：Without

＊78/Instructions：On reccipt of complete set of documents in conformity with. The terms and condition of this credit，we will remit the proceeds following the instructions of the documents accompanying letter.

This credit is subject to the uniform customs and practice for domentary credits（1993 revision），International chamber of commerce publication number 600.

操作事项如下。

（1）翻译信用证，填写信用证分析单（见表 2-8）。

表 2-8 信用证分析单

<table>
<tr><td>信用证号</td><td colspan="2"></td><td>合约号</td><td colspan="2"></td><td>受益人</td><td colspan="2"></td></tr>
<tr><td>开证银行</td><td colspan="4"></td><td>开证申请人</td><td colspan="3"></td></tr>
<tr><td>开证日期</td><td></td><td>付款方式</td><td colspan="2"></td><td>起运口岸</td><td></td><td>目的地</td><td></td></tr>
<tr><td>金额</td><td colspan="4"></td><td>可否转运</td><td></td><td colspan="2" rowspan="2">成交方式</td></tr>
<tr><td>汇票付款人</td><td colspan="4"></td><td>可否分批</td><td></td></tr>
<tr><td>汇票期限</td><td colspan="4">见票＿＿天期</td><td>装运期限</td><td></td><td colspan="2"></td></tr>
<tr><td rowspan="2">注意事项</td><td colspan="4" rowspan="2"></td><td>效期地点</td><td></td><td colspan="2" rowspan="2">唛头</td></tr>
<tr><td>提单日＿＿天内议付</td><td>＿＿21 天内寄单</td></tr>
</table>

<table>
<tr><td>单证名称</td><td>提单</td><td>副本提单</td><td>商业发票</td><td>其他发票</td><td>海关发票</td><td>装箱单</td><td>重量数量单</td><td>尺码单</td><td>保险单</td><td>产地证</td><td>普惠制产地证</td><td>贸促会产地证</td><td>出口许可证</td><td>装船通知书</td><td>投保通知</td><td>寄投保通知邮据</td><td>寄单证明</td><td>寄单邮据</td><td>寄样证明</td><td>寄样邮据</td><td>品质证明书</td><td></td></tr>
<tr><td>银行</td><td></td><td></td><td></td><td></td><td></td><td></td><td></td><td></td><td></td><td></td><td></td><td></td><td></td><td></td><td></td><td></td><td></td><td></td><td></td><td></td><td></td><td></td></tr>
<tr><td>份数</td><td></td><td></td><td></td><td></td><td></td><td></td><td></td><td></td><td></td><td></td><td></td><td></td><td></td><td></td><td></td><td></td><td></td><td></td><td></td><td></td><td></td><td></td></tr>
<tr><td>客户</td><td></td><td></td><td></td><td></td><td></td><td></td><td></td><td></td><td></td><td></td><td></td><td></td><td></td><td></td><td></td><td></td><td></td><td></td><td></td><td></td><td></td><td></td></tr>
<tr><td>份数</td><td></td><td></td><td></td><td></td><td></td><td></td><td></td><td></td><td></td><td></td><td></td><td></td><td></td><td></td><td></td><td></td><td></td><td></td><td></td><td></td><td></td><td></td></tr>
</table>

<table>
<tr><td rowspan="2">提单</td><td>抬头</td><td></td><td rowspan="3">保险</td><td colspan="3">险种：</td></tr>
<tr><td>通知</td><td></td><td colspan="3" rowspan="1"></td></tr>
<tr><td colspan="2">运费预付</td><td></td><td>保额另加＿＿%</td><td>赔款地点</td><td></td></tr>
</table>

（2）作为国际货运代理人员可以为客户办理哪些业务？

工作任务单二：国际贸易相关业务操作

出口口岸：福州关区（关区代码 3500）

申报日期：2015 年 10 月 24 日

运费 USD3，580

保费 USD750

集装箱号：GNWL2581946（标准箱整箱）

H. S：海关编码，上网查询

毛重：9900KGS　净重：9000KGS

一、资讯阶段

阅读教材，掌握报检业务和报关业务的流程。搜集资料，了解报检单、报关单和保险单的填制规范。

二、实施阶段

（1）将报检和报关、保险办理的流程制作成 PPT。

（2）根据以上 2 个背景资料和补充资料，填制报检单、报关单和保险单。到网上查询海关编码，自行虚拟其他相关信息。

（3）小组进行汇报。

三、检查与评估阶段

将工作任务评价填入表2-9。

表2-9 工作任务评价表

评估内容	自评(10%)	小组互评(30%)	教师评价(60%)	合计
1. 流程清楚、提交相应的单证填制规范正确(20分)				
2. 合同信用证翻译准确(20分)				
3. 报关单填写正确(20分)				
4. 报检单填写正确(20分)				
5. 保险单填写正确(20分)				
综合评分				

一、单项选择题

1. CIP和CPT贸易术语下，负责运输的当事方分别为（　　）。

A. 卖方/卖方　　B. 卖方/买方　　C. 买方/买方　　D. 买方/卖方

2. 我国天津某公司与美商签订进口合同，规定在旧金山港的船上交货，最好采用（　　）。

A. FOB Tianjin　　B. DES San Francisco

C. FOB San Francisco　　D. FOB Vessel San Francisco

3. 出境货物最迟应于报关或装运前（　　）报检，对于个别检验检疫周期较长的货物，应留有相应的检验检疫时间。

A. 5天　　B. 7天　　C. 10天　　D. 15天

4. 运载进出口货物的运输工具5月9日申报进境，收货人5月15日向海关传送报关单电子数据，海关当天受理申报并发出现场交单通知，收货人于5月27日提交纸质报关单时，发现海关已于5月26日撤销电子数据报关单，遂于5月30日重新向海关申报，海关当天受理申报并发出现场交单通知，收货人5月31日提交纸质单证，如以上日期均不涉及法定节假日，滞报天数应为（　　）。

A. 0天　　B. 6天　　C. 7天　　D. 8天

5. 信用证支付方式下，银行处理单据时不负责审核的是（　　）。

A. 单据与有关国际惯例是否相符　　B. 单据与信用证是否相符

C. 单据与国际贸易合同是否相符　　D. 单据与单据是否相符

二、多项选择题

1. 根据《2000年通则》的解释，CIF与CFR术语的相同之处有（　　）。

A. 交货地点相同　　B. 风险划分界限相同

C. 买卖双方的责任划分相同　　D. 术语后均注明目的港

2. 按照《2000年通则》的解释，C组术语的共同特点是（　　）。

A. 均为风险转移在前，费用、责任转移在后

B. 均由卖方订立运输契约并承担运费

C. 均由买方承担货物运输途中的风险

D. 成交的合同性质均为装运合同

3. 下列属于信用证基本当事人的有（　　）。

A. 开证行　　B. 通知行　　C. 委托人　　D. 议付行　　E. 受益人

4. 向（　　）出口货物带有木质包装的，需作检疫除害处理。

A. 美国　　B. 阿根廷　　C. 巴西　　D. 加拿大

5. 在通关申报环节，海关认为必要时，需查阅或收取的预备性单证是（　　）。

A. 报关委托单位的工商营业执照　　B. 货物原产地证明

C. 贸易合同　　D. 提货单或装货单

三、案例分析题

小李于 2005 年 11 月参加了全国自理报检员资格考试，2006 年 3 月获取了检验检疫机构颁发的报检员资格证。2006 年 8 月，小李拟应聘专门从事自行车出口的天津××进出口公司从事报检工作，请问该公司有无资格报检？公司首次报检应办理哪些手续？小李应如何取得报检资格？

学习情境三
国际海运货运代理操作

学习目标

知识目标

1. 了解班轮运输、海运航线、集装箱、提单等基础知识；
2. 学习租船业务的种类；
3. 掌握海运单证相关知识；
4. 掌握海运进出口货运代理流程；
5. 掌握海运运费计算方法。

能力目标

1. 能代理客户办理进出口货物订舱、保险、报关报检、货物集港等业务；
2. 能代办进口货运代理业务；
3. 能填制和审核国际商务单证和海运相关单证；
4. 能进行海运货运进出口代理费用核算。

项目一 海运基础知识

一、班轮运输和租船运输

目前国际海运船舶的营运方式可分为两大类，即定期船运输（班轮运输）和不定期船运输（租船运输）。

1. 班轮运输

班轮运输（liner shipping），也称定期船运输，是指班轮公司将船舶按事先制定的船期表（liner schedule），在特定航线的各挂靠港口之间，经常地为非特定的众多货主提供规则的、反复的货物运输服务（transport service），并按运价本（tariff）或协议运价的规定计收运费的一种营运方式。

（1）杂货班轮运输　最早的班轮运输是杂货班轮运输。杂货班轮运输的货物以件杂货为主，还可以运输一些散货、重大件等特殊货物。

对货主而言，杂货班轮运输具有以下优点。

① 能及时、迅速地将货物发送和运达目的港。由于货主和货代能根据船期表预知货物的发运和到达时间，因此能保证货物的供需要求。

② 特别适应小批量零星件杂货对海上运输的需要。货主或货代能够随时向班轮公司托运，而不论货物的批量大小，因此可以节省货物等待集中的时间和仓储的费用。

③ 满足各种货物对海上运输的要求，并能较好地保证货运质量。

④ 通常班轮公司都负责转运工作。货主或货代可以要求班轮公司安排货物的转运工作，从而满足货物运输的特殊需要。

（2）集装箱班轮运输　20 世纪 60 年代后期，随着集装箱运输的发展，班轮运输中出现了以集装箱为运输单元的集装箱班轮运输方式。由于集装箱运输具有运送速度快、装卸方便、机械化程度高、作业效率高、便于开展联运等优点，到 20 世纪 90 年代后期，集装箱班轮运输已逐渐取代了传统的杂货班轮运输。

对货主而言，集装箱班轮运输除了具有与杂货班轮相似的优点外，在运输速度、货运质量等方面更具有优势。但是，目前大多数班轮公司不接小批量的拼箱货，因此需要集拼经营人来安排小批量的拼箱货运输。

（3）班轮运输的特点

① 承运人与货主之间在货物装船之前通常不书面签订具有详细条款的运输合同。在杂货班轮运输中，通常是在货物装船后，由承运人或其代理人签发提单；在集装箱班轮运输中，除通常由承运人或其代理人签发提单外，还可以根据需要签发海运单。

② 在杂货班轮运输中，除非订有协议可允许托运人在船边交货和收货人在船边提货外，通常承运人是在装货港指定的码头仓库接收货物，并在卸货港的码头或仓库向收货人交付货物；在集装箱班轮运输中，通常承运人是在装货港集装箱堆场接受货物，并在卸货港集装箱堆场交付货物。拼箱货则由集拼经营人在装货港集装箱货运站接受货物，并在卸货港集装箱货运站交付货物。

③ 班轮公司一般负责包括装货、卸货和理舱在内的作业和费用，在杂货班轮运输中，班轮公司通常不负担仓库至船边或船边至仓库搬运作业的费用；在集装箱班轮运输中，由于运输条款通常为 CY/CY（堆场/堆场），所以班轮公司理应负责堆场至船边或船边至堆场搬运作业的费用。

④ 承运人与货主之间不规定装货时间。在堆场或货运站交接货物的情况下，会约定交接时间，而不规定装卸船时间；在船边交货或提取货物时，也仅约定托运人或收货人需按照船舶的装卸速度交货或提取货物，否则，货方应赔偿船方因降低装卸速度或中断装卸作业所造成的损失。

（4）班轮运输相关主体

班轮运输中，通常会涉及班轮公司、船舶代理人、无船（公共）承运人、海上货运代理人、托运人和收货人等有关货物运输的当事人和关系人。

① 班轮公司　班轮公司是指运用自己拥有或经营的船舶，提供国际港口之间班轮运输服务，并依据法律规定设立的船舶运输企业。班轮公司应有自己的船期表、运价表、提单或其他运输单据。根据各国的管理规定，班轮公司通常应有船舶直接挂靠该国的港口。班轮公司有时被称为远洋公共承运人（ocean common carrier）。班轮公司通常与托运人订立运输合同，是运输合同中的承运人。

在从事国际货代业务的实践中，国际海上货运代理人应了解有关班轮公司的情况，以便在必要时从中选择适当的班轮公司作为货物运输的承运人。

世界上集装箱班轮公司有很多，并且大的班轮公司都已进入了中国海运市场。以下介绍几个班轮公司的概况：

中国远洋集装箱运输有限公司（COSCO），简称中远集团，成立于1997年12月29日，是中远集团（COSCO）所属专门从事集装箱运输的核心企业。中远集运现有超过20条主干航线，连接着全球100多个港口，在全球班轮公司位居前列。

马士基航运公司（MAERSK LINE），是A. P. Moller集团（丹麦）下属的12个公司的主要成员之一。1999年7月，A. P. Moller集团和CSX集团宣布达成协议，马士基斥资8亿美元收购海陆（Sea-land）国际集装箱运输公司。2005年8月，马士基又收购了由英国铁行箱运（P&O Container）与荷兰渣华（Royal Nedlloyd）公司于2004年合资组建的铁行渣华（P&O Nedlloyd Container Line）。并购后的马士基航运公司成为国际班轮的“巨无霸”。

地中海航运公司（MSC），总部设在日内瓦，目前是世界第二大集装箱班轮公司。

除了以上班轮公司外，还有一些著名的班轮公司，如日本邮船（NYK）、商船三井（M. O. S. K）、东方海外（OOCL）、东方海皇/总统轮船（NOL/APL）、长荣（Evergreen）、达飞海运（CMA CGM）、阳明海运（YML）等。中国著名的集装箱班轮公司还有中海集装箱运输有限公司（CSCL）、中外运集装箱运输有限公司（SINOTRANS）等。

② 船舶代理人　船舶代理人是指接受船舶所有人、船舶经营人或者船舶承租人的委托，为船舶所有人、船舶经营人或者船舶承租人的船舶及其所载货物或集装箱办理船舶进出港口手续、安排港口作业、接受订舱、代签提单、代收运费等服务，并依据法律规定设立的船舶运输辅助性企业。由于国际船舶代理行业具有一定独特的性质，所以各国在国际船舶代理行业大多制定有比较特别的规定。

中国最大的国际船舶代理公司是成立于1953年的中国外轮代理公司。20世纪80年代末中外运船务代理公司成立，成为第二家从事国际船舶代理业务的国际船舶代理公司。现在，在我国对外开放的港口都有多家国际船舶代理公司。实践中，国际货运代理人经常会与船舶代理人有业务联系。

③ 无船承运人　无船承运人（non-vessel operating common carrier），也称无船公共承运人，是指以承运人身份接受托运人的货载，签发自己的提单或者其他运输单证，向托运人收取运费，通过班轮运输公司完成国际海上货物运输，承担承运人责任，并依据法律规定设立的提供国际海上货物运输服务的企业。

根据《中华人民共和国国际海运条例》的规定，在中国境内经营无船承运业务，应当在中国境内依法设立企业法人；经营无船承运业务，应当办理提单登记，并交纳保证金；无船承运人应有自己的运价本。

无船承运人可以与班轮公司订立协议运价，在国际上称为服务合同（service contract; S. C.），以从中获得利益。但是，无船承运人不能从班轮公司那里获得佣金。国际货运代理企业在满足了市场准入条件后，可以成为无船承运人。上海航运交易所制定无船承运人的标准格式提单。

④ 海上货运代理人　国际海上货运代理人，也称远洋货运代理人（ocean freight forwarder），是指接受货主的委托，代表货主的利益，为货主办理有关国际海上货物运输相关事宜，并依据法律规定设立的提供国际海上货物运输代理服务的企业。

海上货物代理人除可以从货主那里获得代理服务报酬外，因其为班轮公司提供货载，所以还应从货主那里获得奖励，即通常所说的“佣金”。但是，根据各国的管理规定（如果有的话)，国际海上货运代理人通常无法与班轮公司签订协议运价或 S. C.。

⑤ 托运人　托运人 (shipper)，是指本人或者委托他人以本人名义或者委托他人为本人与承运人订立海上货物运输合同的人；本人或者委托他人以本人名义或者委托他人为本人将货物交给与海上货物运输合同有关的承运人的人。

托运人可以与承运人订立协议运价，从而获得比较优惠的运价。但是，托运人无法从承运人那里获得“佣金”。如果承运人给托运人“佣金”，则将被视为给托运人“回扣”。

班轮运输中还会有收货人等关系人。

(5) 船期表　班轮船期表 (liner schedule) 是班轮运输营运组织工作中的一项重要内容。班轮公司制定并公布班轮船期表有多方面的作用。首先是为了招揽航线途经港口的货载，既为满足货主的需要，又体现海运的质量；其次是有利于船舶、港口和货物及时衔接，以便船舶有可能在挂靠港口的短暂时间内取得尽可能高的工作效率；再次是有利于提高船舶公司航线经营的计划质量。

班轮船期表的主要内容包括：航线、船名、航次编号、始发港、中途港、终点港的港名，到达和驶离港口的时间，其他有关的注意事项等。典型的班轮船期表如表 3-1 所示。

表 3-1　中远集运华南分部亚太航线船期表

华南/南美东周班航线　ESA Service：

船名	航次	盐田	香港	新加坡	桑多斯	蒙特维的亚	布艾利斯
Vessel	Voy	YTN	HKG	SIN	STS	MVD	BNA
		TUE—WED	WED—THU	MON—TUE	MON—WED	FRI—SAT	SUN—MON
航程	天数	0	1	5	27	31	33
EMPRESS SEA	180W	03—06/10	06—07/10	11—12/10	01—03/11	03—06/11	07—08/11
ITAL FASTOSA	029W	12—13/10	13—14/10	18—19/10	08—10/11	12—13/11	14—15/11
HS BIZET	026W	19—20/10	20—21/10	23—26/10	13—17/11	19—20/11	21—22/11
ITAL FULGIDA	019W	26—27/10	27—28/10	01—02/11	22—24/11	26—27/11	28—29/11

国际海上货运代理人不但应了解班轮船期表的内容，还应该了解在哪里可以查找到船期表。船公司的网站、航务杂志、中国国际海运网，均能查到船期表。

2. 不定期船运输

不定期船运输 (tramp shipping)，又称租船运输，这是相对于定期船运输，即班轮运输而言的另外一种船舶营运方式。由于这种运营方式需在市场上寻求机会，没有固定的航线和挂靠港口，也没有预先制定的船期表和费率本，船舶经营人与需要船舶运力的租船人是通过洽谈运输条件、签订租船合同 (charter party) 来安排运输的，故称之为“租船运输”。

租船运输的特点主要有以下几点。

① 租船运输是根据租船合同组织运输的。租船合同都订明船舶出租人与船舶承运人双方的责任、义务和权利，租船合同条款是解决争议的依据。

② 国际租船市场行情影响租金或运费水平的高低。世界经济状况、船舶运力供求关系、季节性气候条件及国际政治形式等都是影响因素。

③ 船舶运营中有关费用的分担取决于不同的租船方式，并在租船合同中订明。

④ 船舶运输主要适于大宗货物的运输。如谷物、矿石、煤炭等。

(1) 航次租船 (voyage charter)

① 航次租船的定义 航次租船又称“航程租船”或“程租船”或“程租”是指由船舶出租人向承租人提供船舶或船舶的部分舱位，在指定的港口之间进行单向或往返的一个航次或几个航次用以运输指定货物的租船运输方式。航次租船是租船市场上最活跃、最为普遍的一种租船方式，对运价水平的波动最为敏感。在国际现货市场上成交的绝大多数货物（主要有液体散货和干散货两大类）通常都是通过航次租船方式运输的。在航次租船的情况下，船长由船舶出租人（船东）任命，船舶由作为船舶出租人的代理人的船长管理，船舶的营运调度仍由船舶出租人负责，船舶仍归船舶出租人占有和支配。在这种意义上，航次租船合同与班轮运输合同一样，都是以承揽货物运输为目的的运输合同。

② 航次租船的特点 航次租船的特点主要表现在以下几个方面。

a. 特定船舶、特定货物、特定港口和特定航线。航次租船合同下，对于履行货物运输的船舶和要装运的货物、装货港和卸货港以及航线都做出专门的规定。通常情况下，都由指定的船舶在指定的装货港来装运指定的货物，按照约定的或者习惯的或者地理上的航线运至指定的卸货港。

b. 航次租船合同是确定船舶出租人与承租人的权利、义务和责任的依据。航次租船合同的船舶出租人和承租人“完全”处于同等的谈判地位，根据租船市场行情和其他条件进行讨价还价，商谈合同条款。航次租船合同的船舶出租人不是公共承运人，而是专门承运人(private carrier)，即承运与其签订租船合同的承租人的货物。

c. 承运人负责完成货物的组织、支付运费及相关的费用。

d. 船舶出租人占有和控制船舶，负责船舶的营运调度、配备和管理船员。

e. 船舶出租人负责船舶营运所支付的费用。这些费用包括：船舶资本费用（船舶成本、船舶资本借贷偿还、资本金利息）、固定营运费用（船员工资和伙食、船舶物料、船舶保养费用、船舶保险费用、润滑油、企业事务费用等）和可变营运费用（燃料费、港口使费、引水费、合同规定的装卸费、其他费用等）。

f. 船舶出租人出租整船或部分舱位，按实际装船的货物数量或整船舱位包干计收运费。

g. 承租人向船舶出租人支付的运输费用通常称为运费（freight），而不称租金（hire）

h. 航次租船合同中规定可用于在装卸港口装卸货物的时间、装卸时间计算方法、滞期和速遣以及滞留损失等。这是因为在航次租船合同中，航次总的时间风险在船舶出租人一边，船舶出租人对于完成一个航次所需的时间是最为关心的，他希望缩短船舶在港停留时间，但是在港进行装卸货物的时间却往往是由承租人掌握的，船舶出租人难以控制，而这些天数可以影响船舶出租人的经济效益，这样若装卸时间超过规定的天数，承租人要向船舶出租人支付一笔约定的损害赔偿金，即滞期费；反之，装卸货物在规定的天数之内提前结束，船舶出租人要向承租人支付一笔奖励，即速遣费。但双方有时候也会约定按照港口当地习惯尽速装卸（customary quick despatch，简称 CQD），即不规定装卸时间，由船舶出租人承担时间的风险。此外，对于由承租人引起的非装卸时间方面的时间损失，诸如港口合同中船舶抵港后，承租人不能及时安排泊位，以至延误船期，承租人须按照船舶的实际损失额向船舶出租人支付赔偿，即滞留损失。

（2）定期租船（time charter）

① 定期租船的定义 定期租船又称期租船，是指由船舶所有人按照租船合同的约定，将一艘特定的船舶在约定的期间，交给承租人使用的租船。这种租船方式不以完成航次数为依据，而以约定使用的一段时间为限。在这个期限内，承租人可以利用船舶的运载能力来安排运输货物；也可以用以从事班轮运输，以补充暂时的运力不足；还可以以航次租船方式承

揽第三者的货物，以取得运费收入。当然，承租人还可以在租期内将船舶转租，以谋取租金差额的收益。关于租期的长短，完全由船舶所有人和承租人根据实际需要洽商而定。

② 定期租船的特点

a. 船舶出租人负责配备人员，并担负其工资和伙食。

b. 承租人在船舶营运方面拥有对船长、船员指挥权，有权要求船舶出租人予以撤换。

c. 承租人负责船舶的营运调度，并负担船舶营运中的可变费用。包括燃料费、港口使费、引水费、货物装卸费、运河通行费、租船合同规定的其他费用等。

d. 船舶出租人负担船舶营运的固定费用。包括船舶资本的有关费用、船用物料费、润滑油费、船舶保险费、船舶维修保养费等。

e. 船舶租用以整船出租；租金按船舶的载重吨、租期以及商定的租金率计收。

f. 租船合同中往往订有有关交船和还船以及停船的规定。

此外，期租情况下，租金率在租期内一般比较稳定，货载的运输不受或较少受运输市场价格波动的影响。船舶出租人为避免租期内因部分费用上涨而使其赢利减少或发生亏损，而在较长时期的定期租船合同中加入“自动递增条款（escalation clause）”，使得在规定的费用上涨时，按合同约定的相应比例提高租金。

定期租船方式下，被租船完全处于承租人的使用和控制下。所以，除因船舶不能处于适航状态外以及合同规定的停租事由外，其他情况所造成的营运风险一般均由承租人承担。

（3）光船租船（bareboat charter）

① 光船租船的概念　光船租船又称船壳租船，是指船舶出租人向承运人提供不配备船员的船舶，在约定的时间内由承租人占用、使用和营运，并向出租人支付租金的一种租船方式。这种租船方式实质上是一种财产租赁方式，船舶出租人不具有承揽运输的责任。在租期内，船舶出租人只提供一艘空船给承运人使用，船舶的配备人员、营运管理、供应，以及一切固定或变动的营运费用都由承租人负担。船舶出租人在租期内除了收取租金外，对船舶和其经营不再承担任何责任和费用。

② 光船租船的特点

a. 船舶出租人提供一艘适航空船，不负责船舶的运输。

b. 承租人配备全部船员，并负有指挥责任。

c. 承租人以承运人身份负责船舶的经营及营运调度工作，并承担在租期内的时间损失，包括船期延误、修理等。

d. 承运人负担除船舶的资本费用外的全部固定及变动成本。

e. 以整船出租，租金按船舶的载重吨、租期及商定的租金率计算。

f. 船舶的占有权从船舶交予承租人使用时起，转移至承租人。

（4）光船租购（demise charter）　近几年来，船运实践中在办理光船租船时，最常见的是使用“购买选择权租赁条件（leasing with option to purchase）”。在这种条件下，承租人在光船租船合同规定的租期届满时，享有购买该船舶的选择权。附带有这种条件的光船租船合同中，通常对租期届满时的船舶价格事先确定，并规定这一船价在租期内平均分摊，与按期支付的租金一并缴纳。这是一种分期购买船舶的方法，对于那些缺乏足够资金一次性造船或买船的承运人来说，是一种获得运力的机会，也是较容易地获得银行贷款的有效手段。这种光船租船方式就被称作光船租购（lease purchase）。

（5）包运租船（contract of affreightment，简称 COA ）

① 包运租船的概念　包运租船是指船舶出租人向承租人提供一定吨位的运力，在确定

的装卸港口之间，按事先约定的时间、航次周期和每航次较为均等的运量，完成合同规定的全部货运量的租船方式。包运租船方式所签订的租船合同称为“包运租船合同”，或称“运量合同（quantity contract/volume contract）”。

② 包运租船方式的特点

a. 包运租船合同中一般不确定某一船舶，仅规定租用船舶的船级、船龄和技术规范等。

b. 租期的长短取决于运输货物的总运量及船舶的航次周期所需的时间。

c. 货物主要是运量较大的干散货或液体散装货物。承运人通常是货物贸易量较大的工矿企业、贸易机构、生产加工集团或大型国际石油公司。

d. 航次中所产生的航行时间延误风险由船舶出租人承担，而对于船舶在港内装、卸货物期间所产生的延误，与航次租船相同，一般是通过合同中的装卸时间和滞期条款来处理，通常是由承租人承担船舶在港的时间损失。

e. 运费按船舶实际装运货物的数量及约定的运费率计收，通常采用航次结算。

f. 装卸费用的负担责任划分一般与航次租船方式相同。

(6) 航次期租（time charter on trip basis，简称 TCT） 目前，国际航运实务中还经常使用着一种介于航次租船和定期租船之间的租船方式，即“航次期租”，又称为日租租船(daily charter)。航次期租是指由船舶出租人向承租人提供船舶，在指定的港口之间，以完成航次运输为目的，按实际租用天数和约定的日租金率计算租金的租船运输经营方式。航次期租的特点是没有明确的租期期限，而只确定了特定的航次。

航次期租结合了期租和航次租船的特点，从而形成其独具特色的租船方式。其基本概念可从以下两方面理解：一方面是租期的计算以船舶所完成的本航次任务为基础，类似于航次租船，一般是从船舶抵达第一装港的引水锚地时起租，直至该船于最后一个卸港卸完货后，并由引航员引至引水锚地，引航员离船为止。当然具体交还船时间及地点，可由双方当事人的租船合同中订明。另一方面，尽管租期的计算类似于航次租船，但是船舶出租人收到的不是航次租船中的运费，而是类似于租期方式中的租金，一般为 15 天预付一期租金。航次期租对于承租人来说既可以避免期租过程中的风险，诸如缺少长期、固定的货源等，又可以保护商业机密，由于装、卸港代理均由租船人指派，故船舶出租人基本上无法了解货物详细情况，而且在船舶装卸能力许可的条件下，可以尽可能多地装货，以获取更大的利润。对于船舶出租人来说，采用航次期租的租船方式，最大的益处是减少风险，这主要是指船舶港口作业及等泊等时间风险，所有这些风险都由租船人承担。

3. 租船程序

租船合同的洽订通常情况下是通过租船经纪人进行的。一项租船业务从发出询价到缔结租船合同的全过程称为租船程序（chartering procedure，chartering process）。

(1) 租船询价 租船询价又称租船询盘（chartering inquiry）。询盘的目的和作用是让对方知道发盘人的意向和需求的概况，通常是指承租人根据自己对货物运输的需要或对船舶的特殊要求通过船舶经纪人在租船市场用船舶的意向。询价也可以由船舶出租人或承租人直接发出。

① 承租人航次租船询价主要内容

a. 承租人的名称及营业地点；

b. 货物种类、名称、数量、包装形式；

c. 装卸港口或地点名称；

d. 受载期和解约日；

e. 装卸时间和装卸费用条件；

f. 船舶类型、载重吨；

g. 希望采用的租船合同范本。

② 承租人定期租船询价主要内容

a. 承租人的名称及营业地点；

b. 船舶类型、载重吨及特殊要求；

c. 租期和租金；

d. 交/还船地点；

e. 航行区域；

f. 交船日期和解约日；

g. 希望采用的租船合同范本。

③ 出租人航次租船询价主要内容

a. 出租人的名称及营业地点；

b. 船舶概况；

c. 装卸港口或地点名称；

d. 受载期和解约日；

e. 装卸时间和装卸费用条件；

f. 运费率及运费支付条件；

g. 希望采用的租船合同范本。

④ 出租人定期租船询价主要内容

a. 出租人的名称及营业地点；

b. 船舶概况及航区限制；

c. 租期和租金率；

d. 交/还船地点；

e. 交船日期和解约日；

f. 租金率及租金支付条件；

g. 希望采用的租船合同范本。

上述租船询价内容可以根据实际需要，不同的租船方式等做出一些改变，有时比较简单，有时比较全面。通常情况下，租船询价对于询价人没有法律约束力。从我国合同法的角度上讲，租船询价相当于要约邀请，它是希望他人向自己发出租船要约的意思表示。要约邀请发出后，对于要约邀请人来说同样没有法律约束力。

（2）租船报价　报价又称发盘，当船舶所有人从船舶经纪人那里得到承租人的询价后，经过成本估算或者比较其他的询价条件，通过租船经纪人向承租人提出自己所能提供的船舶情况和运费率或租金率。报价的主要内容，除对询价的内容做出答复和提出要求外，最主要的是关于租金（运价）的水平和选定的租船合同范本及对范本条款的修改、补充条款。报价有“硬性报价”和“条件报价”之分。“硬性报价”是报价条件不可改变的报价。询价人必须在有限期内对报价人的报价做出接受订租的答复，超过有效期的，这一报价即告失效。与此相反，“条件报价”是可以改变报价条件的报价。

（3）租船还价　还价又称还盘。在条件报价的情况下，承租人与船舶所有人之间对报价条件中不能接受的条件提出修改或增删的内容，或提出自己的条件称为还价。还价意味着询价人对报价人报价的拒绝和新的报价开始。因此，船东对租船人的还价可能全部接受，也可能接受部分还价，对不同意部分提出再还价或新报价。这种对还价条件做出答复或再次做出新的报价称为反还价（recounter offer）或称反还盘。

(4) 租船报实盘　在一笔租船交易中，经过多次还价与反还价，如果双方对租船合同条款的意见一致，一方可以以报实盘的方式要求对方做出是否成交的决定。报实盘时，要列举租船合同中的必要条款，将双方已经同意的条款和尚未最后确定的条件在实盘中加以确定。同时还要在实盘中规定有效期限，要求对方答复是否接受实盘，并在规定的有效期限内作出答复。若在有效期限内未作出答复，所报实盘即告失效。同样，在有效期内，报实盘的一方对报出的实盘是不能撤销或修改的，也不能同时向其他第三方报实盘（firm offer）。

(5) 接受订租　接受订租（acceptance）又称受盘。指一方当事人对实盘所列条件在有效期内明确表示承诺。至此，租船合同即告成立。原则上，接受订租是租船程序的最后阶段，接受订租后，一项租船洽商即告结束。

接受订租是租船的最后阶段，一项租船业务即告成交。通常的做法是，当事人之间还要签署一份"订租确认书（fixture note）"。"订租确认书"无统一格式，但其内容应详细列出船舶所有人和承租人在洽租过程中双方承诺的主要条款。订租确认书经当事人双方签署后，各保存一份备查。

【课后思考】租船合同范本的种类很多，当前国际租船市场中比较有影响的标准租船合同格式主要有哪些？请查找资料做出回答。

二、世界主要的海运航线和港口

(一) 世界主要的海运航线

1. 航线定义及分类

航线是船舶在两个或多个港口之间从事货物运输的路线。按船舶营运方式分定期航线和不定期航线；按航程的远近分远洋航线、近洋航线和沿海航线；按航行的范围分太平洋航线；大西洋航线；印度洋航线；环球航线。

2. 世界主要大洋航线

(1) 太平洋航线　太平洋沿岸有 30 多个国家和地区，经济水平比较发达。太平洋航线有以下几条。

① 远东—北美西海岸航线　该航线包括从中国、朝鲜、日本和俄罗斯远东海港出发到加拿大、美国、墨西哥等北美西海岸各港的贸易运输线。目前我国已与北美西海岸港口之间辟有定期集装箱航线。该航线以日本与美国、加拿大贸易量最大，其次是韩国。

② 远东—加勒比海、北美东海岸航线　该航线常经夏威夷群岛南北至巴拿马运河后到达。从我国北方沿海港口出发的船只多半经大隅海峡或经琉球奄美大岛出东海。

③ 远东—南美西海岸航线　从我国北方沿海各港出发的船只多经琉球奄美大岛、硫磺列岛（火山列岛）、威克岛、夏威夷群岛之南的莱恩群岛附近穿越赤道进入南太平洋至南美西海岸各港。

④ 远东—东南亚航线　该航线是中国、朝鲜、日本货船去东南亚各港，以及经马六甲海峡去波斯湾、地中海、西北欧、东西非、南美东海岸各港常走航线、各港的主要航线。东海、台湾海峡、巴士海峡、南海是该航线船只的必经之路，航线繁忙。

⑤ 远东—澳大利亚，新西兰航线　远东至澳大利亚东南海岸分两条航线。中国北方沿海各港口去澳大利亚东海岸和新西兰港口的船只，走琉球群岛、加罗林群岛，进入所罗门海、珊瑚海；中澳之间的集装箱船需在香港加载或转船后经南海、苏拉威西海、班达海、阿

拉弗拉海，后经托雷斯海峡进入珊瑚海、塔斯曼海。中国去澳西海岸航线，多半经菲律宾的民都洛海峡，然后经望加锡海峡、龙目海峡南下。

⑥ 澳、新—北美东西海岸航线　由澳、新至北美西海岸多经苏瓦、火奴鲁鲁等太平洋上重要航站到达。澳、新至北美东海岸则取道社会群岛中的帕皮提，后经巴拿马运河到达。

（2）大西洋航线　大西洋水域辽阔，海岸线曲折，有许多优良港湾和深入大陆的内海。北大西洋两侧是西欧、北美两个世界经济发达的地区，又有苏伊士运河和巴拿马运河通往印度洋和太平洋。

① 西北欧—北美东海岸航线　该航线是西欧、北美两个世界工业最发达地区之间的原燃料和产品交换的运输线，两岸拥有世界级的重要港口，运输极为繁忙，该航区冬季风浪大，并有浓雾、冰山，对航行安全有威胁。

② 西北欧、北美东海岸—加勒比海航线　西北欧—加勒比航线多半出英吉利海峡后横渡北大西洋。它同北美东海岸各港出发的船舶一起，一般都经莫纳海峡、向风海峡进入加勒比海。除去加勒比海沿岸各港外，还可经巴拿马运河到达美洲太平洋岸港口。

③ 西北欧、北美东海岸—地中海、苏伊士运河—亚太航线　西北欧、北美东海岸—地中海岸—苏伊士航线属世界最繁忙的航段，它是北美、西北欧与亚太海湾地区间贸易往来的捷径。该航线一般途经亚速尔、马德拉群岛上的航站。

④ 西北欧、地中海—南美东海岸航线　该航线一般经西非大西洋岛屿—加纳利群岛、佛得角群岛上的航站。

⑤ 西北欧、北美东海—好望角、远东航线　该航线一般是巨型油轮的油航线。佛得角群岛、加拿利群岛是过往船只停靠的主要航站。

⑥ 南美东海—好望角—远东航线　这是一条以石油、矿石为主的运输线。该航线处在西风漂流海域，风浪较大。一般西航偏北行，东航偏南行。

（3）印度洋航线　印度洋航线以石油运输线为主，此外有不少是大宗货物的过境运输。

① 波斯湾—好望角—西欧、北美航线　该航线主要由超级油轮经营，是世界上最主要的海上石油运输线。

② 波斯湾—东南亚—日本航线　该航线东经马六甲海峡（20 万吨载重吨以下船舶可行）或龙目海峡、望加锡海峡（20 万载重吨以上超级油轮可行）至日本。

③ 波斯湾—苏伊士运河—地中海—西欧、北美运输线　该航线目前可通行载重达 30 万吨级的超级油轮。

除了以上三条油运线之外，印度洋其他航线还有：远东—东南亚—东非航线；远东—东南亚，地中海—西北欧航线；远东—东南亚—好望角—西非，南美航线；澳新—地中海—西北欧航线；印度洋北部地区—欧洲航线。

（4）集装箱运输的主要航线　目前，世界上规模最大的三条主要集装箱航线有以下。

① 远东—北美航线　习惯上也称为（泛）太平洋航线，该航线实际上可以分为两条航线，一条是远东—北美西岸航线，另一条是远东—北美东岸航线。远东—北美西岸航线主要由远东—加利福尼亚航线和远东—西雅图、温哥华航线，包括高雄、釜山、上海、香港、东京、神户、横滨等港口，和北美西岸的长滩、洛杉矶、西雅图、塔科马、奥克兰港和温哥华港，涉及亚洲的中国（包括中国的香港和台湾省）、韩国、日本。其涉及港口主要有亚洲、北美的美国和加拿大东部地区。远东—北美东岸的纽约航线涉及的北美东岸港口主要由美东地区的纽约、新泽西港、查尔斯港和新奥尔良港组成。

② 北美—欧洲，地中海航线　也被称为跨大西洋航线。该航线实际包括三条航线：北美东岸、海湾—欧洲航线、北美东岸、海湾—地中海航线和北美西岸—欧洲、地中海航线。

③ 欧洲，地中海—远东航线　也被称为欧地线。该航线由远东—欧洲航线和远东—地中海航线组成。远东—欧洲航线是1879年由英国4条船公司开辟的世界最古老的定期航线。欧洲地区涉及的主要港口有：荷兰的鹿特丹、德国的汉堡港、不来梅港，比利时的安特卫普港和英国的费利克斯托港。远东—地中海航线是1972年10月开始集装箱运输的，其地中海地区主要涉及的港口有位于西班牙南部的阿尔赫西拉斯、意大利的焦亚陶罗和位于地中海的中央、马耳他岛的南端的马尔萨什洛克港。

如图3-1所示为世界主要海港和航线示意图。

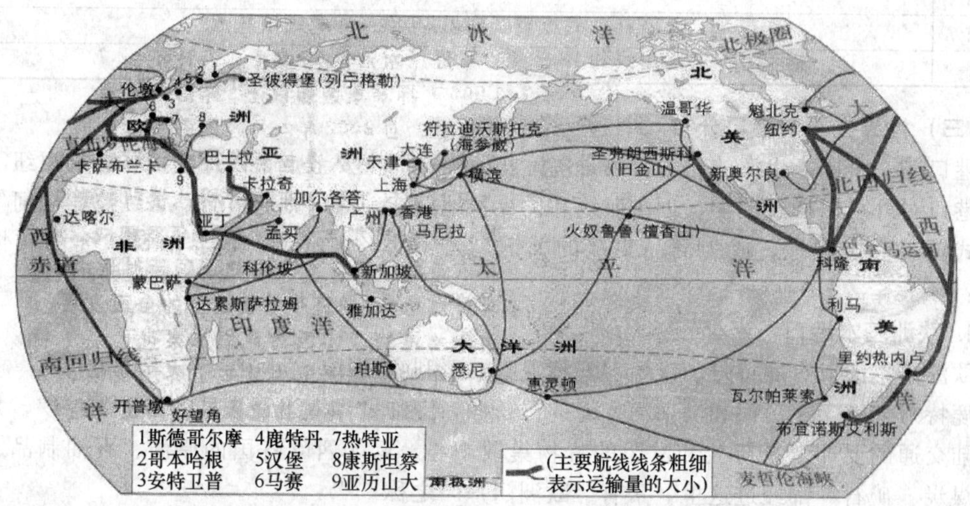

图3-1　世界主要海港和航线示意图

(二) 中国的港口分布

中国大陆对外开放的港口见表3-2。

表3-2　中国大陆对外开放的港口

地　区	水　港
天津	天津，塘沽
河北	秦皇岛，唐山
山西	
内蒙古	
辽宁	营口，锦州，大连，丹东
吉林	大安
黑龙江	哈尔滨，佳木斯
上海	上海
江苏	连云港，南通，镇江，张家港，南京，扬州，江阴，常熟
浙江	宁波，镇海，舟山，温州
安徽	芜湖，铜陵
福建	福州，厦门，漳州，泉州，莆田
江西	九江
山东	威海，青岛，烟台
河南	
湖北	汉口，黄石
湖南	岳阳

续表

地　区	水　港
广东	广州，黄浦，惠州，茂名，南海，番禺，潮州，汕头，深圳蛇口，湛江，肇庆，中山
广西	北海，防城，福州，钦州
海南	海口，三亚
重庆	
四川	
贵州	
云南	思茅，景洪
西藏	
陕西	
甘肃	
新疆	

(三) 世界主要的港口分布

港口是一个国家出海的门户，也是国际物流经过的主要节点，内外经贸联系的枢纽。重要的港口对外可以通过远洋、近洋航线和世界各地相连，对内则通过公路、铁路、内河等运输方式深入一国腹地，成为商品集疏的关键，国家的经济喉舌。世界港口主要分布情况如下：

1. 欧洲基本港口

欧洲基本港口有鹿特丹、汉堡、安特卫普、费利克斯托、勒阿佛、不来梅等。

鹿特丹港位于莱茵河和马斯河入海的三角洲，濒临世界海运最繁忙的多佛尔海峡，是西欧水陆交通的要冲，是荷兰和欧盟的货物集散中心，运入西欧各国的原油、石油制品、谷物、煤炭、矿石等都经过这里，素有“欧洲门户”之称。

汉堡港位于德国北部易北（Elbe）河下游的右岸，是德国最大的港口，也是欧洲第二大集装箱港。现已发展成为世界最大的自由港。港口设施先进，管理现代化，被称为是“德国通向世界的门户”和“欧洲转运最快的港口”。

安特卫普在比利时北部，斯海尔德河下游，距北海 89km。安特卫普是比利时最大港口和欧洲的第二大港，也是世界著名的亿吨大港之一。

地中海基本港口：巴塞罗那、福斯、热那亚、马耳他、那不勒斯、瓦伦西亚、马赛等。

2. 亚洲基本港口

东南亚基本港口：新加坡、巴生、槟城、雅加达、泗水等。新加坡港位于马来半岛南端的新加坡岛南岸，港口接近赤道，很少受台风袭击，潮差小，是世界海空交通枢纽和著名的自由港，货物可以免税进出，它是世界三大炼油中心之一。

日本基本港口：横滨、名古屋、门司、大阪、神户、东京等。

中东基本港口：吉达、迪拜等。

3. 美洲基本港口

加拿大基本港口：温哥华、多伦多、蒙特利尔、波士顿。

美国东海岸的基本港口：休斯敦、纽约、萨凡纳、迈阿密。

美国西海岸的基本港口：洛杉矶、西雅图、长滩、奥克兰。

在航线上，中美洲和南美洲被统称为中南美航线。中南美航线在航运上习惯划分为南美东以及南美西，南美东主要港口：布宜诺斯艾利斯（阿根廷）、蒙得维的亚（ 乌拉圭）、桑托斯（巴西）、帕拉纳瓜（巴西）、亚松森（巴拉圭）。

南美西主要港口：布埃纳文图拉（哥伦比亚）、卡亚俄（秘鲁）、瓜亚基尔（厄瓜多尔）、伊基克（智利）。

【课后学习】请上网搜集地图和世界各大洲的主要港口信息，包括中英文对照和港口基本介绍，进行学习。

三、集装箱

（一）集装箱的定义与标准化

1. 集装箱的定义

集装箱（container）在我国台湾和香港等地称为“货柜”或“货箱”。根据 ISO 及大多数国家的标准术语的定义，它是一种运输设备（transport equipment）。而在运输实践中又分为 S. O. C（shipper’s own container）和 C. O. C（carrier’s own container）两种情况来处理。国际标准化制定了集装箱规格，力求使集装箱标准化得到统一。

根据《国际标准化组织 104 技术委员会》的规定，集装箱应具有如下条件：

（1）具有耐久性，其坚固强度足以反复使用；

（2）便于商品运送而专门设计的，在一种或多种运输方式中无需中途换装；

（3）设有便于装卸和搬运，特别是便于从一种运输方式转移到另一种运输方式的装置；

（4）设计时应注意到便于货物装满或卸空；

（5）内容积为 $1m^3$ 或 $1m^3$ 以上。

承运人提供的集装箱（C. O. C）应能满足抵抗海上运输中所会遇到的可预见的风险的条件和能满足货物运输所需要的条件。货主箱（S. O. C）则应能满足抵抗海上运输中所可能遇到的风险的条件。

2. 集装箱标准化

目前使用的国际集装箱规格尺寸主要是第一系列的 4 种箱型，即 A 型、B 型、C 型和 D 型。它们的尺寸和重量见表 3-3。另外，为了便于计算集装箱数量，可以以 20ft 的集装箱作为换算标准箱（twenty-foot equivalent unit，简称 TEU），并以此作为集装箱船载箱量、港口集装箱吞吐量、集装箱保有量等的计量单位。其相互关系为：40ft 集装箱＝2TEU，30ft 集装箱＝1. 5TEU，20ft 集装箱＝1TEU，10ft 集装箱＝0. 5TEU。另外，实践中人们有时将 40ft 集装箱称为 FEU（forty-foot equivalent unit）。

表 3-3 集装箱规格信息

规格/ft	箱型	长		宽		高		最大总重量	
		公制/mm	英制	公制/mm	英制	公制/mm	英制	公制/kg	英制/lb
40	1AAA 1AA 1A 1AX	12192	40′	2438	8′	2896 2591 2438 <2438	9′6″ 8′6″ 8′ <8′	30480	67200
30	1BBB 1BB 1B 1BX	9125	29′11. 25″	2438	8′	2896 2591 2438 <2438	9′6″ 8′6″ 8′ <8′	25400	56000
20	1CC 1C 1CX	6058	19′10. 5″	2438	8′	2591 2438 <2438	8′6″ 8′ <8′	24000	52900
10	1D 1DX	2991	9′9. 75″	2438	8′	2438 <2438	8′ <8′	10160	22400

（二）集装箱类型

集装箱类型可以按照不同标准进行分类，如以制造材料不同或以尺寸不同等进行分类，这里以集装箱的用途不同进行分类，以使大家在工作中可以根据所运的货物的不同来选择不同的集装箱（图 3-2）。

图 3-2 集装箱

1. **干货集装箱**（dry container）

除冷冻货、动物活体、植物外。在尺寸、重量等方面适合集装箱运输的货物，几乎均可使用干货集装箱，干货集装箱使用时应注意箱子内部容积和最大负荷，特别是在使用 20ft、40ft 集装箱时更应该注意这一点。干货集装箱有时也称通用集装箱。

2. **散装集装箱**（bulk container）

散装集装箱主要用于运输豆类、谷类、硼砂、树脂等货物。散装集装箱的使用有严格的要求，如：每次掏箱后，要进行清扫，使箱底、两侧保持光洁，为防止汗湿，箱内金属部分应尽可能少外露；有时需要熏蒸，箱子应具有气密性；在记载时除了由箱底主要负重外，还应考虑到将货物重量向两侧分散；箱子的结构易于洗涤；主要适用装运重量较大的货物，因此，要求箱子自重比较轻。

3. **冷藏集装箱**（reef container）

冷藏集装箱是指装载冷藏货并附设有冷冻机的集装箱。在运输过程中，启动冷冻机使货物保持在所要求的指定温度。箱内顶部装有挂肉类、水果的钩子和轨道，适用于装载冷藏食品、新鲜水果，或特种化工产品等。冷藏集装箱投资大，制造费几倍于普通箱，在来回程冷藏货源不平衡的航线上，经常需要回运空箱。集装箱船上用于装载冷藏集装箱的箱位有限，同普通箱比较，冷藏集装箱的营运费用比较高，除需支付修理、洗涤费用外，每次装箱前应检验冷冻装置，并定期为这些装置大修而支付不少费用。

在实际营运过程中，冷藏集装箱的货运事故较多，原因之一是由于箱子本身或箱子在码头堆场存放或装卸时所致；另一原因是发货人在进行装箱工作时，对箱内货物所需的温度及冷冻冷藏装置的操作缺乏足够的谨慎所致。尽管如此，世界冷藏货运量中，使用冷藏集装箱运输的比重不断上升，近几年来，使用冷藏集装箱运输的冷藏货物数量超过使用冷藏船运输的货物数量。

4. **敞顶集装箱**（open top container）

敞顶集装箱，实践中又称开顶集装箱，是集装箱种类中属于需求增长较少的一种，主要原因是货物装载量较少，在没有月台、叉车等设备的仓库无法进行装箱，在装载较重的货物时还需使用起重机，敞顶集装箱的特点是吊机可从箱子上面进行装卸货物，然后用防水布覆盖。目前，敞顶集装箱仅限于装运较高货物或用于代替尚未得到有关公约批准的集装箱种类。

5. **框架集装箱**（plat form based container）

这是以装载超重货物为主的集装箱，它省去箱顶和两侧，其特点是可从箱子侧面进行装卸，在目前使用的集装箱种类中，散货集装箱、罐式集装箱等，其容器和重量均受到集装箱规格的限制，而框架集装箱（flat rack container）则可用于装运那些形状不一的货物，如废钢铁、卡车、叉车等，框架集装箱自身较重，普通集装箱是采用整体结构，箱子所受应力可通过箱板扩散，而框架集装箱仅以箱底承受货物的重量，其强度很大。由于同样的原因，框架集装箱的底部较厚，所以相对来说，可供使用的高度较小，密封程度差，因此，框架集装箱在海上运输时必须装载在船舱内运输，在堆场存放时也应用毡布覆盖，同时，货物本身的包装也应适用这种集装箱。

6. **牲畜集装箱**（pen container）

这是一种专门为装运动物而制造的特殊集装箱，箱子的构造采用美国农业部的意见，材料采用金属网使其通风良好，而且便于喂食，该种集装箱也能装载小汽车。

7. **罐式集装箱**（tank container）

这类集装箱专门装运各种液体货物，如食品、酒制品、药品、化工产品等。货物由液灌顶部的装货孔进入，卸货时，货物由排出孔靠重力作用自行流出，或者由顶部装货孔吸出。

8. **汽车集装箱**（car container）

这是专门供运输汽车而制造的集装箱，结构简单，通常只设有框架与箱底，根据汽车的高度，可装载一层或两层。

（三）集装箱标志

为了方便集装箱运输管理，国际标准化组织（ISO）议定了集装箱标志方案。根据ISO-790-73，集装箱应该在规定的位置上标出的内容如图 3-3 所示。

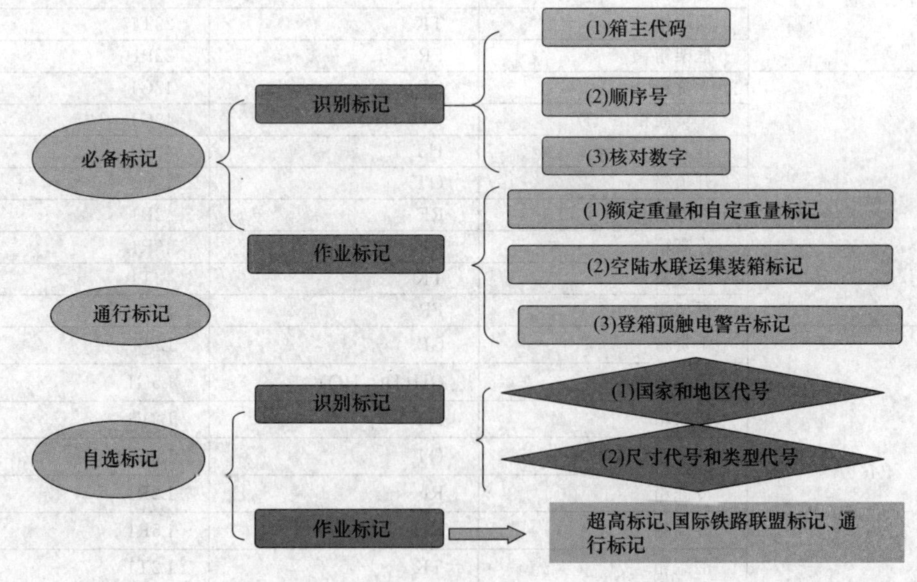

图 3-3　集装箱标记出的内容

1. 第一组标记：箱主代码、顺序号和核对数字

箱主代码：集装箱所有者的代码，它由四位拉丁字母表示，前三位由箱主自己规定，并由国际集装箱局登记；第4位字母为U，表示海运集装箱代码，如中国远洋运输公司的箱主代码为COSU。

顺序号：为集装箱编号，按照国家标准的规定，用六位阿拉伯数字表示，不足六位的，则以0补之。

核对数字：用于计算机核对箱主号与顺序号记录的正确性。核对号位于顺序号之后，用一位阿拉伯数字表示，并加方框以醒目。核对号是由箱主代码的四位字母与顺序号的六位数字通过换算而得。

2. 第二组标记：国家和地区代号、尺寸代号和类型代号

(1) 国家和地区代号　如中国用CN，美国用US。

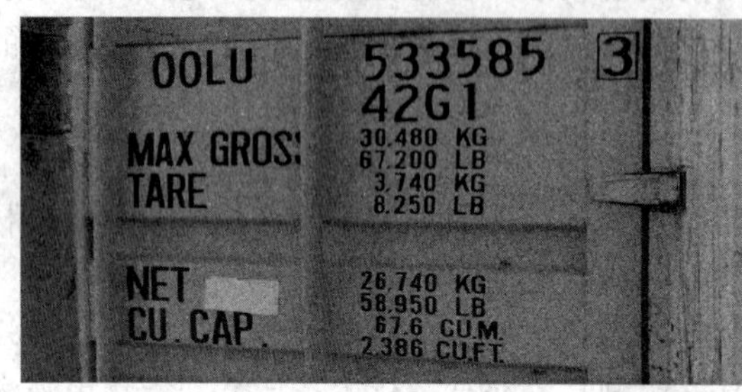

图3-4　集装箱标志

(2) 尺寸代号和类型代号　集装箱尺寸代号和类型代号分别见表3-4和表3-5。

3. 第三组标记：最大总重和自重

最大总重（max gross）：又称额定重量，是集装箱的自重和允许最大载货之和。最大总重单位用公斤和磅同时标出。

自重（tare）：是集装箱的空箱重量。

如图3-4所示为集装箱标志。

表3-4　集装箱箱型尺寸对照

类　型	箱　型	类型代号	95码
20ft	干货箱	GP	22G1
	干货高箱	GH(HC,HQ)	25G1
	挂衣箱	HT	22V1
	开顶箱	OT	22U1
	冷冻箱	RF	22R1
	冷高箱	RH	25R1
	油罐箱	TK	22T1
	框架箱	FR	22P1
40ft	干货箱	GP	42G1
	干货高箱	GH(,HQ)	45G1
	挂衣箱	HT	42V1
	开顶箱	OT	42U1
	冷冻箱	RF	42R1
	冷高箱	RH	45R1
	油罐箱	TK	42T1
	框架箱	FR	42P1
45ft	干货箱	GP	L2G
	干货高箱	GH(HC,HQ)	L5G1
	挂衣箱	HT	L2V1
	开顶箱	OT	L2U1
	冷冻箱	RF	L2R1
	冷高箱	RH	L5R1
	油罐箱	TK	L2T1
	框架箱	FR	L2P1

表 3-5　集装箱类型代码

代码	箱　型	箱型群组代码	主要特征	箱型代码
G/0	通用集装箱(无通风装置)	GP	一端或两端有箱门	G0
			货物的上方有透气罩	G1
			一端或两端设有箱门,并且在一侧或两侧亦设“全开式”箱门	G2
			一端或两端设有箱门并且在一侧或两侧亦设“局部”箱门	G3
			备用号	G4～G9
V/1	通风式通用集装箱	VH	无机械排风装置,但在上、下两侧设有自然通风窗	V0
			备用号	V1
			箱内设有机械式通风装置	V2
			备用号	V3
			外置式机械通风装置	V4
			备用号	V5～V9
B/2	干散货集装箱		封闭式	B0
			气密式	B1
			备用号	B2
	—无压干散货集装箱	BU	水平方向卸货,试验压力 150Pa	B3
			水平方向卸货,试验压力 265Pa	B4
	—承压干散货集装箱		倾斜卸货,试验压力 150Pa	B5
		BK	倾斜卸货,试验压力 150Pa	B6
			备用号	B7
			备用号	B8
			备用号	B9
S/2	以货物种类命名的集装箱	SN	牲畜集装箱	S0
			汽车集装箱	S1
			活鱼集装箱	S2
			备用号	S3～S8
R/3	保温集装箱 机械制冷	RE	机械制冷	R0
	制冷/加热集装箱	RT	机械制冷/加热	R1
	自备电源的机械制冷/加热集装箱		机械制冷	R2
			机械制冷/加热	R3
	保温集装箱	RS	备用号	R4～R9
H/4	保温集装箱 带挂装式机械制冷/加热装置	HR	外置式挂装制冷/加热装置 $K=0.4W/(m^2 \cdot K)$	H0
			内置式挂装,制冷/加热装置	H1
	隔热式集装箱	HI	外置式挂装,制冷/加热装置	H2
			$K=0.7W(m^2 \cdot K)$ 备用号	H3～H9
U/5	敞顶式集装箱	UT	一端或两端开口	U0
			一端或两端开口并有活动的上端梁	U1
			一端或两端以及一侧或两侧开口	U2
			一端或两端以及一侧或两侧开口并有活动的上端梁	U3
			一端或两端开口以及一侧部分开口和另一侧全部开口	U4
			全部敞顶,带固定的侧壁(无开门)	U5
			备用号	U6～U9
P/6	平台(和台架式)集装箱	PL	平台集装箱	P0
	上部结构不完整 固端结构	PF	双固端结构	P1
			固定角柱,活动侧柱或活动顶结构	P2
	折端结构	PC	可折的完整端结构	P3
	带完整的上部结构的台架式集装箱	PS	可折角柱,活动侧柱或活动顶结构	P4
			散顶、敞端(骨架式)	P5
			备用号	P6～P9

续表

代码	箱型	箱型群组代码	主要特征	箱型代码
T/7	罐式集装箱 非危险性液体货	TN	最低试验压力 45kPa 最低试验压力 150kPa 最低试验压力 265kPa	T0 T1 T2
	非危险性液体货	TD	最低试验压力 150kPa 最低试验压力 265kPa 最低试验压力 400kPa	T3 T4 T5
	气体货物	TG	最低试验压力 600kPa 最低试验压力 910kPa 最低试验压力 2200kPa 最低试验压力(未定)	T6 T7 T8 T9
A	空/陆/水联运集装箱	AS		A0

四、海运运费及其他费用

(一) 货代业务中出口费用分类

1. 海运费

海运费（ocean freight）是船公司为了补偿运输过程中所发生的营运开支并获得一定的合理利润，而向货主收取的运输费用。

(1) 海运费的支付方式　预付运费（freight prepaid advance freight）指海运费的支付在货物运输尚未完成甚至尚未发生之前预先进行，一般获签提单时须付清全部海运费。比如CIF或CFR价格条件下，卖方负责运费，获得的提单上注“freight prepaid”，利于买卖方尽早结汇。

到付运费（collected freight ；freight to be collected；freight payable）指收货人在货物抵达目的港于提货前付清全部运费包括各项附加费和杂费。承运人须承担一定的风险，一般适用于FOB价格条件下成交的货物运输，买方负责租船订舱。

(2) 海运费支付币种　目前，大多数海运费采用美元标价和支付，也有以美元标价，但支付当地货币，折算汇率一般由各船公司和货运代理商定。

(3) 海运费的计收方法

① 班轮运输费用　班轮运输费用是班轮公司为运输货物而向货主收取的费用，包括货物从装运港至目的港的海上费用以及货物的装卸费，简称班轮运费，海运费由基本运费和附加费组成。附加费，在货运活动中，是指运费之外，为弥补特殊劳务和开支由承运人按规定计收的费用。承运人根据货运条件、要求与市场环境，决定增加或取消附加费项目，附加费的种类繁多。

② 程租船运输费用　程租船运费是指货物从装运港至目的港的海上运费。其计算方式主要有两种：一种是按运费率（rate of freight），即规定每单位重量或单位体积的运费额。同时还要规定是按装船时的货物重量（in-taken quantity）还是按卸船时的货物重量（delivered quantity）来计算总运费的方法；另一种是整船包价（lump-sum freight），即规定一笔整船运费，船东保证船舶提供的载货重量和容积，不管租方实际装货多少，一律照整船包价付。

③ 期租船运输费用　在定期租船情况下，租船人为使用船舶而付给船舶所有人的代价称为租金（rent）。租金率取决于船舶的装载能力和租船的时间长短，通常规定为按月每载重吨若干金额或整船每天若干金额计算。租船人必须按时按规定的金额支付租金，一般说

来，如租金未在到期之日付到船舶所有人指定的收款银行，则船舶所有人有权撤回船舶。

班轮海运运费的计算

一、杂货班轮运费计算

1. 基本运费

基本运费指对运输这批货物所收取的最基本的运费，是整个运费的主要构成部分，它根据基本费率和计费吨计算得出。基本费率有等级费率、货种费率、从价费率、特殊费率和均一费率之分。班轮运费是由基本运费和附加费两部分组成。

等级费率，是指把全部货品划分成若干等级，然后为不同等级的货品在不同航线或港口之间运输制定的相关费率。归属于同一等级的货品在同一航线或港口之间运输其费率是相同的。具体计算运费方法如下：先根据货物的英文名称从货物分级表中查出有关货物的计费等级和其计算标准；然后再从航线费率表中查出有关货物的基本费率。

商品标价费率，是指根据航线和运抵港或区域，按所列货物品名进行标价的费率。去美国的件杂货，包括集装箱货物，运费通常都按商品标价费率计收。

从价货费率，是指按商品离岸（FOB value）的一定百分数作为基础计收货物运费。从价费，一般是指那些价值比较贵重的货品，如黄金、名贵毛衣、手表、文物古董等。

特殊物品运价，一般按专门费率或议价计收运费。比如，冷藏品和危险品，按专门费率和商品标价计收运费。

2. 附加费（surcharges）

班轮附加费通常以基本运费的百分数计收，或以每运费吨若干金额计收。为了保持在一定时期内基本费率的稳定，又能正确反映出各港的各种货物的航运成本，班轮公司在基本费率之外，又规定了各种费用。主要有：

（1）燃油附加费（bunker surcharge or bunker adjustment factor—baf） 燃油附加费在燃油价格突然上涨时加收。

（2）货币贬值附加费(devaluation surcharge or currency adjustment factor-CAF) 货币贬值附加费在货币贬值时，船方为实际收入不致减少，按基本运价的一定百分数加收的附加费。

（3）转船附加费(transhipment surcharge) 凡运往非基本港的货物，需转船运往目的港，船方收取的附加费，其中包括转船费和双程运费。

（4）直航附加费(direct additional) 当运往非基本港的货物达到一定的货量，船公司可安排直航该港而不转船时所加收的附加费。

（5）超重附加费（heavy lift additional）、超长附加费（long length additional）和超大附加费（surcharge of bulky cargo）。当一件货物的毛重或长度或体积超过或达到运价本规定的数值时加收的附加费。

（6）港口附加费（port additional or port surcharge） 有些港口由于设备条件差或装卸效率低，以及其他原因，船公司加收的附加费。

（7）港口拥挤附加费（port congestion surcharge） 有些港口由于拥挤、船舶停泊时间增加而加收的附加费。

（8）选港附加费（optional surcharge） 货方托运时尚不能确定具体卸港，要求在预先提出的两个或两个以上港口中选择一港卸货，船方加收的附加费。

（9）变更卸货港附加费（alternational of destination charge） 货主要求改变货物原来规定的港时，在有关当局（如海关）准许，船方又同意的情况下所加收的附加费。

（10）绕航附加费（deviation surcharge） 由于正常航道受阻不能通行，船舶必须绕道才能将货物运至目的港时，船方所加收的附加费。

3. 杂货班轮运费计费标准

（1）"W"表示该种货物按其毛重计算运费。

（2）"M"表示该种货物按其尺码或体积计算运费。

（3）"W/M"表示该种货物按其毛重和体积计算运费，并选择其中运费较高者。

（4）"Ad. Val"表示该种货物按其 FOB 价格的某一百分数计费，即从价运费。

（5）"Ad. Val Or W/M"表示该种货物分别按其 FOB 价格的某一百分比和毛重、体积计费，并选其中运费最高者。

（6）"W/M plus Ad. Val"表示该种货物除分别按其毛重和体积计费，并选其中运费较高者外，还要加收按货物 FOB 价的某一百分数计算的运费。

（7）按每件货物作为一个计量单位计收，如：车辆按"每辆(Per unit)"，活牲畜按"每头(per head)"；"按每张提单(Per B/L)"计收起码运费，具体根据航线等情况定。

（8）临时议定运价（open rate）多用于低价货物，如粮食、豆类、矿石、煤炭等运费较大、货值较低、易装卸的农副产品和矿产品。

运费吨有重量吨和尺码吨。对于重量吨，英国和某些欧洲国家采用长吨计费。

此外，一些运价本中还规定：不同商品如混装在同一包装（集装箱除外），则按其中收费等级高的商品计收全部货物的运费；同一种货物因包装不同而计费标准及等级不同时，如果托运时未申明具体的包装形式和体积毛重，全部货物要按运价高的包装计收运费；同一提单列有两种以上不同计价标准的货物时，如托运时未分别列出货名和数量，则计价标准和运价全部按高者计算。

4. 杂货班轮运费计算

（1）公式 总运费 = 基本运价 × 计费吨 + 附加费总和

（2）从价运费计算中的货物价格换算 按照一般贸易习惯，按 CFR 价格是 CIF 价格的 99% 的比例，通过以下关系式求得 FOB 价格。

CFR= 0. 99CIF

FOB = CFR－从价运费

从价运费：(Ad. Val) × FOB

FOB= 0. 99CIF/(1+ Ad. Val)

（3）运费计算步骤

① 选择相关的运价本 (如中国远洋运价本)：

② 根据货物名称，在货物分级表中查到运费计算标准（basis）和等级（class）；

③ 在等级费率表的基本费率部分，找到相应的航线、启运港、目的港，按等级查到基本运价。班轮货物分级见表 3-6。

④ 再从附加费部分查出所有应收（付）的附加费项目和数额（或百分数）及货币种类；

⑤ 根据基本运价和附加费算出实际运价；

⑥ 运费 = 运价 × 运费吨。

表 3-6　班轮货物分级（节选）

Classification of commodities general cargo		
commodity	Basis	Class
fishing Implements	M	9
fish Shrimps, dried/brined	W/M	13
flint	W	3
flour	W	5
fluorspar	W/M	4
footwear, N. O. E.	M	11
fruits, dried	W/M	11
fruits fresh	M	7
fruit Juice	W	8

二、集装箱班轮运费的计算方法

1. 集装箱海运运费费率

目前，集装箱货物海上运价体系较内陆运价成熟。基本上分为两大类，一类是袭用件杂货运费计算方法，即以每运费吨为单位（俗称散货价）；另一类是以每个集装箱为计费单位（俗称包箱价），根据集装箱的类型按箱计收运费是目前普遍使用的一种方法。

（1）件杂货基本费率加附加费

① 基本费率　参照传统件杂货运价，以运费吨为计算单位，多数航线上采用等级费率。

② 附加费　除传统杂货所收的常规附加费外，还要加收一些与集装箱货物运输有关的附加费。

（2）包箱费率（box rate）　这种费率以每个集装箱为计费单位，常用于集装箱交货的情况，即 CFS-CY 或 CY-CY 条款，常见的包箱费率有以下三种表现形式。

① FAK 包箱费率（freight for all kinds）　即对每一集装箱不细分箱内货类，不计货量（在重要限额之内）统一收取的运价。采用这种费率时货物仅分普通货物、半危险货物、危险货物和冷藏货物 4 类。不同类的货物，不同尺度（20ft/40ft）的集装箱费率不同。中国—欧洲航线集装箱费率（FAK 包箱率）见表 3-7。

② FCS 包箱费率（freight for class）　按不同货物等级制定的包箱费率，集装箱普通货物的等级划分与杂货运输分法一样，仍是 1～20 级，但是集装箱货物的费率级差大大小于杂货费率级差，一般低价货的集装箱收费高于传统运输，高价货集装箱低于传统运输；同一等级的货物，重货集装箱运价高于体积货运价。可见，船公司鼓励人们把高价货和体积货装箱运输。在这种费率下，拼箱货运费计算与传统运输一样，根据货物名称查得等级，计算标准，然后去套相应的费率，乘以运费吨，即得运费。中国—欧洲航线集装箱费率（FCS 包箱率）见表 3-8。

③ FCB 包箱费率（Freight for class 或 Basis）　既按不同货物等级或货类，又按计算标准制定的费率。同一级费率因计算标准不同，费率也不同，这是与 FCS 费率的主要区别之处。如 8～10 级，CY/CY 交接方式，20ft 集装箱货物如按重量费为 1500 美元，如按尺码计费则为 1450 美元。中国—地中海航线集装箱费率（FCB 包箱费率）见表 3-9。

2. 集装箱运费计算

海运运费计算公式：$F=$ 基本运费 $+$ 附加费 $= F_b + \sum S$

基本运费 = 基本运费率 × 集装箱个数

附加费 = 基本运费 × 附加费费率

表 3-7 中国—欧洲航线集装箱费率（FAK 包箱费率）

×××第××号运价表	Page	
	Rev	
	Efft. Date	
	Cor. No.	

中国—欧洲航线集装箱费率表 美元
China—Europe container service in USD

上海、新港、大连、青岛—鹿特丹、汉堡、费力克斯托、安特卫普、勒哈佛尔
Shanghai, Xingang, Dalian, Qingdao—Rotterdam, Hamburg, Felistowe, Antwerp, Lehavre

等级(Class)	黄埔直达 Huangpu (Direct)			厦门、湛江(经香港转船) Xiamen\Zhanjiang (via Hong Kong)			温州、海门、宁波(经香港转船) Wenzhou, Haimen, Ningbo (via Hong Kong)		
	LCL W/M	CY/CY 20ft	CY/CY 40ft	LCL W/M	CY/CY 20ft	CY/CY 40ft	LCL W/M	CY/CY 20ft	CY/CY 40ft
1～20	105.00	1550.00	3000.00	125.00	1950.00	3700.00	140.00	2200.00	4200.00
一般化工品(Chemicals, N. H.)	105.00	1550.00	3000.00	125.00	1950.00	3700.00	140.00	2200.00	4200.00
半危险品(Semi-hazardous)	150.00	2350.00	4450.00	170.00	2750.00	5250.00	173.00	2800.00	5350.00
全危险品(Hazardous)		3050.00	5800.00		3450.00	6550.00			
冷藏货物(Reefer)		3250.00	5400.00		3850.00	6100.00		3850.00	6300.00

表 3-8 中国—欧洲航线集装箱费率（FCS 包箱费率）

×××第××号运价表	Page	
	Rev	
	Efft. Date	
	Corr. No.	

中国—欧洲航线集装箱费率表 美元
China—Europe container service in USD

上海、新港、大连、青岛—鹿特丹、汉堡、费利克斯托、安特卫普、勒哈佛尔
Shanghai, Xingang, Dalian, Qingdao—Rotterdam, Hamburg, Felixstowe, Antwerp, Lehavre

等级(Class)	直达 Direct			经香港或上海、新港转船 Transhipment via Hong Kong or Shanghai, Xingang		
	LCL W/M	CY/CY 20ft	CY/CY 40ft	LCL W/M	CY/CY 20ft	CY/CY 40ft
1～8	120.00	1850.00	3500.00	130.00	2050.00	3900.00
9	125.00	1950.00	3700.00	135.00	2150.00	4100.00
10～11	130.00	2050.00	3900.00	140.00	2250.00	4300.00
12～20	135.00	2150.00	4100.00	145.00	2350.00	4500.00
一般化工品(Chemicals, N. H.)	130.00	2050.00	3900.00	140.00	2250.00	4300.00
半危险品(Semi-hezardous)	148.00	2650.00	5050.00	158.00	2850.00	5450.00
全危险品(Hazardous)		3300.00	6300.00		3500.00	6700.00
冷藏货物(Reefer)		3850.00	6100.00		4050.00	6500.00

表 3-9 中国—地中海航线集装箱费率（FCB 包箱费率）单位：美元，in USD

基本港：Algiers，Genoa，Marseilles-FOS

等级	LCL Per W	LCL Per M	FCL 20ft(CY/CY)	FCL 40ft(CY/CY)
1～7	131.00	100.00	2250.00	4220.00
8～13	133.00	102.00	2330.00	4412.00
14～20	136.00	110.00	2450.00	4640.00

三、计算实例

1. 杂货班轮运费计算

【例题 1】 上海运往肯尼亚蒙巴萨港口“门锁”（小五金）一批计 100 箱。每箱体积为 20cm×30cm×40cm。每箱重量为 25kg。当时燃油附加费为 40%。蒙巴萨港口拥挤附加费为 10%，试计算该货物的运费。

计算方法为：

(1) 查阅货物分级表 3-10 门锁属于小五金类，其计收标准为 W/M，等级为 10 级。

表 3-10 货物分级（节选）

货　名	计算标准	等　级
农业机械(包括拖拉机)	W/M	9
棉布及棉织品	M	10
小五金及工具	W/M	10

(2) 计算货物的体积和重量

100 箱的体积为：20×30×40×100= 2.4（m^3）

100 箱的重量为：25×100= 2.5（t）。

由于 2.4m^3 小于 2.5t，因此计收标准为重量。

(3) 查阅中国—东非航线等级费率，见表 3-11。

表 3-11 中国—东非航线等级费率 单位：港元

等级(Class)	费率(Rates)	等级(Class)	费率(Rates)
1	243.00	8	367.00
2	254.00	9	404.00
3	264.00	10	443.00
4	280.00	11	477.00
5	299.00	20	1,120.00
6	314.00	Ad Val	290.00
7	341.00		

10 级费率为 443 港元，则基本运费为： 443×2.5= 1107.5（港元）

(4) 附加运费为：

1107.5×(40%+10%)= 553.75(港元)

(5) 上海运往肯尼亚蒙巴萨港 100 箱门锁，其应付运费为：

1107.50+ 553.75= 1661.25（港元）

【例题 2】 某货物按运价表规定，以 W/M 或 Ad. Val 选择法计费，以 $1m^3$ 体积或 1t 重量为 1 运费吨，由甲地至乙地的基本运费费率为每运费吨 25 美元，从价费率为 1.5%。现装运一批该种货物，体积为 $4m^3$，毛重为 3.6t，其 FOB 价值为 8000 美元，求运费多少?

解：按三种标准计算如下：

"W" :25 × 3.6= 90（美元）

"M" :25 × 4= 100（美元）

"Ad. Val" :8000 × 1.5% = 120（美元）

三者比较，以"Ad. Val"的运费较高。所以，该批货物的运费为 120 美元。计算时，也可以先作 W/M 比较：$4m^3$ 和 3.6t 比较，先淘汰"W"，而后作"M"和"Ad. Val"计算比较，这样可省略一次计算过程。（注：W、M 和 Ad. Val 分别代表重量法、体积法和从价法。）

2. 集装箱运费计算

【例题 3】 某托运人通过中远集装箱公司承运一票货物（2 × 20ft FCL），采用包箱费率，从黄埔港出口到勒哈佛尔（Le Havre）港。另有货币贬值附加费 10%,燃油附加费 5%。

另：查中国—欧洲集装箱费率表知：从黄埔港到勒哈佛尔港，须经香港转船，运费为直达基础上加 150USD/20ft。从黄埔港出口直达费率为 1550USD/20ft。

运费海运运费计算公式：$F= Fb+ \sum S$

海运运费 = 基本运费 + 货币贬值附加费 + 燃油附加费

基本运费 = (1550+150) × 2= 3400 (USD)

货币贬值附加费 = 3400 × 10% = 340(USD)

燃油附加费 = 3400 × 5% = 170(USD)

所以，海运运费为：3400+340+170=3910（USD）

2. 海运出口业务中产生的其他代理相关费用

出口货运业务，相关费用主要有以下。

(1) 货物买卖合同的约定由托运人承办事项的费用　如货物检验费、出口关税及海关手续费；货物运输包装及印刷标签费用，出口托运费用，如订舱费与单证费、文件代寄费、函电费、更改单证费等；整箱货出运，有空箱和重箱拖运费、进场费和验箱费、拼箱费，发生在保税仓库的监管费和货运站的装箱费，以及货物拼箱后运整箱至码头堆场的费用等；特殊保管和处理费。

(2) 转运港货运业务产生的费用　第一类，原货或原箱中转，因不涉及具体货物的再处理、捣箱等活动，其费用主要与换船和换装有关。如果这种换船与换装发生在不同地点和不同时间，则会发生拖运或驳运、储存与保管等相关费用。第二类，在转运港对货物或集装箱进行必要的处理后，再安排出口转运。例如，进行货物分类、分批、包装、刷新标志等，换箱，对转拼货进行再拼处理等。实务中，转运港的费用报价、支付与结算方式，一般有按业务委托和分类进行费用单项计收；转运港业务总量或各项进行费用包干计收等；装运港业务费用计收入全程运费一并包干计收；按运费、中转费、双程运费等进行分门别类的计收。一般根据客户的要求、运货方式、条件，由报价人在报价时具体决定应采用的方式。

(二) 货代业务中进口费用分类

1. 换单费、港口附加费

换单费，是指船运公司或其代理人在收到正本提单时，核对正本提单签发人的签署，签发提单的日期，提单背书的连贯性，判定提单持有人是否正当，然后再发给提货单所需收取的费用。货运代理在收到委托人送来的海运正本提单，应检查正本提单的背书及公章。向船公司查询到船日期、停靠码头及换单费用。

港口附加费主要是对运往航线上某些港口的集装箱货物加收。以 FOB 价格成交的货物，海运费是由收货人负责的，如提单上注有“freight to be collected”，国际货代企业需注意，一般海运费用比较高。换单时需带足钱款。散货的换单费一般包括拆箱费及分拨理货费。

2. 报关费

货物进出国境需要向海关申报，必要时要进行检验，对具体货物根据海关规则计收关税等，向委托人收取的服务费，一般每份提货单为 300 元，如箱量超过 3 箱，则根据当事人协商而定。

3. 进口关税、海关监管费、滞报金

海关征收的关税、进口环节税、滞纳金、滞报金、监管手续费等一律以人民币计征，实报实销。

4. 港杂费

港杂费是指从卸船到离开港区的过程中所发生的费用。包括港口建设费、港务费、码头堆存费、装卸费、搬移费、危险品喷淋费等。

5. 理货费或公证费

理货费指发生在装卸船期间、或码头货运站装箱（拆箱）过程，或其他特殊因素需要对箱子或货物点数、分理等作业所产生的费用。装卸船期间产生的理货费一般由码头向船东或其代理人计收，货运站装、拆箱理货费一般由货运站在有关费用计收中一并向发货人或者收货人计收。

6. 动植物检疫费、食品卫生检验费、商检费

动植物检疫机构对进出境动植物及其产品依法实施检疫收取的服务费。

7. 海关查验及场地费

如上海市，海关查验及场地费：一般 20ft 费用为 600～900 元，40ft 费用为 1000 元左右。

8. 疏港费

疏港费是指集装箱从船上卸到码头上，由于超过了免费堆存期，码头会根据堆存情况，将集装箱从港区移至指定的货运堆场；装有危险品的集装箱，通常要求直接从装卸桥下直接运至指定的危险品仓库拆箱堆存，由此产生的费用。疏港费一般包括短驳费、堆存费、搬移费，若是危险品，还有拆箱费、喷淋费。比如上海地区，疏港费：20ft×1 普通箱一般为 500 元左右，危险品箱一般为 1200 元左右。40ft×1 普通箱一般为 800 元左右，危险品箱一般为 1400 元左右。

9. 内陆运费

内陆运费是指从卸船码头将货运至货主指定的收货人地发生的运输费用。

10. 租箱超期费

租箱超期费是指货主使用承运人的箱子装货时，从提箱到还箱期间，超过免费租用期须支付的使用费。以上海地区为例，一般杂货箱的免费期为 10d，凡超过 10d 从 11d 至 20d 时，按 5 美元/20ft/d，10 美元/40ft/d，从 21d 至 40d 时按照 10 美元/20ft/d，20 美元/40ft/d，从 41d 起按照 20 美元/20ft/d，40 美元/40ft/d，收取租箱超期费。

11. 还箱费

还箱费是指租用的箱子卸完货后，将空箱从卡车上卸到堆场发生的卸车费，上海地区，还箱费：一般一个20ft的箱子50元，一个40ft的箱子75元。

12. 拆箱费

如委托人要求将整箱货拖至国际货运代理人的仓库进行拆箱后进仓库保管或交货主，则发生拆箱费用，上海地区一般为20ft×1为250元，40ft×1为450元。

13. 修箱费及清洗费或灭失费用

从港区提箱后，由于保管、使用不当引起集装箱的损坏、污染或灭失责任人应负赔偿责任。

【课后学习】 课后，学生上网，了解不同港口，各种海运费用的收取标准。

(三) 国际货运代理费用计收

1. 费用计收的方法

国际货运代理活动中，业务内容与性质不同，费用项目、计算标准、水平、处理要求也就不同。费用计收的方法主要有：

(1) 实收实付法 它是根据业务发生的各项实际费用，凭原始票据向委托人进行实报实销的一种计费方法。货运代理人的服务报酬由双方当事人另行约定。这种方法对货运代理人来说比较烦琐，但透明度高。一般适应于业务不复杂、费用不多、初次确立代理关系的情况。

(2) 分项计收法 它是根据委托业务的内容和要求，按业务的各个环节测算、定价和确认价进行的费用计收。费用的高低，取决于每个环节的费用水平。这种方法的整个业务环节和其对应的费用清晰明了，有明码标价的特点。一般出口运费采用这种方法。

(3) 分项加总计收法 它是根据委托业务的内容与要求，按业务各个环节的费用测算，经叠加、定价和确认价进行的费用计收。

(4) 包干计收法 它是根据委托业务的内容与要求，由报价人测定各项费用后，以总费用包干或一揽子费用形式向委托人计收费用。当实际费用超出当事人双方确认的包干费后，报价人负责费用超出部分，反之，归报价人所有。这种方法，可以使各个环节复杂的业务费用计收简单化。但当事人需要对发生的全部费用较熟悉，并能大概预测费用总量。

(5) 部分包干，特殊费用另行计收 它是指对整个业务的部分项目实行包干计收，其余项目按发生的实际金额照实计收。其中包干费主要是指对业务中经常发生的双方当事人都比较熟悉的项目进行加总的费用。通常测算出的包干费与实际发生的费用相差不多。特殊的费用照实计收，一般进口业务采取这种方法。

2. 出口业务费用计收

一般采用费用核算单来计收海运出口费用，如已采用计算机管理的企业，就可以直接将费用输入费用计收表，需要时拉出账单给客户确认即可。

例如，苏州××××公司委托××××国际货运代理公司出运货物，委托单具体如下：品名，灯具；箱量，20ft×2；起运港，Shanghai；目的港，Rotterdam；开航日期，2010年10月20日；直达班轮船；装箱地点，苏州市××区××路××号××公司仓库。业务员接受货主委托后，与客户谈妥具体费用并列入公司海运出口费用核算单，然后按要求进行操作，操作完毕后，出口费用核算单随附正本委托书、装箱单、发票、提单复印件等流转至财务结算部门，审核无误后按出口费用核算单开出发票随海运提单一并寄给客户，见表3-12。

表 3-12 ××××国际货运代理公司海运出口核算单

业务编号：　　船名航次： 委托单位(编号)：×××××××××× 发票抬头：××××××××× 箱量：20ft×2　开航日期：2010.10.20 船公司(编号)：K-LINE 装运港：Shanghai　目的港：Rotterdam
海运费：(USD)1750USD×2＝3500USD 附加费： 港口附加费(SPS)：15USD×2＝30USD 燃油附加费(BAF)：65USD×2＝130USD 货币汇率变动附加费(CAF)： 目的地交货附加费(DDC)：
装箱地点：苏州市××××区××路××号××公司仓库 进港区：外高桥 内陆包干费：(RMB)1300RMB×2＝2600RMB 明细费用： 订舱费： 报关费： 内陆车运费： 内装箱费： 特殊费用 电放费：100RMB 改单费： 加急报关费： 冲关费： 商检代办费： 动植物检验费： 熏蒸费：

表 3-12 中已列出的费用，只要将发生金额填入即可。在填列费用时注意审核：与客户确认的海运费与公司和船公司确认的海运费有无出入（一般各货运代理公司与各船公司有协议，价格以船公司发布的最新通知为准），价格波动频繁时期尤其要加以重视，以免造成收不抵支，附加费的收取一般与各船公司、各航线有关，不要张冠李戴；不要将额外发生的特殊费用遗忘，如食品、动物产品等需要动植物检验、熏蒸发生的费用如未填入，需要催促操作人员及时将费用报到结算部。费用计收时，需要考虑开票要求：一般海运费采用分项计收，对产生的费用如表 3-12 所列计收，开出美元结算账单；内陆产生的人民币费用一般采用部分包干，特殊费用另行结算，如表 3-12 所列的正常发生的从苏州到上海港的内陆费用 1300/20ft 采用包干费形式（包括舱费、正常报关费、从装箱点到港区的车运费、路桥费），特殊费用（如电放费）则采用另行计收，不包含在包干费中，这样对委托双方均比较方便，一般货运代理公司都备有从各地到离岸港口内陆包干费用的报价表。

（四）进口业务费用计收

进口业务与出口业务操作程序不同，产生的费用也不相同。相对而言，进口环节比出口环节要多，产生的费用种类繁多，需要弄清楚，千万不能遗漏，而且垫付费用较多，需要尽快与客户结算以加快资金周转。

例如，上海××××公司从银行付款赎单后，委托××××国际货运代理公司办理该货物的进口事宜；国际货运公司根据委托逐一办理一直到将货物送至客户的仓库。操作完成后，需要尽快整理费用与客户结算。一般采用报价单的方式：常规费用事先谈妥，特殊费用等发生后，再予确认。

该报价单采用将发生的所有费用逐一列出，让客户一目了然。如客户对某一具体费用有疑问，货运代理就这一费用解释清楚即可，等到客户确认后，方可按照客户要求开出发票。进口费用由于客户进口的商品、送货的地点、提货时间不同等多方面的因素而无法提供统一的价格，一般针对具体一票单子进行报价后根据实际的费用与客户进行计收，见表 3-13。

表 3-13　××××国际货运代理公司费用结算单

拖运单位(编号)：	船名航次：聪河 050 提单号：N755001032 箱量：20×540×2(开顶箱) 到港日期：2010.12.20 作业日期：2011.01.05 起运地：上海港九区转堆场
发票抬头(编号)： 到付海运费：	目的地：上海浦东白莲泾
换单费：	100
报关费：	500
海关查验费：	600
港杂费：	1180
理货费：	690
理货加急费：	690
疏港费：	3837.40
堆场加急费：	1350
三检费：	225
动植物检验费：	340
下车费：	400
汽代费：	555
运费：	6912
路桥费：	1245
超期费：	5342.40
代办费：	300
合计：	24457.80

五、提单和海运单业务知识

(一) 提单

1. 提单的定义

提单，是指用以证明海上货物运输合同和货物已经由承运人接收或者装船，以及承运人保证据以交付货物的单证。提单中载明的向记名人交付货物，或者按照指示人的指示交付货物，或者向提单持有人交付货物的条款，构成承运人据以交付货物的保证。

2. 提单的作用

(1) 提单是海上货物运输合同的证明 (evidence of the contract carriage)。

(2) 提单是货物已由承运人接管或装船的收据 (receipt for the goods shipped)。

(3) 提单是一种货物所有权的凭证 (documents of title)。提单的合法持有人凭提单可在目的港向轮船公司提取货物，也可在载货船舶到达目的港之前，通过转让提单而转移货物所有权，或凭以向银行办理抵押货款。

3. 提单的种类

(1) 根据货物是否装船分类

① 已装船提单（on board B/L or shipping B/L） 已装船提单是指货物装船后由承运人或其授权代理人签发给托运人的提单。这种提单除载明一般事项外，通常还必须注明装运船舶名称和实际装船完毕的日期。

② 收货待运提单（received for shipment B/L） 又称备运提单、待装提单，或简称待运提单。它是承运人虽已收到货物但尚未装船，应托运人要求而向其签发的提单。这种提单上面没有明确的装船日期，也不注明装运船的船名。在跟单信用证支付方式下，银行一般都不肯接受这种提单。

但当货物装船，承运人在这种提单上加注装运船名和装船日期并签字盖章后，待运提单即成为已装船提单。

(2) 按提单收货人一栏的记载为标准

① 记名提单（straight B/L） 指在提单"收货人"一栏内具体填上特定的收货人名称的提单。记名提单，不得转让。

② 不记名提单（blank B/L；bearer B/L） 指在提单收货人一栏内记明应向提单持有人交付货物（to the bearer 或 to the holder）或在提单"收货人"一栏内不填写任何内容（空白）提单。不记名提单，无需背书，即可转让。谁持有提单，谁就有权提货。

③ 指示提单（order B/L） 指在提单"收货人"一栏只填写"凭指示（to order）"或"凭某人指示（to the order of ×××）"字样的提单。指示提单，经过记名背书或空白背书转让。

(3) 按对货物外表状况有无不良批注为标准

① 清洁提单 指没有任何有关货物残损、包装不良或其他有碍于结汇批注的提单。正常情况下，承运人在向银行办理结汇时应提交清洁提单。

② 不清洁提单 指承运人在提单上加注有货物及包装状况不良好或存在缺陷，如水湿、油渍、污损、锈蚀等批注的提单。正常情况下，银行拒绝以不清洁提单办理结汇。

(4) 按不同的运输过程为标准

① 直达提单（direct B/L） 指由承运人签发的，货物从装货港装船后，中途不经过转船而直达运抵卸货港的提单。

② 转船提单（transhipment B/L） 指在装货港装货的船舶不直接驶达货物的目的港，而要在中途港换装其他船舶运抵目的港，由承运人为这种货物所签发的提单。

③ 多式联运提单（multimodal transport B/L or intermodal transport B/L） 指货物由海路、内河、铁路、公路和航空等两种以上不同运输工具共同完成全程运输时所签发的提单，这种提单主要用于集装箱运输。多式联运提单一般由承担海运区段的船公司签发。

(5) 按提单签发人不同的标准

① 班轮公司所签发提单（liner B/L） 指在班轮运输中，由班轮公司或其代理人所签发的提单，在集装箱班轮运输中，班轮公司通常为整箱签发提单。

② 无船承运人所签发提单（NVOCC B/L） 指由无船承运人或其代理人所签发的提单，在集装箱班轮运输中，无船承运人通常为拼箱货在集装箱货运站装箱和拆箱，而货运站又大多有仓库，所以有人称其为仓提单。当然，无船承运人也可以为整箱签发提单。

4. 特殊提单

这类提单是指在特殊情况下，可能是不符合法律规定或者对货运业务有一定影响时所使用的提单。这类提单有以下几种。

(1) 预借提单 (advanced B/L) 指由于信用证规定的装运期或交单结汇期已到，而货物尚未装船或货物尚未装船完毕时，应托运人要求由承运人或其代理人提前签发的已装船提单。即托运人为能及时结汇而从承运人处借用的已装船提单。

(2) 倒签提单 (ante-dated B/L) 指在货物装船完毕后，应托运人要求，由承运人或其代理人签发的提单，但是该提单上记载的签发日期早于货物实际装船完毕的日期。即托运人从承运处得到的以早于货物实际装船完毕的日期作为提单签发日期的提单。由于倒填日期签发提单，所以称为“倒签提单”。

承运人倒签提单的做法同样掩盖了真实情况，因此也要承担由此而产生的风险责任。

(3) 顺签提单 (post-date B/L) 指在货物装船完毕后，承运人或其代理人应托运人的要求而签发的提单，但是该提单上记载的签发日期晚于货物实际装船完毕的日期。即托运人从承运人处得到的以晚于该票货物实际装船完毕的日期作为提单签发日期的提单。这是为了符合贸易合同或信用证关于装运期的规定，应托运人要求而顺填日期签发的提单，故称为顺签提单。承运人签发顺签提单的做法同样掩盖了提单签发的真实情况，是一种欺骗行为，是违法的，也将面临可能承担由此而引起的风险责任。

(4) 过期提单 (stale B/L) 指由于出口商在取得提单后未能及时到银行议付的提单。因不及时而过期，形成过期提单，也称滞期提单。

在信用证支付方式下，根据《跟单信用证统一惯例》的规定，如信用证没有规定交单的特定期限，则要求出口商在货物装船日起21天内到银行交单议付，也不得晚于信用证的有效期限。超过这一期限，银行将不予接受。过期提单是商业习惯的一种提单，但它在运输合同下并不是无效提单，提单持有人仍可凭其要求承运人交付货物。

(5) 船东提单和货代提单 船东提单 (master B/L，即所谓的 master 单) 是指由船公司签发的提单。

货代提单 (house B/L，即所谓的 house 单) 是指由货代签发的提单。

货代作为无船承运人，或开展集运、拼箱业务时，经常会使用货代提单。

特点：不具有提单的法律地位。它只是货代收到托运货物的收据，而不是一种不可转让物权凭证，故不能凭此向承运人提货。因此，除非信用证另有规定，银行不接受这种提单。

根据《UCP500》的规定：除非信用证另有授权，银行仅接受运输行出具的具有下列注明的运输单据：

① 注明充当承运人或多式运输营运人的运输行的名称，并由充当承运人或多式运输营运人的运输行签字或以其他方式证实。

② 注明承运人或多式运输营运人的名称并由作为承运人或多式运输营运人的具名代理或代表的运输行签字或以其他方式证实。

以上规定表明，货代以承运人或承运人代理人的身份签发的 house B/L，可以被银行接收，发货人可以凭以向银行办理议付。

此外，FIATA 提单也可被银行接收。

(6) 包裹提单 (parcel receipt B/L) 是指以包裹形式托运的货物而签发的提单。这是承运人根据贸易上的特殊需要而设定的一种提单。它只适用于少量货物或行李，以及样品或礼品的运输。对于这种提单，承运人一般都对货物的重量、体积和价值规定了限制条件，如重量不得超过45kg (或100lb)；体积不超过0.15m^3 (或5ft^3)，价值在10英镑以下等。对于包裹提单的货物，收取较低的运费，小量样品甚至可免费运送。这种提单不能转让，对货物的灭失，承运人也不承担赔偿责任。

(7) 舱面货提单（on deck B/L） 舱面货提单又称甲板货提单。这是指货物装于露天甲板上承运时，并于提单注明“装于舱面”（on deck）字样的提单。

(二) 提单业务

1. 提单的签发

(1) 提单的签发人与签署 提单必须经签署才能生效。有权签发提单的人包括承运人本人、运货船船长或经承运人授权的代理人。

承运人与托运人订立海上货物运输合同，他是合同的当事人，当然有权签发提单。各国法律都承认载货船船长是承运人的代理人。因此，签发提单属于船长的一般职权范围之内的事，而不必经过承运人特别授权。代理人签发提单必须经承运人特别授权，否则代理人是无权代签提单的。

承运人（ABC）本人签发提单显示：ABC as carrier。

代理人（XYZ）代理提单显示：XYX as agent for ABC as carrier。

货载船船长（OPQ）签发提单显示：captain OPQ as master。

提单签署的方法除了有传统的手签方法外，只要没有特殊的规定，如信用证不规定手签提单，则就可以采用印摹、打孔、盖章，符合或如不违反提单签发地所在国家的法律，用任何其他机械的或电子的方法。

(2) 提单的份数和签发日期 提单有正本提单和副本提单之分，常规所说的提单都是指正本提单。副本提单只用于日常业务，不具有法律效力。

为了防止提单遗失、被窃或在转递过程中发生意外事故造成灭失，各国海商法和航运习惯都允许为一票货物签发一套多份正本提单。签发正本提单的份数，可以使提单的合法受让人了解全套正本提单的份数，防止提单流失在外而引起的纠纷，保护提单受让人的利益。

另外，正本提单应标注“original”字样。当需要表示全套提单中每一份其中的几份时，如全套提单一式几份，有少数国家用“original”“duplicate”和“triplicate”来分别表示其为全套提单中的第一联、第二联和第三联。但是，由于 duplicate、triplicate 等字样在其他场合使用时并不表示正本的意思，所以为了表示该份提单是全套提单中的第几份时，应该使用“first original”“second original”和“third original”等字样。特别使用“2nd original”和“3rd original”来代替“duplicate”和“triplicate”。标注“copy”字样的是副本提单。

提单上记载的提单签发日期应是提单上所列货物实际装船完毕的日期。集装箱班轮运输中，为了给承运人签发提单提供方便，实际中大多以船舶开航之日（sailing date）作为提单签发日期。但是，应该注意的是，sailing date 并不一定是 on board date。

2. 提单的更改

(1) 提单签署前的更正 在实际业务中，提单通常是在托运人办妥托运手续后，货物装船前，在缮制有关货运单证的同时缮制的，在货物装船后，这种事先缮制的提单有下列原因需要更正：

① 事先缮制的提单，与实际装载情况不符需要更正；

② 货物装船后，可能发现托运人申报材料的错误而需要更正；

③ 信用证要求的条件有所变更；

④ 由于其他原因，托运人提出更正提单内容的要求。

在上述情况下，承运人或代理人通常都会同意托运人提出的更正要求。

（2）提单签署后的更正　货物已装船，提单已签署，托运人提出提单更正的要求。这时，承运人或其代理人要考虑各方面的关系后，在不妨碍其他提单利害关系人利益，不影响承运人交货条件的前提下，征得有关方面同意，更改并收回原签提单。因更改提单内容而引起的损失和费用，则应由提出更改要求的托运人负担。如果提出提单更改时船舶已开航，应立即电告船长作相应的更改。

（3）提单更改的注意点

① 提单在缮制过程中出现的个别字母的差错，可以加盖代理更正章予以更正，但该字母的差错必须是不影响该词或该语句的含义的。

② 每一份提单的更改不得超过三处，否则必须重新签发提单。

③ 对提单流转过程中提单持有人提出的更改提单的要求不予接受。

④ 如在正本提单签发后（即船舶开航后）发生的变更，修改后的提单必须及时通知船公司和所有其他与该提单项下货物装卸、转运、收发货有关的分公司或代理（并电告船长）。

⑤ 因提单的更改而需要重新签发提单的，必须要求托运人交还原来已签发的全套正本提单。

3. 提单的补发

如果提单遗失，托运人要求补发时，应分不同情况予以处理。

（1）正本提单结汇后，在寄送途中遗失　这情况发生后，通常无需另行补发提单。托运人可以依照一定的法定程序声明提单作废，而后向船公司申请以下内容。

① 由收货人凭副本提单及银行保函提货；

② 由出口方授权承运人电放。

（2）提单在结汇前遗失　当提单丢失而货主还没有结汇，这时货主往往会向承运人要求重新签发全套正本提单。

船公司重新签发提单时，通常会对托运人提出如下要求：

① 声明原提单作废　船公司通常会要求托运人在当地主要报刊刊登遗失作废声明，并要得到货主的书面证实，以免发生意外纠纷。

② 提供书面担保　如果原提单为记名提单，托运人、收货人都需要按承运人要求出具公司担保（company L/G），如果原提单为指示提单，则申请方需要按承运人要求提供一流银行担保，担保本身应无担保期限限制。

新签发的提单除自身印刷流水号之外，其他内容都与原提单一致，不得有任何更改。同时船公司必须把重新签发提单的情况立即通知其在目的港的代理人。

（3）提单丢失的责任承担　提单在寄送过程中丢失可能有以下几种情况。

① 在出口商控制下丢失；

② 出口商将单据送交议付行后，在议付行丢失；

③ 议付行将单据交由快递公司后丢失；

④ 快递公司送达开证行后丢失；

⑤ 开证行送交收货人后丢失。

在①和⑤两种情况下，应分别由出口商和进口商自负其责；

在②和④两种情况下，则应由开证行或议付行负责；

问题是丢失往往发生于第③种情况，依现行有效的邮政法规，邮政部门仅承担十分有限的责任（几近免责）。

根据2000年国际贸易术语解释通则解释。在CIF、CFR和FOB条件下，卖方均必须自负费用，毫不迟延地向买方提供运输单据。据此推论，单据丢失的风险一般应由卖方承担(除非是第②、第④、第⑤种情况。

4. 提单的背书

提单是“物权凭证”，不论是记名提单、不记名提单，还是指示提单，在凭提单提货物或者换取提货单时，收货人都应在提单上记载提货的意思表示。通常是由收货人在提单的背面盖章、签字。

关于提单转让的规定为：记名提单，不得转让；不记名提单，无需背书，即可转让；指示提单，经过记名背书或者空白背书转让。所以，背书与转让是不相同的。

通常所说的“背书”是指“指示提单”在转让时所需进行的背书。背书是指转让人（背书人）在提单的背面写明或者不写明受让人，并签名的手续。实践中，背书有记名背书、指示背书和不记名背书等几种方式。

（1）记名背书　记名背书，也称完全背书，是指背书人在提单背面写明被背书人（受让人）的名称，并由背书人签名的背书方式。经过记名背书的指示提单将成为记名提单性质的指示提单。

（2）指示背书　指示背书是指背书人在提单背面写明“凭×××指示”的字样，同时由背书人签名的背书形式。经过指示背书的指示提单还可以继续进行背书，但背书必须连续。

（3）不记名背书　不记名背书，也称空白背书，是指背书人在提单背面由自己签名，但不记载任何受让人的背书形式。经过不记名背书的指示提单将成为不记名提单性质的指示提单。

以下是实践中会遇到的一些情况：

指示提单的收货人一栏通常会记载“To the order of ABC CO.，LTD.”或“To order”字样。前一种情况下，必须由 ABC CO.，LTD. 首先背书；而后一种情况下，则是由 shipper 首先背书。因此，ABC CO.，LTD. 或 shipper 分别是不同情况下的第一背书人。背书人除履行签名的手续外，还可以写明受让人，如 to deliver to XYZ CO.，LTD.，此时 XYZ CO.，LTD. 不能继续背书转让该提单；如写成则 to deliver to the order of XYZ CO.，LTD. 还可继续背书转让，且应连续背书。当然，背书人也可不写明受让人，此后的转让可不需背书。

5. 提单放货

（1）正常放货　正常情况下（即在货物装船后船公司签发提单的情况下），船公司或其代理在目的港放货，必须遵循以下原则：

① 凭单放货原则　必须交出一份经适当背书（duly-endorsed）的正本提单。

② 任何到付运费、其他费用必须在放货前全额付清。

【案例】 2011 年 9 月 8 日，某进出口公司（原告）与国外 S 公司签订销售合同，约定向 S 公司提供一批价值为 7564 美元的针织裙，支付方式为 T/T。进出口公司将货物交于某集装箱储运公司（被告），由上海运至墨尔本。10 月 16 日，被告签发了提单，载明托运人为进出口公司，收货人“凭指示”。提单同时注明正本份数为 3 份。11 月 5 日，货物在目的港清关、拆箱。12 月 14 日，原告通过代理向被告的代理询问涉案货物下落，被告知货物已被 S 公司提走。由于 S 公司始终没有支付货款，原告遂以无单放货为由，诉请判令被告赔偿货物损失 7564 美元及相关退税损失，但原告仅向法院提供了一份正本提单。法院判决对原告的诉讼请求不予支持。

那么，原告持有正本提单为何败诉？

（2）特殊的提单放货形式

① 无单放货　贸易实务中，有时会发生收货人无法及时获得提单的情况，此时，按照一般的航运习惯，收货人就会开具保函，并由一流银行在保函上签字盖章，进行担保，而后凭保函向船公司交换提货单后提货。

此时，船公司放货就是“凭保函放货”。

实践中，船公司对保函的形式和措辞要求的各不相同，因不凭正本提单提货，收货人和保证银行应同意下列条件：

a. 保证赔偿并承担船公司及其雇员和代理人因此承担的一切责任和遭受的一切损失；

b. 对船公司或其雇员或其代理人因此被起诉而提供足够的法律费用；

c. 对船公司的船舶或财产因此被扣押或羁留或遭到这种威胁，提供所需的保释金或其他担保以解除或阻止上述扣押或羁留，并赔偿船公司由此所遭受的一切损失、损害或费用；

d. 收到提单后换回保证书；

e. 对于上述保证内容由收货人和银行一起负连带责任。

② 电报放货（telex release/surrender）　电放是指在应当签发或已签发正本提单情况下，货代公司根据托运人要求，向船公司提出申请，在不签发正本提单或收回已签发的全部正本提单前提下，以电子邮件、传真、电报等方式通知其在目的港的代理，将运输的货物交付给提单上载明的收货人。

电放操作要点：

a. 使用电放放货，并非不出提单，只是不出正本提单。

电放提单是指船公司或其代理人签发的注有“surrendered”或“telex release”的提单副本、复印件或传真件。其基本作用有以下 3 个：

ⅰ. 是承运人收到其接管的货物收据；

ⅱ. 是运输合同的证明；

ⅲ. 是用来换取提货单的依据。

可见，其作用与海运单相似。

b. 托运人申请电放，应提出书面申请，通常要其出具公司保函。

下面是某公司的一份电放保函。

电放保函

致××海运：

我司委托贵司于 FEB. 18，2011 出运至 Manila，Philippines 的货物，提单号为：×××××××，现请求将提单电放，电放给 Royal Exporters Corpo-ration，请予以同意，由此引起的责任和后果由我司承担。

特此保函！

×年×月×日

当承运人同意电放后，有的出具电放信，有的给出一个电放号（如密码一样，为阿拉伯数字或英文字母）。

c. 电放日：通常应于货（柜）抵目的港前。

d. 电放下通常采用 PP（Pre Paid 预付运费）。

e. 若货物有不良情况，切记：于电放信上要打上 mate’s remark（大副批注）。

（3）不同情形下电放提单的操作

① 不签发任何提单。

② 船东提单用电放，货代签发正本货代提单。

③ 船东签发正本提单，货代提单用电放。

④ 双电放（不签正本 HB/L 与 MB/L，同时对 HB/L 与 MB/L 都做电放）。

(4) 适合做电放的情形　近洋运输。

(5) 不适合用电放操作的情况

① 以信用证或者托收为付款条件；

② 指示提单或者空白提单。

(三) 海运单

1. 海运单的定义、性质及作用

海运单（Seaway Bill），是承运人直接签发给托运人或其代理的表明已收到货物的单证，海运单的正面内容与提单的基本一致，但是印有“不可转让”的字样。

海运单具有三个基本作用：承运人收到由其接管的货物的收据；运输契约的证明；在解决经济纠纷时作为货物担保的基础。

2. 海运单的使用

(1) 签发运单的要求　作为契约证明而言，与提单一样，运单也是根据承托双方一致同意的条件（如运费预付或到付，待运或已装船等）来签发的。

(2) 签发份数　通常只签发一份正本运单。但是，如经托运人请求，也可以签发两份或两份以上正本运单。

3. 海运单流转程序

(1) 船公司签发运单给托运人。

(2) 为了通知运单上标明的具体收货人，船公司在船舶到卸货港前约一个星期发出到货通知。

(3) 收货人签署完这个到货通知，并退还给船代理。

(4) 船代理据以签发提货单给收货人。

(5) 船抵港后，收货人凭提货单提货。

4. 使用海运单的优越性

从上述海运单流转程序可以看出：海运单具有迅捷、简便、安全的特点，较之提单有以下好处：

(1) 交货方面　交货的条件不取决于呈递海运单，也无需遵循单据手续，承运人只要将货物交给海运单上所列明的收货人或其授权的代理，就被视为已经做到了小心谨慎，相信已将货物交给了合适的人。对于收货人来说，则免除因等海运提单而招致的延误损失，或为防止货物错交向承运人出具的银行担保。

(2) 风险方面　由于海运单的不可转让性，这使得它成为一种安全的凭证，从而减少欺诈。即使第三者非法得到或捡到别人丢失的运单，也不能提取货物，因此对收货人不存在风险。

(3) 程序方面　由于托运人不必向收货人交海运单，因此运输单据（如保险单和商业发票），可以在装完货后立即发送给有关当事人。而使用提单时，由于必须向收货人交正本提单，因此上述单据（还必须是全套的已装船提单）只有在提单签发后才能发送给有关当事人。

另外，使用海运单对于付款条件是预付或延期付款的，不需伴附运输单据的贸易和总公司同海外分公司、海外分支机构之间的交易来说，是相当理想的。再如在信用证方式下，运单可被用来代替提单作为信用证的海运文件。仅将开证行的名称作为收货人打入运单即可。待收货人付完款，银行签发放货单给船公司，以便其将货物交给实际收货人。

项目二 国际海运货运代理操作流程

一、整箱货班轮货运代理操作流程

1. 整箱货出口货运代理

整箱货出口货运业务流程在我国各个港口是有所不同的，基本流程如图 3-5 所示。

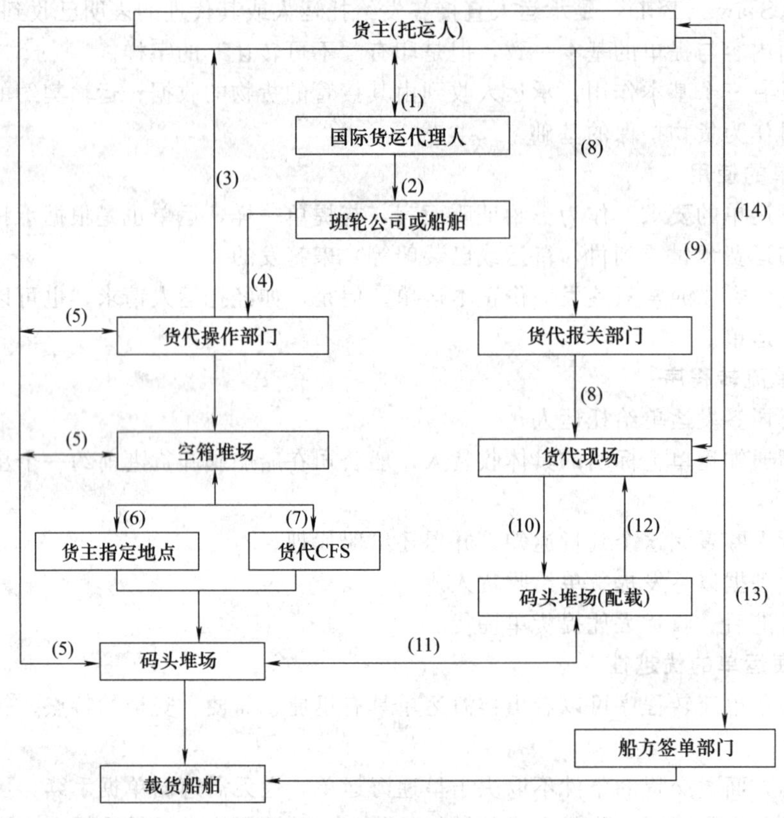

图 3-5 整箱货出口货运业务流程

(1) 货主与货代建立货运代理关系；
(2) 货代填写托运单证，及时订舱；
(3) 订舱后，货代将有关订舱信息通知货主或将“配舱回单”转交货主；
(4) 货主申请用箱，取得 EIR 后，方可凭以到空箱堆场提取所需的集装箱；
(5) 货主“自拉自送”时，先从货代取出 EIR，然后提空箱，装箱后制作 CLP，并按要求及时将重箱送码头堆场，即集中到港区等待装船；
(6) 货代提空箱至货主指定的地点装箱，制作 CLP，然后将重箱“集港”；
(7) 货主将货物送达到货代 CFS，货代提空箱，并在 CFS 装箱，制作 CLP，然后“集港”；
(8) 货主委托货代代理报关、报检，办妥有关手续后将单证交货代现场；
(9) 货主也可以自理报关；
(10) 货代现场将办妥手续后的单证交码头堆场配载；
(11) 配载部门制订装船计划，经船公司确认后实施装船作业；
(12) 实践中，在货物装船后可以获得 D/R 正本；
(13) 货代可凭 D/R 正本到船方签单部门换取 B/L 或其他单据；
(14) 货代将 B/L 等单据交给货主。

注：(5)、(6)、(7) 实践中只选其中一种操作方式，(8)、(9) 在实际业务中也只选其中一种操作方式。在卖方安排运输的情况下，(2)～(6) 项不需要。

2. 整箱货进口货运代理

海运进口的货运代理业务是我国货代业务中涉及面最广、线最长、量最大、货种最复杂的货代业务。完整的海运进口业务，从国外接货开始，包括安排装船、安排运输、代办保险，直至货物运到我国港口的卸货，接运报关报验、转运等业务。

(1) 货运代理人接受委托　货运代理人与货主双方建立的委托关系可以是长期的，也可以是就某一批货物而签订的。在建立长期代理关系的情况下，委托人往往会把代理人写在合同的一些条款中，这样，国外发货人在履行合约有关运输部分时会直接与代理人联系，有助于提高工作效率和避免联系脱节的现象发生。在货代与货主双方之间订立的协议中，通常应该明确以下项目。

① 委托人和代理人的全称、注册地址。

② 代理事项的范围，如是否包括海洋运输，是否包括装运前的拆卸工作、集港运输等，到港后是提单交货还是送货上门等，明确了代办事项范围，则一旦发生意外，就能判明双方责任，也可避免因双方职责不明而造成的损失。

③ 委托方应该提供的单证及提供的时间，提供的时间应根据该单证需要的时间而定。

④ 服务费收取标准及支付时间、支付方法。

⑤ 委托方和代理人的特别约定。

⑥ 违约责任条款。

⑦ 有关费用如海洋运费、杂费及关税等支付时间。

⑧ 发生纠纷后，协商不成的解决途径及地点，通常解决争议的途径有仲裁或诉讼等，地点可以在双方同意的地点，仲裁一般在契约地，诉讼则可以在契约地，也可以在被告所在地。

⑨ 协议必须加盖双方公章并经法定代表签字，这是协议成立的要件。

(2) 卸货地订舱　如果货物以 FOB（或其他买方安排运输的术语）价格条件成交，货代接受收货人委托后，就负有订舱（或租船）的责任，并有将船名、装船期通知发货人的义务。特别是在采用特殊集装箱运输时，更应尽早预订舱位。

(3) 接运工作　接运工作要做到及时、迅速。主要工作包括以下。

① 加强内部管理，做好接货准备，及时告知收货人，汇集单证，及时与港方联系。

② 谨慎接卸。

(4) 报检报关　根据国家有关法律、法规的规定，进口货物必须办理验货手续后，收货人才能提取货物。因此，必须及时办理有关报检、报关等手续。

(5) 监管转运　进口货物入境后，一般在港口报关放行后再内运，但经收货人要求，经海关核准也可运往另一设关地点办理海关手续，称为转关运输货物，属于海关监管货物。

办理转关运输的进境地申报人必须持有海关颁发的《转关登记手册》，承运转关货物的承运单位必须是经海关核准的运输企业，持有《转关准载证》，监管货物在到达地申报时，必须递交进境地海关关封、《转关登记手册》和《转关准载证》，申报必须及时，并由海关签发回执，交进境地海关。

(6) 提取货物　货运代理人向货主交货有两种情况，一是象征性交货，即以单证交接，货物到港经海关验收，并在提货单上加盖海关放行章，将该提货单交给货主，即为交货完毕；二是实际性交货，即除完成报关放行外，货运代理人负责向港口装卸区办理提货，并负责将货物运至货主指定地点，交给货主，集装箱运输中的整箱货通常还需要负责空箱的还箱工作。以上两种交货，都应做好交货工作的记录。

在作为装货地从事集拼业务的货运代理企业在卸货地的代理人从事分拨业务的情况下，货运代理人应注意及时提取整箱货拆箱，并办理有关手续，同时向收货人发出提货通知（deliver notice），正确无误地根据 house B/L 签发分拨提货单。

整箱货进口货运代理操作流程如图 3-6 所示。

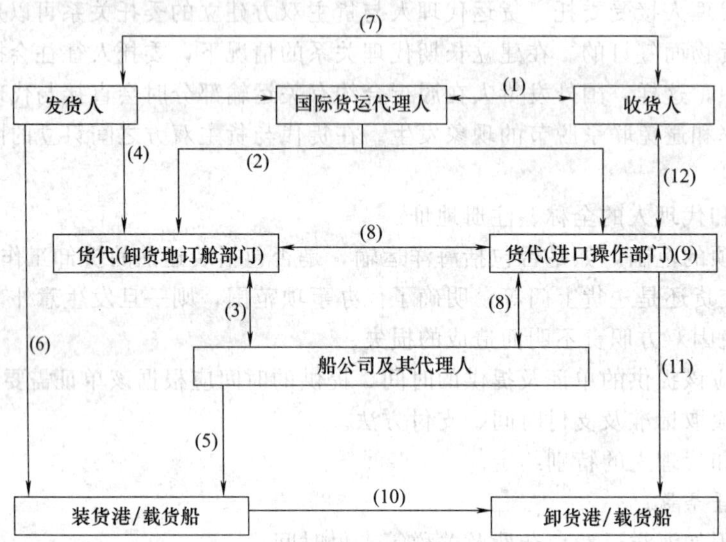

图 3-6 整箱货进口货运业务流程

（1）收货人与货代建立货运代理关系；

（2）在买方安排运输的贸易合同下，货代办理卸货地订舱（Home Booking）业务，落实货单齐备即可；

（3）货代缮制货物清单后，向船公司办理订舱手续（买方安排运输的情况）；

（4）货代通知买卖合同中的卖方（实际发货人及装港代理人）；

（5）船公司安排载货船舶抵装货港；

（6）实际发货人将货物交给船公司，货物装船后发货人取得有关运输单证；

（7）货主之间办理交易手续及单证转移；

（8）货代掌握船舶动态，收集、保管好有关单证；

（9）货代及时办理进口货物的单证及有关手续（主要掌握换取提货单）；

（10）船抵卸货港卸货，货物入库、进场；

（11）在办理了货物进口报关等手续后，凭提货单到现场提货，特殊情况下船边提货；

（12）货代安排将货物交收货人，并办理空箱回运堆场等事宜。

二、拼箱货货运代理业务流程

集装箱运输的货物分为整箱货（FCL）和拼箱货（LCL）两种，有条件的国际货运代理公司也能承办拼箱业务，即接受客户尺码或重量达不到整箱要求的小批量货物，把不同收货人、同一卸货港的货物集中起来，拼凑成一个 20ft 或 40ft 整箱，这种做法称为“集拼”；英文通常叫做 consolidation，简称 consol，承办者称为 consolidator。

1. 集拼业务应具备的条件

承办集拼业务的货代企业必须具备如下条件。

（1）具有集装箱货运站（CFS）装箱设施和装箱能力；

（2）与国外卸货港有拆箱分运能力的航运或货运企业建有代理关系；

（3）政府主管部门批准有权从事集拼业务并有权签发自己的提单（house B/L）。故通常被货方视为承运人（集装箱运输下承运人的概念是指：凡有权签发提单，并对运输负有责任的人)，如果只经营海运区段的拼箱业务，则是无船承运人。因此其特征主要有：不是国际贸易合同的当事人；在法律上有权订立运输合同；本人不拥有、不经营海上运输工具；因与货主订立运输合同而对货物运输负有责任；有权签发提单，并受该提单条款约束；具有双重身份，对货主而言，他是承运人，但对真正运输货物的集装箱班轮公司而言，他又是货物托运人。

2. **集拼业务流程**

集拼业务的操作比较复杂，先要区别货种，合理组合，待拼成一个 20ft 或 40ft 箱时可以向船公司或其代理人订舱。

集拼的每票货物各缮制一套托运单（场站收据），附于一套汇总的托运单（场站收据）上，例如，有五票货物拼成一个整箱，这五票货须分别按其货名、数量、包装、重量、尺码等各自缮制托运单（场站收据），另外缮制一套总的托运单（场站收据），货名可作成“集拼货物”（consolidated cargo），数量是总的件数（packages），重量、尺码都是五票货的汇总数，目的港是统一的，关单（提单）号也是统一的编号，但五票分单的关单（提单）号则在这个统一编号之尾缀以 A、B、C、D、E 以资区分，货物出运后船公司或其代理人按总单签一份海运提单（ocean B/L），托运人是货代公司，收货人是货代公司的卸货港代理人，然后，货代公司根据海运提单，按五票货的托运单（场站收据）内容签发五份仓至仓提单（house B/L），house B/L 编号按海运提单号，尾部分别缀以 A、B、C、D、E，其内容则与各该托运单（场站收据）相一致，分发给各托运单位用于银行结汇。

另一方面货代公司须将船公司或其代理人签发给他的海洋提单正本连同自签的各 house B/L副本快递邮寄其卸货港代理人，代理人在船到港时向船方提供海运提单正本，提取该集装箱到自己的货运站（CFS）拆箱，通知 house B/L 中各个收货人持正本 house B/L 前来提货。

集拼业务票数越多，处理难度越大，有时其中一票货的数量发生变更往往牵涉整箱货的出运，所以在处理中要倍加审慎。

拼箱业务流程如图 3-7 所示。

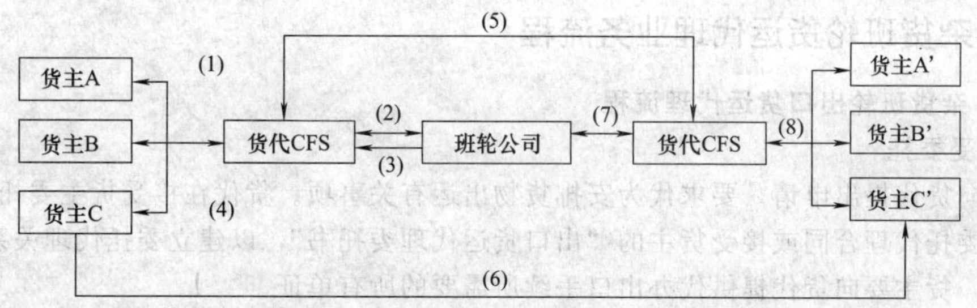

图 3-7　拼箱业务流程

(1) A、B、C 等不同货主（发货人）将不足一个集装箱的货物（LCL）交集拼经营人；
(2) 集拼经营人将拼箱货拼装成整箱货（FCL）后，向班轮公司办理整箱货物运输；
(3) 整箱货物装船后，班轮公司签发 B/L 或其他单据（如海运单）给集拼经营人；
(4) 集拼经营人在货物装船后也签发自己的提单（house B/L）给每一个货主；
(5) 集拼经营人将货物装船及船舶预计抵达卸货港等信息告知其卸货港的机构（代理人），同时，还将班轮公司的 B/L 及 house B/L 的复印件等单据交卸货港代理人，以便向班轮公司提货和向收货人交付货物；
(6) 货主之间办理包括 house B/L 在内的有关单证的交接；
(7) 集拼经营人在卸货港的代理人凭班轮公司的提单等提取货物；
(8) A、B、C 等不同货主（收货人）凭 house B/L 等在 CFS 提取拼箱货。

3. 拼箱货拼箱运输的合理性

在目前国际货运市场竞争十分激烈的环境下，从事拼箱货业务是否合理这一问题近三四年来影响了集拼经营人在国际货运市场上的声誉，留下了不讲诚信的“足迹”。从事拼箱货运运输不会没有成本，其成本是指该业务活动从接受拼箱货至交付拼箱货的整个过程中，与货物仓储、拼拆箱、运输以及其他相关费用的总和。

通常，直拼运输方式比混拼运输方式在运输路线、相关手续、收费项目和费用等方面更为简单、更为节省。

（1）拼箱货直拼运输的费用结构　拼箱货直拼运输的费用项目主要包括以下。

① 拼箱及起运港的费用　如货物提前进站的仓储费和海关监管费、提运空箱和重箱进场的托运费和码头费用、货物装箱费和理货费用等。

② 海运运费及手续费　如班轮公司运输整箱货所收取的海运运费、到船舶代理人处办理有关订舱等手续的费用。

③ 目的港及拆箱费用　如提运重箱和还空箱的托运费和码头费用、拆箱费和理货费、分拨费和相关的代理手续费、拼箱货的仓储费用等。

④ 其他发生在装卸两港的相关服务费用等。

如果拼箱货情况较为特殊，则还会产生特殊的费用。以上费用通常由集运经营人按运价本或协议运价向托运人收取。

（2）拼箱货混拼运输的运费结构　拼箱货混拼运输的费用项目除与直拼运输相同的费用外，还包括中转港再拼箱和转运所需的费用：

① 中转港的拆箱和再装箱及理货的费用；

② 集装箱的托运费用；

③ 拼箱货的搬运费和仓储费用；

④ 办理进出口手续的费用；

⑤ 中转港代理人的费用；

⑥ 其他相关的服务费用等。

三、杂货班轮货运代理业务流程

（一）杂货班轮出口货运代理流程

1. 接受委托

货主向货代提出申请，要求代为安排货物出运有关事项。货代在接受货主委托时，须与货主签订委托代理合同或接受货主的“出口货运代理委托书”，以建立委托代理关系。

同时，货主要向货代提供代办出口手续所需要的所有单证。

货代对货主所提供的单证要认真审核。

2. 代办订舱手续

订舱时，货代须向船公司在装货港的 agent 递交托运单（booking note，简称 B/N），船代发给相应船公司的装货联单（S/O），由货代填写后再提交给船代，船公司核对 S/O 与 B/N 无误后，签发 S/O。

3. 代办保险

出口货物办妥订舱手续后，根据委托代理合同的委托项目，属于卖方投保且客户有要求货代代为投保的，货代根据客户的具体投保要求，填写投保单、保险单，向保险公司办理投保，否则，由客户自己投保。

4. 代理报检

货代持报检委托书、出境报检单、贸易合同、信用证、商业发票、装箱单等报检所需单证向出入境检验检疫机构申请报验。检验合格后，由出入境检验检疫机构签发出境货物通关单，供向海关通关之用。

（1）出境货物报检地点上的要求

① 法定检验检疫货物，除活动物须由口岸检验检疫机构检验检疫外，原则上应坚持产地检验检疫。

② 需由内地转到出境口岸的动植物、动植物产品及其他检疫物，除活动物须在出境口岸报检外，其他均在产地报检。

（2）出境货物报检时间上的要求

① 出境货物最迟应于出口报关或装运前 7d 报检，对于个别检验检疫周期较长的货物，应留有相应的检验检疫时间。

② 需隔离检疫的出境动物在出境前 60d 预报验，隔离前 7d 报验。

5. 代理报关

若 shipper 委托 forwarder 报关，货代需向客户索要出口合同一份、商业发票一式两份、报关委托书、外汇核销单、装箱单（packing list，简称 P/L）等。

货代自己有报关资质的情况下，由本企业的报关人员持船代签发的 S/O、M/R 及货主提供的报关所需单证，到海关办理货物出口报关手续。海关验放后，在 S/O 上加盖放行章后交还给货代，货物准予装船出口。

货代自己没有报关资质的情况下，forwarder 填好“报关联系单”传真给报关行，由报关行派人取单，代为报关。

货物报关的时间：根据我国《海关法》第 18 条有关规定，出口货物的发货除海关特准者外，应当在装货的 24 小时以前向海关申报。

6. 货物集港待装

货代根据港区进货通知并在规定的期限内，安排车辆，到货主仓库提货，将出口货物及时送到港区内指定地点（码头仓库）集中，准备装船。

在此，货代要特别注意与港区、船公司保持密切联系，按时完成进货，防止工作脱节而影响装船。

7. 编制装货清单

船代根据装货单 S/O 留底联编制装货清单（L/L），送船舶及港口有关部门（码头、装卸公司、理货公司等）；

8. 编制货物积载图

船上大副根据 L/L 编制货物积载图（即货物积载计划，cargo plan，简称 C/P）交船代分送港口有关部门［理货公司（理货长）、码头装卸公司等］以便按计划装船；

9. 货物装船

码头通知仓库出货，并将货物运至船边装船。

装船前，理货人员代表船方，收集经海关放行货物的装货单和收货单，货代现场将S/O和 M/R 交给船上的理货人员（理货长）。

经过整理后，理货公司（外轮理货公司）、装卸公司、船上大副，便根据装货清单（L/L）和货物积载图，分批接货，进行装船作业。

装船过程中，托运人委托的货运代理应有人在现场监装，随时掌握装船进度并处理临时发生的问题。

10. 大副签发收货单（M/R）

装船完毕，理货长将装货单（S/O）和收货单（M/R）交给大副，大副核对无误后留下S/O，签发收货单 M/R（即大副收据）给理货长，理货长再转交给货代。装船完毕，理货组长与船方大副共同签署收货单。

11. 货代向自己在目的港的代理发送装船通知

出口地货代向进口地货代寄送全套单证，使其做好接货准备。

12. 货代持 M/R 向船代换取正本已装船提单（B/L）

（1）货代填写海运提单（B/L）；

（2）货代持 M/R（即大副收据）到船公司在装货港的代理人（船代）处支付清运费（在预付运费情况下）换取正本已装船提单（B/L）；

（3）船代审核无误后，留下收货单 M/R，签发 B/L 给货代。

13. 货代向货主退还相关单证

报关过了以后，海关在装货单上盖放行章，货物就可以装船了。

装船后将海关退还报关单和核销单给客户。

14. 托运人办理结汇

托运人持 B/L 及有关货运单证到议付银行结汇，取得货款，议付银行将 B/L 及有关货运单证邮寄开证银行。

（二）杂货班轮进口货运代理流程

如果在 CIF 术语下进口，由卖方负责办理订舱、保险，进口方办理货代相对简单；如果在 CFR 贸易术语下进口，进口货代则要办理包括保险等进口流程，如果在 FOB 术语下进口，就会涉及卸货地订舱及此后的事务，是最完整的进口流程，下面将以 FOB 术语下的杂货班轮进口货运代理的流程做简单说明。

（1）收货人填写进口租船订舱联系单对货运代理人提出委托，货运代理人经审查后接受委托。

（2）货代办理卸货地订舱，同时向承运人提交国外供货人的详细资料。

（3）货运代理及时办理保险手续。

（4）订舱后，货代及时将船名和船期通知委托方，货运代理人或船方通知装货港的船务代理，及时与卖方或其代理人联系，按时将货物发到装货港口，以便安排及时装船。

（5）开证行收到议付行寄来的正本提单等有关单证后，通知收货人付清货款，取回 B/L。

（6）货物到港前，船代及时进行到港预报，货物到港后，及时向货主（或货代）发到货通知。

（7）货主及时将相关单证移交货代。

（8）船公司的卸货港代理人根据装货港代理人寄来的货运单证，编制进口载货清单及有关船舶进口报关和卸货所需的单证，约定装卸公司、理货公司，以便安排泊位，做好接船及卸货的准备工作。

（9）换单。收货人（或货代）持正本 B/L 向船公司在卸货港的代理人办理提货手续，在付清应付的费用后，凭提单 B/L 换取卸货港船代签发的提货单（D/O）。

（10）收货人（或货代）持 D/O 到海关办理货物进口报检、报关手续，支付进口关税。

（11）收货人（或货代）持 D/ O 到码头仓库或船边提取货物。

项目三 海运单证制作

一、杂货班轮运输单证

（一）在装货港编制使用的单证

1. 托运单（booking note，简称 B/N）

托运单又称订舱单、订舱申请书。在实务中，托运人通常是先以口头、函电、互联网（net-booking）等方式向船公司或船代（舱位代理）订舱。在订妥所需的舱位后，还需要及时缮制船公司或船代所提供的托运单并提交船公司或船代，即以书面形式做出正式的订舱申请，船公司审核无误后，便在托运单上编号，填写承运船名和航次，并加盖印章，以示订舱确认。而后船公司或船代将托运单留下，副本退还托运人留底备查。托运单一经船公司或船代签章确认，即视为船方已接受这一托运，承、托之间的运输合同关系即告建立。

海运出口托运单见表 3-14。

表 3-14 海运出口托运单（散货）

托运人
Shipper ______________
编号
No. ______________　　　　船名 S/S ______________
目的港
For ______________

<table>
<tr><td rowspan="2">标记及号码
Marks & No.</td><td rowspan="2">件数
Quantity</td><td rowspan="2">货名
Description of Goods</td><td colspan="2">重量/千克
Weight/kilos</td></tr>
<tr><td>净重
Net</td><td>毛重
Gross</td></tr>
<tr><td></td><td></td><td></td><td colspan="2">运费付费方式</td></tr>
<tr><td colspan="3">共计件数(大写)
Total Number of Packages in Writing</td><td colspan="2"></td></tr>
</table>

<table>
<tr><td>运费
计算</td><td colspan="5">尺码
Measurement</td></tr>
<tr><td>备注</td><td colspan="5"></td></tr>
<tr><td>通知</td><td></td><td>可否转船</td><td></td><td>可否分批</td><td></td></tr>
<tr><td rowspan="2">收货人</td><td rowspan="2"></td><td>装期</td><td></td><td>有效期</td><td></td></tr>
<tr><td>金额</td><td></td><td>提单张数</td><td></td></tr>
<tr><td>配货要求</td><td></td><td>银行编号</td><td></td><td>信用证号</td><td></td></tr>
</table>

2. 装货联单

目前我国各个港口使用的装货联单的组成不尽相同，但通常是由以下三联组成：托运单留底（counter foil）；装货单（shipping order，简称 S/O）；收货单（mate′s receipt，简称 M/R）。除这三联外，根据业务需要，还可增加若干份副本（copy），如增加两联副本供计算运费和向付费人收取运费时作通知用。

在装货联单中，最重要的就是第二联和第三联，即其中装货单和收货单，下面重点介绍这两联。

（1）装货单　装货单上除应记载托运人名称、编号、船名、目的港及货物的详细情况等与托运单相同的内容外，还有在货物装船后由理货人员填写的货物装船的日期、装舱位置、实装货物数量以及理货人员的签字等内容。

装货单的流转过程如下。

① 托运人将填写完毕的装货联单交给船代。船代审核无误后签章留下留底联，用于缮制其他货运单证；将装货单（第二联）和收货单（第三联）交给托运人，作为托运人已办妥货物托运手续的证明。

签发装货单时，船公司或其代理人会按不同港口分别编制装货单号（有可能成为最终的提单号），装货单号不会重复，也不会混港编号。

② 托运人凭这两联及其他报关所需资料前往海关办理出口货物报关手续，经海关查验后，在装货单上加盖海关放行章，表示该票货物已允许装船出口。所以，加盖海关放行章的装货单同时还是托运人已办妥货物出口手续的证明。由于托运人在办理货物出口报关时必须向海关提交装货单，所以装货单又常被称为“关单”。

③ 而后，托运人便可凭加盖了海关放行章的装货单要求船长将货物装船。因为装货单同时还是船公司下达给船长接受货物装船承运的命令。所以，在实务中，装货单又被叫作下货纸，是托运人据以要求船长将货物装船的凭证。货物装船时，托运人或其代理人必须向船长或大副提交这一单证。同时，船方还要详细核对实际装船货物的情况是否与装货单上记载的内容相一致。如果需要修改装货单上所记载的内容，应及时编制更正单分送有关单位作修改；如果整票货物退关，除发更正单外，还要收回原装货单并注销。

装货单的作用有以下。

① 装货单是托运人办妥货物托运手续的证明。

② 装货单是托运人办妥货物出口手续的证明。

③ 装货单是船公司下达给船长接受货物装船承运的命令。

（2）收货单　收货单是指某一票货物装上船后，由船上大副（chief mate）签署给托运人的，作为证明船方已收到该票货物并已装上船的凭证。所以，收货单又称为“大副收据”。托运人取得了经大副签署的收货单后，即可凭以向船公司或其代理人换取已装船提单。

收货单是装货联单的第三联，其格式内容除增加大副签署一栏外，其余与装货单完全一样。

流转程序：货代从报关行拿回装货单、发货单后，在货物装船前将其交给理货组长，当每一票货全部装上船后，现场理货人员即核对理货计数单的数字，在装货单上签注实装数量、装舱位置、装船日期并签名，再由理货长审查和签名，证明该票货物如数装船无误，然后连同收货单一起送交船上大副，大副审核属实后在收货单上签字，留下装货单，将经大副签字的收货单退给理货长转交给托运人或其代理人。

大副在签署收货单时，会认真检查装船货物的实际情况与装货单的记载是否相符。如果货物外表状况不良，出现标志不清，有水渍、油渍或污渍，数量短缺，货物损坏等情况时，大副就会将这些情况记载在收货单上。此种记载称为“批注（remark）”，习惯上称为“大副批注”。有大副批注的收货单称为“不清洁收货单（foul receipt）”；无大副批注的收货单则为“清洁收货单（clean receipt）”。因此，收货单是划分承运人、托运人双方责任的重要依据。

而后托运人即可凭大副签字确认的收货单到船公司或其代理人处换取经船公司或其代理人签字的一份或数份正本已装船提单。因而，收货单也是据以换取已装船提单的凭证。

收货单的作用：

① 收货单是船方已收到该票货物并已装上船的证明。

② 收货单是划分承运人、托运人双方责任的重要依据。

③ 收货单是据以换取已装船提单的凭证。

3. **提单**（bill of lading，简称 B/L）

根据《中华人民共和国海商法》（简称《海商法》）第七十三条规定，提单正面内容，一般包括下列各项。

（1）货物的品名、标志、包数或者件数、重量或体积，以及运输危险货物时对危险性质的说明（description of the goods，mark，number of packages or piece，weight or quantity，and a statement，if applicable，as to the dangerous nature of the goods）；

（2）承运人的名称和主营业所（name and principal place of business of the carrier）；

（3）船舶的名称（name of the ship）；

（4）托运人的名称（name of the shipper）

（5）收货人的名称（name of the consignee）；

（6）装货港和在装货港接收货物的日期（port of loading and the date on which the good were taken over by the carrier at the port of loading）；

（7）卸货港（port of discharge）；

（8）多式联运提单增列接收货物地点和交付货物地点（place where the goods were taken over and the place where the goods are to be delivered in case of a multimodal transport bill of lading）；

（9）提单的签发日期、地点和份数（date and place of issue of the bill of loading and the number of originals issued）；

（10）运费的支付（payment of freight）；

（11）承运人或者其代表的签字（signature of the carrier or of a person acting on his behalf）。

海运提单样本见表 3-15。

表 3-15 海运提单样本

<table>
<tr><td colspan="4">1. Shipper（托运人）</td><td colspan="5" rowspan="4">B/L NO.
COSCO
中国远洋运输(集团)总公司
China Ocean Shipping(Group)CO.</td></tr>
<tr><td colspan="4">2. Consignee(收货人)</td></tr>
<tr><td colspan="4">3. Notify Party(通知人)</td></tr>
<tr><td colspan="2">4. PR-Carriage by
(前程运输)</td><td colspan="2">5. Place of Receipt
(收货地)</td></tr>
<tr><td colspan="2">6. Ocean Vessel VOY. NO.
(船名及航次)</td><td colspan="2">7. Port of Loading
(装货港)</td><td colspan="5">Original
Combined Transport Bill of Lading</td></tr>
<tr><td colspan="2">8. Port of Discharge
(卸货港)</td><td colspan="2">9. Place of Delivery
(交货地)</td><td colspan="5">10. Final Destination for the Merchant's Reference
(目的地)</td></tr>
<tr><td>11. Marks
(唛头)</td><td colspan="2">12. NOS. & Kinds of Pkgs
(包装种类和数量)</td><td colspan="3">13. Description of Goods
(货物名称)</td><td colspan="2">14. G. W. (KG)
(毛重)</td><td>15. Meas(m^3)
(体积)</td></tr>
<tr><td colspan="9">16. Total Number of Containers or Packages(in Words)(总件数)</td></tr>
<tr><td>17. Freight & Charges
(运费)</td><td colspan="2">Revenue Tons
(运费吨)</td><td colspan="2">Rate
(运费率)</td><td>Per
(计费单位)</td><td>Prepaid
(运费预付)</td><td colspan="2">Collect
(运费到付)</td></tr>
<tr><td>Prepaid at
(预付地点)</td><td colspan="2">Payable at
(到付地点)</td><td colspan="6">18. Place and Date of Issue
(出单地点和时间)</td></tr>
<tr><td>Total Prepaid
(预付总金额)</td><td colspan="2">19. Number of Original B(S) L(正本提单的份数)</td><td colspan="6" rowspan="2">22. Signed for the Carrier
(承运人签章)
中国远洋运输(集团)总公司
China Ocean Shipping(Group)CO.
×××</td></tr>
<tr><td>20. Date
(装船日期)</td><td colspan="2">21. Loading on Board the Vessel by(船名)</td></tr>
</table>

4. **装货清单**（loading list，简称 L/L）

装货清单是指船公司或其代理人根据装货单留底联，将全船待装货物按目的港和货物性质归类，依航次靠港顺序排列编制的装货单的汇总单（通常由船代编制）。

（1）装货清单的格式与内容　内容包括：装货单号码、货名、件数及包装、毛重、估计立方米及特种货物对运输的要求或注意事项的说明等。

（2）装货清单的作用　装货清单是船舶大副编制船舶积载图（stowage plan）的主要依据；装货清单是现场理货人员进行理货；装货清单是港方安排驳运、进出库场，以及掌握托运人备货及货物集中等情况的业务单据。

5. **载货清单**（manifest，简称 M/F）

装货清单又称舱单，是在货物装船完毕后，根据大副收据或提单编制的一份按卸货港顺序逐票列明全船实际载运货物的汇总清单。

（1）载货清单的格式与内容　载货清单的内容除应逐票列明货物的详细情况，包括提单号、标志和号数、货名、件数及包装、重量、尺码外，还应列明货物的装货港和卸货港。在单据的上方还记有装运船舶的船名及船长名、开船日期等内容。

（2）载货清单的作用　载货清单是国际航运实务中一份非常重要的通用单证。

载货清单是海关对载货船舶进出国境进行监督管理的单证，船舶办理进出口报关手续时，必须提交载货清单。若船载货物在载货清单上没有列明，海关有权依据海关法进行处理。

在我国，载货清单是出口企业向海关申办货物出口退税手续的一个重要单证。

载货清单还是港方及理货机构安排卸货的单证之一。

6. **货物积载图**（largo stowage plan，简称 S/P）

货物积载图是以图示的形式来表示货物在船舱内的装载情况，使每一票货物都形象具体地显示其在船舶内的位置。可分为以下两种。

（1）计划积载图　又称货物积载计划。由大副依据装货清单编制。它的作用是供港口和装卸公司、理货人员等有关方按计划要求安排装船作业。

（2）实际积载图　由理货长根据货物实际装船位置绘制。

作用：是船舶运输途中保管货物所必需的资料，同时也是船抵目的港时安排卸货作业和进行现场理货的主要依据。

7. **危险货物清单**（dangerous cargo list，简称 DCL）

危险货物清单是专门列出船舶所载运全部危险货物的汇总清单。

为确保船舶、货物、港口及装卸、运输的安全，包括我国在内的世界上很多国家的港口都规定，凡船舶载运危险货物的都必须另行单独编制危险货物清单。该单常用具有警示性的颜色并附加特别标志制成，以便于识别。

除上述主要单证外，为了提高运输效率和效益，在实务中还会使用其他一些单证，如重大件清单（heavy and lengthy cargo list）、剩余舱位报告（space report）、积载检验报告（stowage survey report）等。

（二）在卸货港编制使用的单证

1. **货物残损单**（broken&damaged cargo list）

货物残损单是指卸货完毕后，理货员根据卸货过程中发现的货物破损、水湿、水渍、渗漏、霉烂、生锈、弯曲变形等情况记录编制的，证明货物残损情况的单据。货物残损单必须经船方签字确认。

2. **货物溢短单**（overlanded&shortlanded list）

货物溢短单是指一票货物所卸下的数量与载货清单上所记载的不符，发生溢卸或短卸的证明单据。该单证由理货员编制，并且必须经船方和有关方如收货人及仓库等共同签字确认。

以上两种单据均由理货员编制，并且必须由船长或大副签认才能有效。通常是收货人向船公司提出货损赔偿要求的证明材料，也是船公司处理收货人索赔要求的原始依据。

3. **提货单**（delivery order，简称 D/O）

提货单亦称小提单，是收货人凭以向现场（码头仓库或船边）提取货物的凭证。其内容包括船名、货名、件数、数量、包装、标志、提单号、收货人名称等。

通常由船代签发，作为提货凭证。收货人在目的港须以正本提单向船代换取提货单，凭以提货。与 B/L 不同在于：不是物权凭证，不可流通。

如图 3-8 所示是提货单样本。

连云港菲华国际船舶代理有限公司

PHILHUA SHIPPING AGENCY（LIANYUGANG）CO.，LTD.

地址：连云港市海棠北路 188 号大陆桥国际商务大厦 B510

Address：Unit B510，Land Bridge International Business Building，188 Haitang Road North，Lianyungang

TEL：0086-518-85428018 FAX：0086-518-85428028

E-mail：agency@philhua.com

提 货 单

Delivery Order

制单日期 ：MAR. 5，2009

收货人或代理人(中文)：				地址/电话：		
				开户行/账号：		
船名：	航次：	呼号：		到港日期：		
提单号：	起运港：	卸货条款：		停靠泊位：		货物存放库(场)：
标志或唛头	货 名	件 数	包装	重量/kg	体积/m^3	备注：中文港名
收货人(代理)签收处：						

船代公司声明：

(1) 本提货单中有关船、货内容按照提单的相关显示填制；

(2) 若船舶卸货于货主码头或类似的监督点，本提货单不作为放货指示，仅供报关使用；

(3) 请港务公司核查本提货单内容，如发现错误之处，请及时反馈，否则本公司不承担由此生产的责任和损失；

(4) 本提货单仅为向承运或承运人委托的雇佣人，或替承运人保管货物订立合同的人提货的凭证，不得买卖转让；

(5) 在本提货单项下，承运人、代理人和雇佣人的任何行为均应被视为代表承运人的行为，均应享受承运人享有的免责、责任限制和其他任何抗辩理由；

(6) 货物不按时提取造成的损失、费用自负。

船代盖章： 签发人：

图 3-8 提货单样本

二、集装箱货运单证

国际海上集装箱班轮运输中也需要使用载货清单（舱单）、积载图和相应的理货单证。以下单证是在货运代理实践中，国际货运代理人经常要使用的单证。

1. 集装箱货物托运单（“场站收据”联单）

现代海上班轮运输以集装箱运输为主（件杂货运输占极小比重），为简化手续即以场站收据（Dock Receipt，简称 D/R）作为集装箱货物的托运单。“场站收据”联单现在通常是由国际货运代理企业缮制送交船公司或其代理人订舱，因此，托运单也就相当于订舱单。

我国在 1990 年开始进行集装箱多式联运工业性试验，简称“集装箱工试”。该项工业性试验虽已结束，但其中的三大单证的原理一直使用至今。三大单证是：出口时使用的“场站收据”联单、进口时使用的“交货记录”联单和进出口时都要使用的“设备交接单”联单。

现以在上海口岸进行的“集装箱工试”的“场站收据”联单为例，介绍其各联的设计和用途。

第一联：货主留底（早先托运单由货主缮制后将此联留存，故列第一联）；

第二联：船代留底；

第三联：运费通知（1）；

第四联：运费通知（2）；

第五联：装货单（shipping order）；

第五联：（附页）缴纳出口货物港务申请书（由港区核算应收之港务费用）；

第六联：（浅红色）场站收据副本大副联；

第七联：（黄色）场站收据（dock receipt）正本；

第八联：货代留底；

第九联：配舱回单（1）；

第十联：配舱回单（2）。

以上一套十张，船公司或其代理接受订舱后在托运单上加填船名、航次及编号（此编号俗称关单号，与该批货物的提单号上基本保持一致），并在第五联装货单上盖章，表示确认订舱，然后将第二至第四联留存，第五联以下全部退还货代公司。

货代将第五联、第五联附页、第六联、第七联共四联拆下，作为报关单证之用，第九联或第十联交托运人（货主）做配舱回执，其余供内部各环节使用。

集装箱货物托运联单虽有十联之多，但其核心单据则为第五、第六、第七联。第五联是装货单，盖有船公司或其代理人的图章，是船公司发给船上负责人员和集装箱装卸作业区接受装货的指令，报关时海关查核后在此联盖放行章，船方（集装箱装卸作业区）凭以收货装船。第六联供港区在货物装船前交外轮理货公司，当货物装船时与船上大副交接。第七联场站收据俗称黄联（黄色纸张，便于辨认），在货物装上船以后由船上大副签字（通常由集装箱码头堆场签章），退回船公司或其代理人，据以签发提单。

集装箱货物托运单见表 3-16。

2. 集装箱预配清单

集装箱预配清单是船公司为出口集装箱运输管理需要而设计的一种单据，该清单格式及内容，各船公司大致相同，一般有提单号、船名、航次、货名、件数、毛重、尺码、目的港、集装箱类型、尺寸和数量、装箱地点等。货运代理人在订舱时或一批一单，或数批分行列载于一单，按订舱单内容缮制后随同订舱单据送船公司或其代理人，船公司配载后将该清单发给空箱堆存点，据以核发设备交接单及空箱之用。

表 3-16 集装箱货物托运单

<table>
<tr><td colspan="3">Shipper(发货人)</td><td colspan="3">D/R No.(编号)</td></tr>
<tr><td colspan="3">Consignee(受货人)</td><td colspan="3" rowspan="2">集装箱货物托运单</td></tr>
<tr><td colspan="3">Notify Party(通知人)</td></tr>
<tr><td colspan="3">Pre-carriage by(前程运输)</td><td colspan="3">Place of Receipt(收货地点)</td></tr>
<tr><td colspan="2">Ocean Vessel(船名)Port of</td><td colspan="2">Voy No.(航次)</td><td colspan="2">Loading(装货港)</td></tr>
<tr><td colspan="2">Port of Discharge(卸货港)</td><td colspan="2">Place of Delivery(交货地点)</td><td colspan="2">Final Destination(目的地)</td></tr>
<tr><td>Container No.
(集装箱号)</td><td>Seal No.(封志号)
Marks & No.
(标记与号码)</td><td>No. of Containers or Pkgs,(箱数或件数)</td><td>Kind of Pkgs; Description of Goods
(包装种类与货名)</td><td>Gross Weight
(毛重/kg)</td><td>Measurement(尺码/m^3)</td></tr>
<tr><td colspan="6">Total Number of Containers or Packages(in Words)集装箱数或件数合计(大写)</td></tr>
<tr><td>Freight & Charges
(运费)</td><td>Revenue Tons
(运费吨)</td><td>Rate(运费率)</td><td>Per(每)</td><td>Prepaid
(运费预付)</td><td>Collect
(运费到付)</td></tr>
<tr><td rowspan="2">Ex tate
(兑换率)</td><td colspan="2">Prepaid at(预付地点)</td><td>Payable at(到付地点)</td><td colspan="2">Place of Issue(签发地点)</td></tr>
<tr><td colspan="3">Total Prepaid(预付总额)</td><td colspan="2">No. of Original B(S)/L(正本提单份数)</td></tr>
<tr><td colspan="2">Service Type on Receiving
□—CY □—CFS
□—DOOR</td><td colspan="2">Service Type on Delivery
□—CY □—CFS
□—DOOR</td><td>Reefer-Temperature Required(冷藏温度)</td><td>F   C</td></tr>
<tr><td rowspan="2">Type
of Goods
(种类)</td><td colspan="3">□Ordinary,□Reefer,□Dangerous,□Auto.
(普通) (冷藏) (危险品) (裸装车辆)</td><td rowspan="2">危险品</td><td rowspan="2">Class:
Property:
IMDG Code Page:
UN No.</td></tr>
<tr><td colspan="3">□Liquid,□Live Animal,□Bulk
(液体) (活动物) (散货)</td></tr>
<tr><td colspan="3">可否转船</td><td colspan="3">可否分批</td></tr>
<tr><td colspan="3">装期</td><td colspan="3">有效期</td></tr>
<tr><td colspan="6">金额</td></tr>
<tr><td colspan="6">制单日期</td></tr>
</table>

3. 集装箱发放/设备交接单

集装箱发放/设备交接单（equipment interchange receipt，简称 EIR）是集装箱进出港区、场站时，用箱人、运箱人与管箱人或其代理人之间交接集装箱及设备的凭证，兼有发放集装箱的凭证功能，所以它既是一种交接凭证，又是一种发放凭证，对集装箱运输特别是对箱务管理起着巨大作用。它在日常业务中被简称为“设备交接单”，是出口、进口集装箱运输中都需要使用的单证。

设备交接单使用时，应按照有关“设备交接单”制度规定的原则进行。设备交接单制度应严格要求，做到一箱一单、箱单相符、箱单同行。用箱人、运箱人凭设备交接单进出港区、场站，到设备交接单指定的提箱地点提箱，并在规定的地点还箱。与此同时，用箱人必须在规定的日期、地点将箱子和机械设备如同交付时状态还给管箱人或其代理人，对集装箱的超期使用或租用，用箱人应支付超期使用费；对使用或租用期间发生的任何箱子及设备的灭失和损坏，用箱人应承担赔偿责任，相应费用标准也应做出明确规定。

“设备交接单”有多种用途，在集装箱货物出口运输中，它主要是货主（或货运代理人）领取空箱出场及运送重箱装船的交接凭证。

在集装箱货物运输情况下，货运代理人在向船公司或其代理人定妥舱位取得装货单后可凭其向船方领取设备交接单。设备交接单一式六联，上面三联用于出场，印有“出场 OUT”字样，第一联盖有船公司或其集装箱代理人的图章，集装箱空箱堆场凭以发箱，一、二联由堆场发箱后留存，三联由提箱人（货运代理人）留存；设备交接单的下面三联是作为进场之用的，其一、二联由送货人交付港区道口，其中第二联留港区，第一联转给船方据以掌握集装箱的去向，送货人（货运代理人）自留第三联作为存根。

设备交接单有以下内容。

(1) 交接单号码：按船公司（船代）编制的号码填列；

(2) 经办日期；

(3) 经办人：要箱单位的经办人员；

(4) 用箱人：一般为订舱的货运代理单位名称；

(5) 提箱点：空箱存放地点；

(6) 船名、航次、提单号、货物发放地点须与关单相关项目一致；

(7) 经营人：指集装箱经营人，如属船公司营运箱，则填船公司名称；

(8) 尺寸、类型：可简写，如 20/DC，意即 20ft 干货箱；

(9) 箱号：指提取空箱箱号；

(10) 用箱点：货运代理人或货主的装箱地点；

(11) 收箱点：出口装船的港口作业区；

(12) 运箱工具：集卡车号；

(13) 出场目的/状态：如提取空箱，目的是“装箱”，状态是“空箱”；

(14) 进场目的/状态：如重箱进区，目的是“装船”，状态是“重箱”；

(15) 出场日期：空箱提离堆场日期；

(16) 进场日期：重箱进入港口作业区日期。

设备交接单的下半部分是出场或进场检查记录，由用箱人（运箱人）及集装箱堆码头工作人员在双方交接空箱或重箱时验明箱体记录情况，用以分清双方责任。

空箱交接标准：箱体完好、水密、不漏光、清洁、干燥、无味，箱号及装载规范清晰；特种集装箱的机械、电气装置正常。

重箱交接标准：箱体完好、箱号清晰、封志完整无损，特种集装箱机械、电气装置运转正常，并符合出口文件记载要求。

集装箱发放/设备交接单样本见图 3-9。

4. 集装箱装箱单

集装箱装箱单（container load plan，简称 CLP）是详细记载集装箱箱内货物的名称、数量等内容的单据，每个载货集装箱都要制作这样的单据，它是根据已装进集装箱内的货物制作的。

中海集装箱运输有限公司　**OUT** 出场

CHINA SHIPPING CONTAINER LINES CO., LTD.

集装箱发放／设备交接单

EQUIPMENT INTERCHANGE RECEIPT　NO.

用箱人／运箱人(CONTAINER USER／HAULIER)			提箱地点(PLACE OF DELIVERY)
发往地点(DELIVERED TO)		返回／收箱地点(PLACE OF RETURN)	
船名／航次(VESSEL／VOYAGE NO.)	集装箱号(CONTAINER NO.)	尺寸／类型(SIZE／TYPE)	营运人(CNTR. OPTR.)
提单号(B／L NO.)	铅封号(SEAL NO.)	免费期限(FREE TIME PERIOD)	运载工具牌号(TRUCK, WAGON, BARGE NO.)
出场目的／状态(PPS OF GATE-OUT／STATUS)	进场目的／状态(PPS OF GATE-IN／STATUS)	出场日期(TIME-OUT)	
		月　日　时	

出场检查记录(INSPECTION AT THE TIME OF INTERCHANGE)

普通集装箱(GP CONTAINER)	冷藏集装箱(RF CONTAINER)	特种集装箱(SPECIAL CONTAINER)	发电机(GEN SET)
□ 正常 (SOUND) □ 异常 (DEFECTIVE)	□ 正常 (SOUND) □ 异常 (DEFECTIVE)	□ 正常 (SOUND) □ 异常 (DEFECTIVE)	□ 正常 (SOUND) □ 异常 (DEFECTIVE)

损坏记录及代号(DAMAGE & CODE)　BR 破损(BROKEN)　D 凹损(DENT)　M 丢失(MISSING)　DR 污箱(DIRTY)　DL 危标(DG LABEL)

左侧(LEFT SIDE)　右侧(RIGHT SIDE)　前部(FRONT)　集装箱内部(CONTAINER INSIDE)

顶部(TOP)　底部(FLOOR BASE)　箱门(REAR)

如有异状，请注明程度及尺寸(REMARK).

(1)船务公司留底

除列明者外，集装箱及集装箱设备交接时完好无损，铅封完整无误。

THE CONTAINER／ASSOCIATED EQUIPMENT INTERCHANGED IN SOUND CONDITION AND SEAL INTACT UNLESS OTHERWISE STATED.

用箱人／运箱人签署　(CONTAINER USER／HAULIER'S SIGNATURE)

码头／堆场值班员签署　(TERMINAL／DEPOT CLERK'S SIGNATURE)

图 3-9　集装箱发放/设备交接单样本

不论是由发货人自己装箱，还是由集装箱货运站负责装箱，负责装箱的人都要制作装箱单。集装箱装箱单是详细记载每一个集装箱内所装货物详细情况的唯一单据，所以在以集装箱为单位进行运输时，是一张极其重要的单据。

集装箱装箱单的主要作用是：作为发货人、集装箱货运站与集装箱码头堆场之间货物的交接单证；作为向船方通知集装箱内所装货物的明细表；单据上所记载的货物与集装箱的总重量是计算船舶吃水差、稳性的基本数据；在卸货地点是办理集装箱保税运输的单据之一；当发生货损时，是处理索赔事故的原始单据之一；卸货港集装箱货运站安排拆箱、理货的单据之一。

目前各港口使用的装箱单大同小异，上海港使用的集装箱装箱单一式五联，由装箱人（仓库、供货工厂）或集装站（CFS）于装箱时缮制，其中一联由装箱人留存，四联随箱送装运港区，供港区编制集装箱船舱位配置计划和船公司或其代理缮制提单等参考。

集装箱记载事项必须与场站收据和报关单据上的相应事项保持一致，否则会引发不良后果。例如：装货港错打与场站收据不符，港区有可能不予配装，造成退关；也有可能配舱错位，以致到达卸货港时无法从错置的仓架上把集装箱卸下；又如装箱单重量或尺码与报关单或发票不符，船公司按集装箱单重量或尺码缮制提单、舱单，出口单位结汇时发生单、单不一致，不能结汇，此种情况，屡见不鲜，主要原因在于发货人应加强注意。所装货物如品种不同必须按箱子前部（front）到箱门（door）的先后顺序填写。

集装箱装箱单见图 3-10。

5. 提单

与杂货班轮运输的提单内容基本一致。

6. 集装箱货物提货单（“交货记录”联单）

根据“集装箱工试”在上海的试验成果，在集装箱轮班运输中普遍采用“交货记录”联单以代替件杂货运输中使用的“提货单”。“交货记录”的性质实际上与“提货单”一样，仅仅是在其组成和流转过程方面有所不同。

“交货记录”标准格式一套共五联：①到货通知书；②提货单；③费用账单；④费用账单；⑤交货记录。其流转程序为：

① 船舶代理人在收到进口货物单证资料后，通常会向收货人或通知人发出“收货通知书”。

② 收货人或其代理人在收到“到货通知书”后，凭海运正本提单（背书）向船舶代理人换取“提货单”及场站、港区的“费用账单”联、“交货记录”联等四联。“提货单”经船代盖章方始有效。

③ 收货人或其代理人持“提货单”在海关规定的期限内备妥报关资料，向海关申报。海关验放后在“提货单”的规定栏目内盖放行章。收货人或其代理人还要办理其他有关手续的，亦应办妥手续，取得有关单位盖章放行。

④ 收货人及其代理人凭已盖章放行的“提货单”及“费用账单”和“交货记录”联向场站或港区的营业所办理申请提货作业计划，港区或场站营业所核对船代“提货单”是否有效及有关放行章后，将“提货单”“费用账单”联留下，作放货、结算费用及收费用依据。在第五联“交货记录”联上盖章，以示确认手续完备，受理作业申请，安排提货作业计划，并同意放货。

集装箱货物提货单见图 3-11。

装　　箱　　单
CONTAINER LOAD PLAN

集装箱号 Container No.	集装箱规格 Type of Container： 20 40
铅封号 Seal No.	冷藏温度 Reefer. temp. Required °F °C

船名 Ocean Vessel　航次 Vcy. No.	收货地点 Place of Receipt □—场 CY □—站 CFS □—门 Door	装货港 Port of Loading	卸货港 Port of Discharging	交货地点 Place of Delivery □—场 CY □—站 CFS □—门 Door

箱主 Owner	提单号码 B/L No.	1. 发货人 Shipper　2. 收货人 Consignee　3. 通知人 Notify	标志和号码 Marks & Numbers	件数及包装种类 No. & Kind of Pkgs.	货名 Description of Goods	重量(公斤) Weight kgs.	尺码(立方米) Measurement Cu. M.
		底 Front 门 Door					
					总件数 Total Number of Packages 重量及尺码总计 Total Weight & Measurement		
危险品要注明危险品标志分类及闪点 In case of dangerous goods, please enter the label classification and flash point of the goods.	重新铅封号 New Seal No.	开封原因 Reason for breaking seat		装箱日期 Date of vanning:…… 装箱地点 at:…… (地点及国名 Place & Country)			皮重 Tare Weight
	出口 Export	驾驶员签收 Received by Drayman	堆场签收 Received by CY	装箱人 Packed by: 发货人 货运站 (Shipper/CFS)			总毛重 Gross Weight
	进口 Import	驾驶员签收 Received by Drayman	货运站签收 Received by CFS	……(签署) Signed		发货人或货运站留存 1. SHIPPER/CFS (1)一式十份 此栏每份不同	

图 3-10　集装箱装箱单

青岛中远集装箱船务代理有限公司

Cosco Qingdao Container Shipping Agency CO.，LTD.

提货单

Delivery Order

____ 地区、场站

收货人/通知方：Same as Consignee

To Order of Qingdao Matsuda

____年____月____日

船名 UMEKO	航次 0084W	起运港　神户	目的港　青岛
提单号 COSU7200700773	交付条款 CFS-CFS	到付海运费	合同号
卸货地点	到达日期 23/03/2011	进库场日期	第一程运输
货名	Material of Switch	集装箱号/铅封号	
集装箱数	1×20′	CBHU00164290	101462
件数	10 packages		
重量	232.00kg		
体积	4.03m³		
标志			
CF20130GF QMCOM PSW0300 C/NO. 1-10			
请核对放货 凡属法定检验、检疫的进口商品，必须向有关监督机构申报。		青岛中远集装箱船务代理有限公司	
收货人章	海关章		

图 3-11　集装箱货物提货单

【课后学习】在国际海运货运代理操作环节，除了货运单证，还涉及其他环节的各种商务单证。例如，商业发票、装箱单、产地证、商检证书、报关单、投保单和保险单、汇票等，本章不作重点介绍，学生通过课外学习，掌握各种单证的含义和填制方法。

工作任务单：国际海运货运代理操作模拟

一、背景资料

浙江宁波××紧固件公司出口螺栓、螺母、垫片一批，该公司委托浙江××国际货运代理公司完成该批货物的出口订舱、报检报关、保险代理、货物集港等手续。

请模拟国际货运代理公司操作人员，完成承运人选择、托运单的制作、订舱、报关报检、保险办理、货物装箱集港、提单制作等事宜。按照国际海运货运代理出口操作流程完成模拟工作任务。

销售合同、商业发票和装箱单如下：

<table>
<tr><td colspan="6">××紧固件(宁波)有限公司</td></tr>
<tr><td colspan="6">××Fasteners(Ningbo)CO.,LTD</td></tr>
<tr><td colspan="6">Julong West Road,Binhai 3RD Avenue,Hangzhouwan New Zone,Ningbo Zhejiang China</td></tr>
<tr><td colspan="6">销售合同</td></tr>
<tr><td colspan="6">Sales Contract</td></tr>
<tr><td>To:</td><td colspan="5">AL-Yamamah electric power towers factory</td></tr>
<tr><td>From:</td><td colspan="2">Ningbo,China</td><td colspan="3">S/C NO.:IS2016JD012</td></tr>
<tr><td>To:</td><td>Jeddah</td><td>Date:</td><td colspan="3">11/Jul/16</td></tr>
<tr><td>Shipping Marks</td><td>Descriptions</td><td>Quantity</td><td>Quantity</td><td>Unit Price</td><td>Amount(USD)</td></tr>
<tr><td rowspan="2">Al Yamamah electric power towers factory.
Phone +966 12 637 1515
Jeddah-Saudi Arabia.
L/C NO.:IM155999RYD
Bundle/Pack NO.
Item Description.
Made in China</td><td></td><td></td><td>PCS</td><td>USD/kg</td><td>CIF JEDDAH</td></tr>
<tr><td>Bolts
Nuts
Washers
82 wooden boxes</td><td>15000.00KGS
23000.00KGS
35300.00KGS</td><td>75515
1906092
1798712</td><td>$0.8859
$1.5640
$1.1898</td><td>$13,288.35
$35,972.35
$42,000.12</td></tr>
<tr><td></td><td>TOTAL:</td><td>73300.00KGS</td><td>3780319</td><td></td><td>US$91,260.81</td></tr>
<tr><td>1. Price Term :</td><td colspan="3">CIFJEDDAH</td><td></td><td></td></tr>
<tr><td>2. Shipment :</td><td colspan="3">Within 30 days from order confirmation</td><td></td><td></td></tr>
<tr><td>3. Payment:</td><td colspan="3">70% L/C at sight & 30% after 30 days from the delivery date</td><td></td><td></td></tr>
<tr><td>4. Packing:</td><td colspan="3">-PP bag with wooden box</td><td></td><td></td></tr>
<tr><td>5. Qty Tolerance:</td><td>−5%,+5%</td><td></td><td></td><td></td><td></td></tr>
<tr><td>6. Destination:</td><td>Jeddah</td><td></td><td></td><td></td><td></td></tr>
<tr><td colspan="2">Buyer:AL-Yamamah electric power towers factory</td><td colspan="3">Seller:</td><td>Lishan fasteners (Ningbo)CO.,LTD</td></tr>
</table>

<table>
<tr><td colspan="6">××紧固件(宁波)有限公司</td></tr>
<tr><td colspan="6">×× Fasteners(Ningbo)CO.,LTD</td></tr>
<tr><td colspan="6">Julong West Road,Binhai 3RD Avenue,Hangzhouwan New Zone,Ningbo Zhejiang China</td></tr>
<tr><td colspan="6">发票</td></tr>
<tr><td colspan="6">Invoice</td></tr>
<tr><td>To:</td><td colspan="5">AL-Yamamah electric power towers factory</td></tr>
<tr><td>起运港</td><td colspan="2">Ningbo,China</td><td colspan="3">Invoice No.:IS2016JD012</td></tr>
<tr><td>目的港:</td><td colspan="2">Jeddah</td><td colspan="2">Date:</td><td>11/Jul/16</td></tr>
<tr><td>唛头</td><td>货名</td><td>数量</td><td>件数</td><td>单价</td><td>总价</td></tr>
<tr><td>Shipping Marks</td><td>Descriptions</td><td>Qty (N. W.)
KGS</td><td>Quantity
PCS</td><td>Unit</td><td>Amount</td></tr>
<tr><td></td><td></td><td></td><td></td><td></td><td>CIF Jeddah</td></tr>
<tr><td>Al Yamamah electric power towers factory.
Phone +966 12 637 1515
Jeddah-Saudi Arabia.
L/C NO.:IM155999RYD
Bundle/Pack NO.
Item description.
Made in China</td><td>Bolts
Nuts
Washers
82 wooden boxes</td><td>15000
23000
35300</td><td>75515
1906092
1798712</td><td>$0.8859
$1.5640
$1.1898</td><td>13288.35
35972.35
42000.12</td></tr>
<tr><td>Total</td><td></td><td>73300.00KGS</td><td>3780319PCS</td><td></td><td>$91,260.81</td></tr>
</table>

××紧固件(宁波)有限公司						
××Fasteners(Ningbo)CO.,LTD						
Julong West Road,Binhai 3RD Avenue,Hangzhouwan New Zone,Ningbo Zhejiang China						
装箱单						
Packing List						
To:	AL-Yamamah electric power towers factory					
起运港:	Ningbo,China			Invoice No.:IS2016JD012		
目的港:	Jeddah			Date:11/Jul/16		
唛头	货名	数量	毛重	件数	净重	体积
Shipping Marks	Descriptions	Wooden boxes	G. W (KGS)	Quantity (PCS)	N. W (KGS)	Measurement (CBM)
AL Yamamahelectric power towers factory. Phone+966 12 637 1515 Jeddah-Saudi Arabia. L/C NO.:IM155999RYD Bundle/Pack NO. Item description. Made in China	82 wooden boxes					
	Bolts	16	15400	75,515	15,000	10.0
	Nuts	33	23700	1,906,092	23,000	20.5
	Washers	33	35900	1,798,712	35,300	20.5
Total:		82 wooden boxes	75000.00 KGS	3780319	73300.00 KGS	51.00 CBM

二、操作步骤

1. 资讯阶段

(1) 学习了解国际货运代理操作流程和各操作环节需要的单证。

(2) 搜集各种单证的样本和填制规范,(可百度或由教师提供课程资源,本书有配套资源,教师可下载)。

(3) 阅读背景资料信息,查阅网站,搜集船公司和货代公司资料。完成表 3-17。

表 3-17 国际货代业务综合实训——海运出口

托运人(出口商)信息	
企业名称	
地址	
联系方式	
国际货运代理企业信息	
企业名称	
地址	
联系方式	
企业性质	
主营产品	
企业基本情况	
承运人(船公司)信息	
企业名称	
地址	
联系方式	
企业性质	
主营产品	
企业基本情况	
交易商品信息	
中文名称	
英文名称	
商品规格	
数量	

2. 计划阶段和决策阶段

（1）以 4～6 人小组为单位进行操作。

（2）搜集资料，将各个环节操作流程、内容和工作要点填入下表，完成工作计划表（见表 3-18）。

表 3-18 工作计划表

序号	工作名称	工作内容	工作要点	责任人

三、实施阶段

（1）描述海运出口货运代理主要工作流程。

（2）完成填制托运书的主要内容、描述订舱的步骤和注意事项、做箱操作技巧或操作注意事项、报检报关操作分析、保险办理分析、提单确认等环节的注意事项，完成表 3-19～表 3-26 内容。

（3）制作海运出口所涉及的各环节单证：商业发票、装箱单、托运单、报检单、产地证、报关单、投保单、保险单、设备交接单、集装箱装箱单、提单等。

（4）分组完成角色扮演和情境模拟，组员分别扮演不同主体，演示国际海运货运代理操作的整个过程。要求着正装，准备充分，单据齐全，表达规范，并布置好模拟现场。

（一）托书或出口货物明细表分析

表 3-19 托书或出口货物明细表分析

条款	内容	操作分析
CONSIGNEE 抬头人		
通知人 NOTIFY PARTY		
船期		
装货港		
目的港		
可否转运		
可否分批		
标记唛码 MARKS		
货名和数量		
件数及包装		
毛重 KGS		
体积		
委托注意事项		
箱型、箱量		
配舱要求		
付费条款		
做箱要求		
托书制作或审核技巧总结：		

（二）订舱操作技巧或注意事项分析

表 3-20　订舱操作技巧或注意事项分析

（三）装箱操作技巧或操作注意事项

表 3-21　装箱操作技巧或操作注意事项

集卡车队基本信息				
验箱操作分析				
装箱方式	门到门( )	内装箱( )	自拉自送( )	其他()
时间				
地点				
当事人				
操作技巧或注意事项：				

（四）报检、报关操作分析

表 3-22　报检、报关操作分析

1. 报检操作分析	
时间要求	
单证要求	
操作技巧或注意事项：	
2. 报关操作分析	
时间要求	
单证要求	
操作技巧或注意事项：	

（五）提单确认操作分析

表 3-23　提单确认操作分析

时间要求	
操作过程分析	
提单功能分析	
操作技巧或注意事项：	

（六）保险办理分析

表 3-24　保险办理分析

时间要求	
单证要求	
操作技巧或注意事项：	

（七）签发提单

表 3-25 签发提单

时间要求	
1. 签发电放提单操作分析	
“电放”函电分析	内容
“电放”在提单上的标识	
“电放”提单风险分析	
操作技巧或注意事项：	
2. 签发正本提单操作分析	
签发份数要求	
背书操作	
签发倒签提单风险分析	
提单提货操作分析	
提单更改操作分析	
提单遗失操作分析	
操作技巧或注意事项：	

（八）交单及运费结算分析

表 3-26 交单及运费结算分析

信用证结汇方式下交单操作(单据种类及要求)	
运费结算分析(运费的标准和计算)	

四、检查与评估阶段

将工作任务评价填入表 3-27。

表 3-27 工作任务评价表

能力		自评（10%）	小组互评（30%）	教师评价（60%）	合计
专业能力（60分）	1. 流程描述的正确性流程图绘制规范(10分)				
	2. 船公司选择合理，订舱信息填写正确(10分)				
	3. 集装箱装箱操作合理，CLP 和设备交接单填制规范(10分)				
	4. 报检和报关和保险办理规范、合理；商业发票、装箱单、报检单、报关单、投保单和保险单等填制规范(10分)				
	5. 提单制作正确(10分)				
	6. 运费计算合理(10分)				
方法能力（40分）	1. 信息处理能力(10分)				
	2. 表达能力(10分)				
	3. 创新能力(10分)				
	4. 团体协作能力(10分)				
综合评分					

一、单项选择题

1. 使用海运单的风险是（　　）。

A. 承运人易遭受无单放货的指责或索赔

B. 收货人没有正本海运单而提货困难

C. 托运人可能在将货装船出运后难以收回货款，造成钱货两空

D. A 和 B 和 C

2. （　　）在海上货物运输实践中也被称为“下货纸”。

A. 提单　　B. 装货单　　C. 收货单　　D. 提货单

3. 在订舱后，货运代理人通常应提出集装箱的申请，船方会给予安排并发放（　　）。凭该单，货运代理人就可安排提取所需的集装箱。

A. 提单　　B. 装货单　　C. 集装箱设备交接单　　D. 集装箱装箱单

4. 集装箱码头堆场在验收货箱后，即在（　　）上签字，并将签署的该单证交还给货运代理人或发货人。

A. 提单　　B. 场站收据　　C. 提货单　　D. 装货单

5. 提单收货人栏记载：“to the holder.”这表明（　　）。

A. 该提单是记名提单　　B. 该提单是不记名提单

C. 收货人是“to the holder.”公司　　D. A 和 C

6. 托运人托运五个箱子的货物，船舶代理人签发了“装货单号”s/0 N0. SY-001，货物装船后，托运人要求承运人的代理人分别为五个箱子的货物签发提单，结果签发了五套提单。这样的提单称为（　　）。

A. house B/L　　B. omnibus B/L　　C. separate B/L　　D. switch B/L

二、判断题

1. 在货主委托货运代理时，会有一份货运代理委托书。在订有长期货运代理合同时，可能会用货物明细表等单证代替委托书。（　　）

2. 过期提单是收货人在船舶到港后才收到的提单。（　　）

3. 提单的空白背书，是指在提单背面不作任何背书。（　　）

4. 定期租船是指由船舶出租人向承租人提供约定的由出租人配备船员的船舶，由承租人在约定的时间内按照约定的用途使用，并支付租金的一种租船方式。这种租船方式以约定的使用期限为船舶租期，而不以完成航行次数多少计算，租期的长短完全由船舶出租人和承租人根据实际需要约定。（　　）

5. 特殊货物如散装油料、冷藏货及鲜货、活货的订舱，应在进口订舱联系单上列明具体货运温度等要求。（　　）

6. 所有进口货物都须先完成卸货地订舱手续。（　　）

三、计算题

我国某出口商委托国际货运代理人出运一票货物，共装 10 个 20ft 集装箱（TEU）。假设从国内某港口到国外某港口的基本费率是 1600USD/TEU，PSS 是 150/TEU，CAF 是 100USD/TEU。

计算：1. 托运人应支付多少运费？

2. 如果该出口商要求货运代理人报"all in rate"，那么"all in rate"是多少？

3. 如果该出口商要求货运代理人报"all in freight"，那么托运人应支付多少运费？

四、操作题

以下船期表向我们传递了哪些信息？

Maersk Sealand Shipping Schedule

1ST	ETD	ETA	ETA	ETA
Vessel/Voyage	Xiamen	HKG	Vancouver	Anchorage
Lykes eagle V. 053E	03-12-05	03-13-05	03-26-05	OMIT
TMM Tabasco V. 041E	03-16-05	03-17-05	03-30-05	04-03-05
Canmar Dynasty V. 020E	03-23-05	03-26-05	04-08-05	Omit
Lykes voyager V. 040E	03-30-05	03-31-05	04-13-05	04-19-05
Canmar promise V. 020E	04-06-05	04-07-05	04-20-05	OMIT

* * Last Asia port：Tokyo

FM Vancouver To Montreal ：6 days

Toronto：6 days

Booking closing ：MON 12：00

CY Closing：TUE 16：00

Customs DOC Submit Closing：TUE 17：00

Customs release Cutoff：WED 12：00

Sailing time：THU 11：00

AMS Cut off：MON 20：00

For booking and shipping instruction，you can choose edi or our web service. Our website address：www.maersksealand.com

Our shipping instruction receiving fax No. ：0086-592-2261850（for BL sample only）

Above service/schedule subject to our notice if any change.

学习情境四
国际航空货运代理操作

学习目标

知识目标

1. 了解主要国际航空货物运输组织；
2. 了解航空运输和时差的计算；
3. 熟悉航空货运的代码；
4. 掌握航空运输的业务流程；
5. 掌握航空运输订舱、报关报检、提装箱、签单、航班跟踪和费用结算等关键环节职业知识。

能力目标

1. 能描述航空货物运输的业务流程；
2. 能代理客户进行航空订舱，办理保险，报关报检；
3. 能进行航空运费的计算和支付，会填写航空货运单。

项目一 航空运输基础知识

一、国际航空货运组织

1. 国际民用航空组织

国际民用航空组织（International Civil Aviation Organization，简称ICAO）是政府间的国际航空机构，它是根据1944年芝加哥国际民用航空公约设立的，是联合国所属专门机构之一。我国是该组织成员，也是理事国。国际民用航空组织成立于1947年4月4日，总部设在加拿大的蒙特利尔。该组织的宗旨为发展国际航行的原则和技术，并促进国际航空运输的规划和发展。

其主要职责有：保证全世界国际民用航空安全地和有秩序地发展；鼓励为和平用途的航空器的设计和操作技术；鼓励发展国际民用航空应用的航路、机场和航行设施；满足世界人民对安全、正常、有效和经济的航空运输的需要；防止因不合理的竞争造成经济上的浪费；保证缔约各国的权利充分受到尊重，每缔约国均有经营国际空运企业的公平的机会；避免各缔约国之间的差别待遇；促进国际航行的飞行安全；普遍促进国际民用航空在各方面的发展。

2. 国际航空运输协会

国际航空运输协会（International Air Transport Association，简称IATA，以下简称国际航协）是各国航空运输企业之间的组织，其会员包括全世界一百多个国家中经营国际、国内定期航班的航空公司。中国大陆的国际航空公司、东方航空公司等13家航空公司近年来也陆续加入了国际航协。国际航协于1945年4月16日在古巴哈瓦那成立，目前下设公共关系、法律、技术、运输、财务、政府和行业事务六个部门。

其主要宗旨是：促进安全、正常和经济的航空运输以造福于世界各族人民，培植航空商业并研究与其有关的问题；为直接或间接从事国际航空运输服务的各航空运输企业提供协作的途径；与国际民航组织及其他国际组织合作。

半个多世纪以来，国际航协充分利用航空公司的专业知识在多个方面做出了重大贡献，这中间包括推动地空通信、导航、航空器安全飞行等新技术；制定机场噪声、油料排放等环境政策；与国际民航组织密切联系制定一系列国际公约；协助航空公司处理有关法律纠纷；筹建国际航空清算组织；推进行业自动化，促进交流；对发展中国家航空运输企业提供从技术咨询到人员培训的各种帮助；在航空货运方面制定空运集装箱技术说明及航空货运服务有关规章；培训国际航协代理人，等等。另外，定期召开的IATA会议还为会员提供了讨论航空运输规则、协调运价、统一单证、财务结算等问题的场所。

二、民用航空货运飞机

（一）飞机的分类

1. 按机身的宽窄分类

（1）窄体飞机（narrow-body aircraft） 窄体飞机的机身宽约3m，旅客座位之间有一个走廊，这类飞机往往只在其下货舱装运散货。

（2）宽体飞机（wide-body aircraft） 宽体飞机的机身较宽，客舱内有两条走廊，三排座椅，机身宽一般在4.72m以上，这类飞机可以装运集装箱货物和散货。

一般飞机主要分为两种舱位：主舱、下舱，但波音747分为三种舱位：上舱、主舱、下舱（图4-1）。

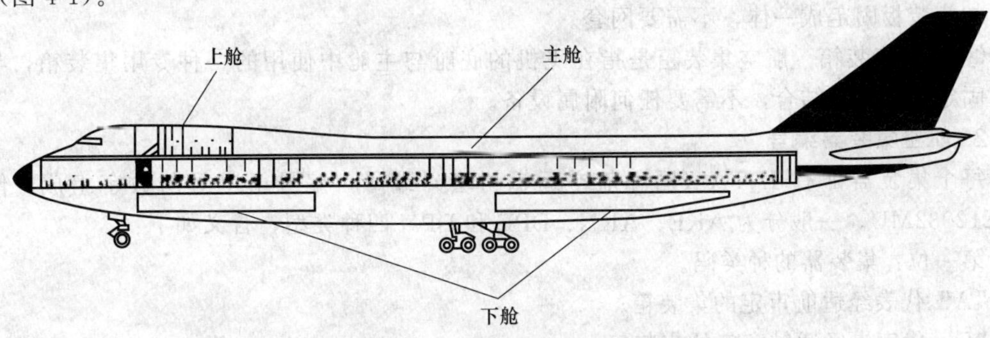

图4-1 波音747舱位结构

2. 按飞机使用用途来分类

（1）全货机　主舱及下舱全部载货。

（2）全客机　只在下舱载货。

（3）客货混用机　在主舱前部设有旅客座椅，后部可装载货物，下舱内也可以装载货物。

（二）飞机的装载限制

1. 重量限制

飞机制造商规定了每一货舱可装载货物的最大重量限额。

2. 容积限制

由于货舱内可利用的空间有限，因此，这也成为运输货物的限制条件之一。

3. 舱门限制

由于货物只能通过舱门装入货舱内，货物的尺寸必然会受到舱门的限制。

4. 地板承受力

飞机货舱内每一平方米的地板可承受一定的重量，如果超过它的承受能力，地板和飞机结构很有可能遭到破坏。

在实际操作中，可以按照公式：地板承受力＝货物的重量/地板接触面积，计算出地板承受货物实际的压强，如果超过飞机的地板承受力最大限额，应使用2～5cm厚的垫板，加大底面面积，可以按照公式：垫板面积＝货物的重量/地板承受力限额。

三、集装器

1. 集装设备的分类

（1）按注册与非注册划分

① 注册的飞机集装器　注册的飞机集装器是国家政府有关部门授权集装器生产厂家生产的，适宜于飞机安全载运的，在其使用过程中不会对飞机的内部结构造成损害的集装器。

② 非注册的飞机集装器　非注册的飞机集装器是指未经有关部门授权生产的，未取得适航证书的集装器，非注册的集装器不能看作是飞机的一部分。因为它与飞机不匹配，一般不允许装入飞机的主货舱，它仅适合于某些特定机型的特定货舱。

（2）按用途分类

① 集装板（Pallet）　集装板是具有标准尺寸的，四边带有卡销轨或网带卡锁眼，中间夹层为硬铝合金制成的平板，以使货物在其上码放。网套是靠专门的卡锁装置来固定的，用来把货物固定在集装板上。

② 集装棚　非结构式集装棚：无底、前端敞开，套到集装板及网套之间。结构式集装棚：与集装板固定成一体，不需要网套。

③ 航空集装箱　航空集装箱是指在飞机的底舱与主舱中使用的一种专用集装箱，与飞机的固定系统直接结合，不需要任何附属设备。

2. 航空集装器编号

每个集装器都有IATA（国际航空运输协会）编号，编号由字母与数字组成，例如AKE12032MU。一般分为AKE、AKN、DPE和DPN四种类型，含义如下：

第一位：集装器的种类码。

“A”代表经适航审定的集装箱；

“D”代表未经适航审定的集装箱。

第二位：底板尺寸码。

“K”代表底面尺寸为1534mm×1562mm的集装箱；

“P”代表底面尺寸为1534mm×1194mm的集装箱。

第三位：箱外形、与机舱相容性码（为适配代码）。

“E”适配于宽体机型的底舱，无叉槽；

“N”适配于宽体机型的底舱，有叉槽。

第四～七位：集装器序号码。由各航空公司对其所拥有的集装器进行编号。

第八位：校验码，为序列号除以七的余数。

最后两位：注册号码（字母表示）。一般为航空公司的IATA二字代码。

集装器的识别代号，如AKE30914CA。

A——集装器种类代码；

K——集装器底板尺寸代码；

E——标准拱外形和适配代码；

30914——集装器识别编号；

CA——集装器所属承运人。

3. 底板尺寸

底板尺寸见表4-1。

表4-1 底板尺寸

代　码	尺　寸	代　码	尺　寸
A或I(1)	88in×125in/224cm×318cm	M或Q(6)	96in×125in/244cm×318cm
G或7	96in×238.5in/244cm×606cm	Q	60.4in×96in/153cm×244cm
K或V	60.4in×61.5in/153cm×156cm	P	47in×60.4in/119cm×153cm
L	60.4in×125in/153cm×318cm		

4. 对集装器货物的限制

（1）最大载重限制　各类集装器都有最大承重限制

LD3（AVE\AKE\RKN）型最大载重1588kg，LD2（DPE）型最大载重1250kg，LD-6（DQF）最大载重2499kg，LD-8（ALF/HMJ/AMA）ALF型最大载重3175kg，HMJ型最大载重3800kg，AMA型最大可以载重6800kg。

（2）体积、尺寸限制　货物装载后的体积受货舱舱容限制；货物装载后的形状应与货舱内部形状相适应；货物装载后的尺寸受舱门尺寸限制。

舱门和收货尺寸见表4-2。

表4-2 舱门和收货尺寸　　单位：cm

机　型	舱门尺寸	收货尺寸
MD-82	135×75	125×65
A-320	120×180	110×170
B737-200	85×120	75×110
B737-300	85×120	75×110
B757-200	110×140	100×100
FK-100	75×65	65×55
TU-154	135×80	125×70
B-146	135×76	125×66

注：FK-100单件重量不超过80kg，其他散装飞机单重不超过200kg。

（3）集装器内货物限制

① 货物品名限制　危险品、活动物、贵重品、尸体不能放入集装器；

② 货物集重　货物集重不能超过集装器底板承重限制。

③ 波音系列

a. 下货舱散舱　732kg/m²；下货舱集装舱：976kg/m²；主货舱集货舱：1952kg/m²。

b. 空客系列　下货舱散舱：732kg/m²；下货舱集货舱：1050kg/m²。

5. 集装货物的基本原则

检查所有待装货物，设计货物组装方案。

一般情况下，大货、重装货在集装板上；体积较小、重量较轻的货物装在集装箱内。

在集装箱内的货物应码放紧凑，间隙越小越好。

如果集装箱内没有装满货物，即所装货物的体积不超过集装箱容积的三分之二，且单件货物重量超过150kg时，就要对货物进行捆绑固定。

特别重的货物放在下层，底部为金属的货物和底部面积较小、重量较大的货物必须使用垫板。

装在集装板上的货物要码放整齐，上下层货物之间要相互交错，骑缝码放，避免货物与货物坍塌、滑落。

装在集装板上的小件货物，要装在其他货物的中间或适当地予以固定，防止其从网套及网眼中滑落。一块集装板上装载两件或两件以上的大货时，货物之间应尽量紧邻码放，尽量减少货物之间的空隙。

探板货物组装：一般情况下不组装低探板货物。确因货物多，需充分利用舱位，且货物包装适合装低探板时，允许装低探板。但是，装低探板货物要按照标准码放，码放货物要合理牢固，网套要挂紧，必要时要用尼龙带捆绑，保证集装货物在运输过程中不发生散落或倾斜。

四、航空区划和航空运输时差

1. 航空区划

IATA是一个同业公会、行业协会；它的服务对象为航空公司；它的服务范围为航空运输业；它的任务是代表、领导和服务航空公司和航空业；它的会员主要是各大航空公司。为了制定国际空运中运价的计算规则，国际航空运输协会（IATA）把全球划分为三个大的区域，及各大区下面又细分为多个小区域（次区）。这样划分出的区域称为“国际航空运输协会运价协调区（IATA Traffic Conference Areas）”，简称IATA区域。

IATA区域和次区的概念非常重要，因为很多运价规则都是根据IATA区域给出的。IATA区域与地理上通常所说的区域并不完全一致，应特别注意。IATA区域分布如图4-2所示。

（1）IATA1区　指南美洲、北美洲（包括中美洲）大陆及其邻近的岛屿，格陵兰、百慕大、西印度群岛和加勒比海群岛以及夏威夷群岛（包括中途岛和棕榈岛）。

（2）IATA2区　指欧洲（包括俄罗斯的欧洲部分）及其邻近的岛屿，冰岛，亚速尔群岛，非洲及其邻近的岛屿，亚松森岛，以及亚洲的一部分（伊朗和伊朗往西）。

（3）IATA3区　指伊朗往东的亚洲部分（不含伊朗）及其邻近的岛屿，东印度群岛，澳大利亚，新西兰及其附近的岛屿，太平洋岛屿中除去属于IATA1区的部分。

2. 航空时差的计算

由于地球自转造成了经度不同的地区时刻不同，当飞机跨越经度时，就产生时刻上的不统一。进行时差的换算，对于安排航班，更好地进行航空运输尤为重要。

（1）理论时区和区时　1884年在华盛顿举行的国际经度会议上，确定了以平太阳时为

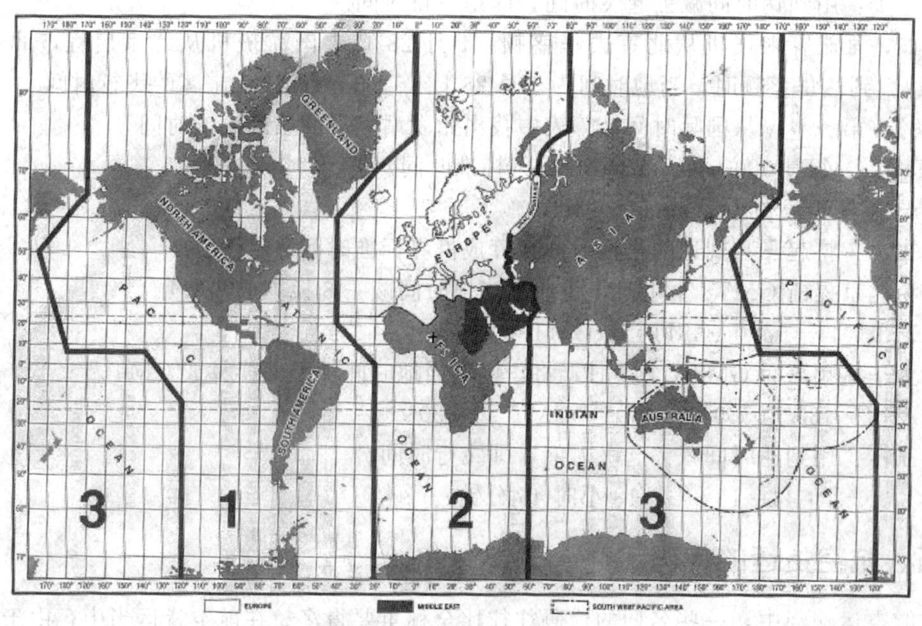

图 4-2　IATA 区域分布

基础的标准时刻度，平太阳时就是日常用的手表时间。这种标准时刻度的规定，按经度线把全球划分为 24 个标准时区。每个时区跨经度 15°。本初子午线所在的时区，叫做零时区，也叫做中央时区，简称中时区。中央时区就是中央经线，是通过格林尼治天文台原址 0°经线，0°经线向东、向西各 7.5°构成中央时区。中时区的区时被称为世界标准时；再以 180°经线为中央经线，各划出 7.5°，称为东西十二时区。

标准时刻度的确立，是时间计量上的一大飞跃。它给现代社会生产、科学研究和国际大范围频繁交往，带来了很大的方便。不过，上述区时制只是一种理论上的标准时刻度。这种理论区时制的时区，既不考虑海陆分部状况，也不考虑国家政区界线，完全是根据经线划分的。实际上，时区的划分并不完全遵照理论区时制度的规定，各国所使用的标准时刻度同理论上的标准制度是有区别的。

（2）法定时区和法定时　法定时区是各国根据本国具体情况自行规定的适用于本国的标准时区。法定时区的界限，一般不是依据经线，而是依据实际的政治疆界和社会经济发展状况来确定的。根据法定时区确定的标准时，成为法定时。法定时是目前世界各国实际使用的标准时。为了充分利用太阳光照，世界各国法定时区的标准经度，往往不是其适中经度，而是普遍向东偏高。从世界范围看，法定时区系统几乎比理论上的区时系统向东偏离一个时区。例如，法国和西班牙都位于中时区，它们所使用的法定时却是东 1 区的标准时。

在 OAG Cargo 中的航班时刻表中各个城市的时间都是当地标准时间，为了更方便地查阅与时差换算，OAG 公布了国际时间换算表，列出了各个国家当地的标准时间与世界标准时间的时间差距。

（3）飞行时间的计算　计算步骤如下。

第一步：从国际时间换算表中找出始发站和目的站的标准时间。

第二步：将起飞和到达的当地时间换算成世界标准时间（GMT）。

第三步：用到达时间减去起飞时间，即是飞行时间。

例如，某旅客乘飞机从北京去华盛顿。1 月 28 日乘国航班机从北京启程，北京时间是 9：44。到达华盛顿时，当地时间为 1 月 28 日 15：30。计算该旅客的飞行时间。

【解】 第一步：从国际时间换算表中找出始发站和目的站的标准时间。

PEK＝GMT＋0800［standard time（标准时间）］

WAS＝GMT－0500（standard time）

第二步：将起飞和到达的当地时间换算成世界标准时间（GMT）。

因为北京提前 GMT8 个小时，将北京当地时间减去 8 换算成 GMT。

PEK 9：44－0800（GMT）＝GMT 1：44

因为华盛顿落后 GMT5 个小时，将华盛顿当地时间加上 5 换算成 GMT。

WAS 15：30＋0500（GMT）＝GMT 20：30

第三步：用到达时间减去起飞时间，即飞行时间。

20：30－1：44＝18：46（18 小时 46 分钟）

五、航空货运的代码

在航空运输当中，一些名词的代码往往比全称重要得多。在航空货运当中，由于单证的大小限制、操作的方便程度等缘故，使得货运的整个流程中代码的作用非常显著，它起到简洁、节省空间、容易识别等优点，因此在这里介绍一下在航空货运当中的代码。

1. 国家代码

在航空运输中，国家的代码用两字代码表示。表 4-3 是常见国家的代码。

表 4-3 常见国家的代码

英文全称	中文全称	两字代码
China	中国	CN
United States of America	美国	US
United Kingdom	英国	GB
Germany	德国	DE
France	法国	FR
Japan	日本	JP
Korea	韩国	KR
Singapore	新加坡	SG
Canada	加拿大	CA
Australia	澳大利亚	AU

2. 城市的三字代码

城市的三字代码在航空运输中，占据着重要的位置，运输本身是在空间上点与点的位移，因此，每运一票货物都涉及城市的三字代码（表 4-4）。

表 4-4 城市的三字代码

英文全称	中文全称	三字代码
Beijng	北京	BJS
Guangzhou	广州	CAN
Shanghai	上海	SHA
Chongqing	重庆	CKG

续表

英文全称	中文全称	三字代码
Tianjin	天津	TSN
Shenzhen	深圳	SZX
Hangzhou	杭州	HGH
Kunming	昆明	KMG
Qingdao	青岛	TAO
Xiamen	厦门	XMN
Dalian	大连	DLC
London	伦敦	LON
Nagoya	名古屋	NGO
Seoul	首尔	SEL
Paris	巴黎	PAR
Chicago	芝加哥	CHI
New York	纽约	NYC
Tokyo	东京	TYO
Osaka	大阪	OSA

3. 机场的三字代码

机场通常也用三字代码表示，在一些城市，机场的三字代码同城市三字代码一样，在中国很多城市如此，例如天津等。但从国际性角度，大多数机场三字代码同城市三字代码不一样，例如北京，城市是 BJS，首都机场是 PEK。表 4-5 是常见的机场三字代码。

表 4-5 常见的机场三字代码

机场的英文全称	中文全称	三字代码	所在国家
Beijing Capital International Airport	首都国际机场	PEK	中国
Paris Charles de Gaulle Airport	戴高乐机场	CDG	法国
Narita International Airport	成田机场	NRT	日本
Kansai International Airport	大阪关西国际机场	KIX	日本
Washington Dulles International Airport	杜勒斯国际机场	LAD	美国
London Heathrow Airport	西斯罗国际机场	LHR	英国
Chicago O'Hare International Airport	奥黑尔国际机场	ORD	美国

4. 航空公司的两字代码

航空公司一般既有两字代码，也有三字代码，但通常使用的是两字代码，国际上有些航空公司通常使用三字代码，例如，斯堪的纳维亚航空公司的代码是 SAS。表 4-6 是常见的航空公司代码。

表 4-6 常见的航空公司代码

航空公司的英文全称	中文全称	两字代码	所在国家
Air China Limited	中国国际航空股份有限公司	CA	中国
China Southern Airlines	中国南方航空股份有限公司	CZ	中国
China Eastern Airlines	中国东方航空集团公司	MU	中国
America Airlines	美国航空公司	AA	美国
Air Canada	加拿大航空公司	AC	加拿大
China Airlines	中华航空公司	CI	中国台湾
Cathay Pacific Airways	国泰航空公司	CX	中国香港
Korean Air	大韩航空公司	KE	韩国
Dragon Air	港龙航空公司	KA	中国香港
All Nippon Airways co. ,Ltd.	全日空航空公司	NH	日本
Japan Airlines	日本航空公司	JL	日本

续表

航空公司的英文全称	中文全称	两字代码	所在国家
Lufthansa German Airlines	德国汉莎航空公司	LH	德国
Northwest Airlines	美国西北航空公司	NW	美国
Asiana Airlines	韩亚航空公司	OZ	韩国
Singapore Airlines	新加坡航空公司	SQ	新加坡
Air France	法国航空公司	AF	法国
British Airways	英国航空公司	BA	英国
K. L. M Royal Dutch Airlines	荷兰航空公司	KL	荷兰
Air Macau	澳门航空公司	NX	中国澳门

5. 航空货运的操作代码

在航空运输中，经常可以看到一些常见的特殊操作代码，这些代码主要供操作人员在运输的各个环节中，注意运输货物的特性，采取相应的操作策略。表 4-7 是常见的航空货运的操作代码。

表 4-7 常见的航空货运的操作代码

操作代码	英文全称	中文全称
AOG	Aircraft on ground	急等修理的飞机零件
AVI	Live animals	动物
BIG	Outsized	超大货物
CAO	Cargo aircraft only	限装货机
DIP	Diplomatic bag	外交信袋
EAT	Foodstuffs	食品
FIL	Undeveloped/Uncxposed film	未冲洗/未曝光的胶卷
FRO	Frozen goods	冷冻货物
HUM	Human remains in coffin	尸体
ICE	Dry ice shipment	干冰冷藏货物
LHO	Living human organs/blood	人体器官/血浆
NWP	Newspapers,Magazines	报纸、杂志
OBX	Obnoxious cargo	有强烈异味的货物
OHG	Overhang item	拴挂货物
PEF	Flowers	鲜花
PEM	Meat	肉
PER	Perishable cargo	鲜活易腐货物
PES	Fish/Seafood	鱼/海鲜
VAL	Valuable	贵重物品
WET	Shipments of wet material not packed in watertight containers	湿潮货物
HEA	Heavy cargo,150KGS and over per piece	单件 150kg 以上的货物

6. 危险品的代码

危险品运输是航空货运输中操作最复杂、难度最大的一类货物，尤其在仓储。运输的环节应尤为注意，而在货物的外包装上经常看到操作代码，因此了解这些代码的含义，具有非常重要的意义（表 4-8）。

表 4-8 常见的危险品代码

危险品代码	英文全称	中文全称
RCL	Cryogenic Liquid	低温液体
RCM	Corrosive Material	腐蚀性物品
RCX	Explosives 1. 3C	爆炸物 1. 3C 类
RFL	Flammable Liquid	易燃液体
ROP	Organic Peroxide	有机过氧化物
RPG	Toxic Gas	有毒液体
RRW	Radioactive materials, Category Ⅰ (White Label)	一级放射物品，一级包装（白色标签）

7. 常见的缩写代码

在航空运输当中，经常遇到一些缩写，这些缩写表现形式也是代码形式，但各有不同的表示方法。表 4-9 是常见的缩写代码。

表 4-9 常见的缩写代码

缩写代码	英文全称	中文全称
AWB	Air waybill	航空货运单
CASS	Cargo Account Settlement System	货运账目清单系统
CC	Charges Collect	运费到付
CCA	Cargo Charges Correction Advice	货物运费更改通知
LAR	Live Animals Regulations	活动物规则
NVD	No Value Declared	无声明价值
PP	Charges prepaid	运费预付
SLI	Shipper's Letter of Instruction	空运托运单
ULD	Unit Load Device	集装器
HWB	House air waybill	航空分运单
MWB	Master air waybill	航空主运单

六、航空运费及其他费用项目

航空费用结算主要涉及同发货人、承运人和国外代理人三方面的结算。具体包括应收、应付两部分。

1. 货代向发货人的应收部分

由运费＋提单费＋报关费＋入闸费＋AMS 费＋提货费等组成。

2. 货代向承运人和国外代理人的应付部分

（1）航空公司（或者代理）的费用（纯运费＋燃油＋战险＋提单费＋AMS 费＋转运费＋改单费），承运人结算费用，向承运人支付航空运费及代理费，同时收取代理佣金。

（2）货站管理费（如 0. 3RMB/kg×主单毛重），若是快件报关，此项费用请付给快件报关公司。

（3）仓储费（如 0. 1RMB/kg/day×主单计费，免仓租期 4d，4d 后开始收取），若是快件报关，此项费用请付给快件报关公司。

（4）若货物为卡板货有可能会产生垫板费，根据收费单位出具的收款单录入成本，并向客户收取。

（5）入闸费用　如货代公司打闸单，此成本付给物流园，为 35RMB/每份左右（快件报关的货无此成本）；若是封关到其他口岸出口的需支付 0. 05RMB/kg 的入闸费。

（6）报关费　此项费用根据合作的报关公司报价来确定。

（7）提货费或者进场费　单票与相关人员确认，并将运单号提供给该员工以便对账。

（8）垫付费　如果客户有预先告知需公司安排垫付的费用，货代公司才能垫付，并且要求收款方提供发票。此项垫付款公司应向客户收回。

（9）国外代理费用　国外代理结算主要涉及付运费和利润分成。国外代理做 DDU/DDP/release AWB/freight collect 的服务的货物会有此项费用，请根据国外代理的账单录入。由于航空货运代理公司之间存在长期的互为代理协议，因此与国外代理结算一般不采取一票一结的办法，而采取应收应付相互抵消，在一定期限内以清单冲账的办法。

（10）仓储费　如 0.15RMB/kg，3d 后 0.1RMB/kg/day。

（11）其他相关的成本根据提示录入。

一般在货物起飞 3d 内应出结算单，并交由相关业务签字后交财务。审核后的结算单若需更改其中的费用，应在通知财务取消审核后立即更改并重新递交结算单。

到付运费实际上是发货方的航空货运代理为收货人垫付的，因此收货方的航空货运代理公司在将货物移交收货人时，应收回到付运费并将有关款项退还发货方的货运代理。同时发货方的货运代理应将代理佣金的一部分分给其收货地的货运代理。

知识链接 

货物运费计算中的基本知识

由于航空运输货物的种类繁多，货物运输的起讫地点所在航空区域不同，每种货物所适用的运价亦不同。换言之，运输的货物种类和运输起讫地点的 IALA 区域使航空货物运价乃至运费计算分门别类。同时，由于飞机业务载运能力受飞机最大起飞全重和货舱本身体积的限制，因此，货物的计费重量需要同时考虑其体积重量和实际重量两个因素。又因为航空货物运价的“递减递增”的原则，产生了一系列重量等级运价，而重量等级运价的起码重量也影响着货物运费的计算。由此可见，货物航空运费的计算受多种因素的影响。

一、航空货物运费计算中的基本知识

1. 运价（rate）

运价［rate—the amount charged by the carrier（s）for the carriage of goods］，又称费率，是指承运人对所运输的每一重量单位货物（kg or lb）所收取的自始发地机场至目的地机场的航空费用。

航空货物运价所使用的货币，用以公布航空货物运价的货币称为运输始发地货币。

货物的航空运价一般以运输始发地的本国货币公布，有的国家以美元代替其本国货币公布。以美元公布货物运价的国家视美元为当地货币。运输始发地销售的航空货运单位的任何运价、运费值均应为运输始发地货币，即为当地货币。以美元公布货物运价的国家的当地货币为美元。

货物运价的有效期，销售航空运价单所使用的运价应为填制货运单之日的有效运价。即在航空货物运价有效期内适用的运价。

航空运价（weight charge），weight charge—the charge for carriage of goods based on their weight。

货物的航空运费是指航空公司将一票货物自始发地机场运至目的地机场所应收取的航空运输费用。该费用根据每票货物所适用的运价和货物的计费重量计算而取得。

每票货物是指使用同一份航空运单的货物。

由于货物的运价是指货物运输起讫地点间的航空运价，航空运费指运输始发地机场至目的地机场间的运输货物的航空费用，不包括其他费用。

2. 其他运费

其他费用是指由承运人、代理人或其他部门收取的航空货物运输有关的费用。

在组织一票货物自始发地至目的地运输的全过程中，除了航空运输外，还包括地面运输、仓储、制单、国际货物的清关等环节，提供这些服务的部门所收取的费用即为其他费用。

3. 计费重量

计费重量（chargeable weight），是指用以计算货物航空运费的重量。货物的计费重量或者是货物的实际毛重，或者是货物的体积重量，或者是较高种类分界点的重量。

实际毛重（actual gross weight），包括货物包装在内的货物重量，称为货物的实际毛重。

由于飞机最大起飞全重及货舱可用业载的限制，一般情况下，对于高密度货物（high density cargo），应考虑其货物实际毛重可能会成为计费重量。

体积重量（volume weight），按照国际航协规则，将货物的体积按一定的比例折合成的重量，称为体积重量。

由于货舱空间体积的限制，一般对于低密度的货物（low density cargo），应考虑其货物实际毛重可能会成为计费重量。

计算规则。无论货物的形状是否为规则的长方体或正方体，计算货物体积时，均以最长、最宽、最高的三边的厘米长度计算。长、宽、高的小数部分按四舍五入取整，体积重量的折算，换算标准为每 6000cm^3 折合 1kg。

体积重量（kg）= 货物体积（cm^3）÷6000（cm^3/kg）

一般采用货物的实际毛重与货物的体积重量两者比较取高者;但当货物按较高重量分界点的较低运价计算的航空运费较低时，则较高重量分界点的货物起始重量作为货物的计费重量。

国际航协规定，国际货物的计费重量以 0.5kg 为最小单位，重量尾数不足 0.5kg 的，按 0.5kg 计算;0.5kg 以上不足 1kg 的，按 1kg 计算。例如，

103.001kg → 103.5kg

103.501kg → 104.0kg

当使用同一份运单，收运两件或两件以上可以采用同样种类运价计算运费的货物时，其计费重量规定如下:

计费重量为货物总的实际毛重与总的体积重量两者较高者。同上所述，较高重量分界点重量也可能成为货物的计费重量。

4. 最低运费（minimum charge）

最低运费是指一票货物自始发地机场至目的地机场航空运费的最低限额。

货物按其适用的航空运价与其计费重量计算所得的航空运费，应与货物最低运费相比，取高者。

5. 货物航空运价、运费的货币进整

货物航空运价及运费的货币进整，因货币的币种不同而不同。TACT 将各国货币的进整单位的规则公布在 TACT Rules 中。详细规则可参考 TACT Rules5.7.1 中“CURRENCY TABLE”。

运费进整时需将航空运价或运费计算到进整单位的下一位，然后按半数进位法进位，计算所得的航空运价或运费，达到进位单位一半则入，否则舍去。对于以“0.1”“0.01”“1”“10”等为进位单位的货币，其货币进位就是四舍五入。

我国人民币（CNY）的进位规定：航空最低运费进位单位为“5”，除此之外的运价及航空运费等的进位单位均为“0.01”。

对于以“0.05”“0.5”“5”等为单位的货币，计算中应特别注意其进整问题。由于世界很多国家采用此类进位单位，在实际运输中，在处理境外运至我国的到付货物时，对航空货运单位的审核及费用的收取，需注意此项规则。

采用进整单位的规定，主要用于填制航空货运单（AWB）。销售 AWB 时，所使用的运输始发地货币，按照进整单位的规定计算航空运价及运费。

二、航空货物运价的基础知识

作为航空货运代理人，了解航空货物定价，对于销售人员制定价格、提高企业的收益非常有帮助。

（一）航空国际货物运价体系简介

目前国际货物运价按制定的途径划分，主要分为协议运价和国际航协运价。

1. 协议运价

协议运价是指航空公司与托运人签订协议，托运人保证每年向航空公司交运一定数量的货物，航空公司则向托运人提供一定数量的运价折扣。

目前航空公司使用的运价大多是协议运价，但在协议运价中又根据不同的协议方式进行细分（表 4-10）。

表 4-10 航空国际货物运价构成

<table>
<tr><td colspan="2" rowspan="2">协议定价</td><td rowspan="2">包板（舱）</td><td>死包板（舱）</td></tr>
<tr><td>软包板（舱）</td></tr>
<tr><td rowspan="2">长期协议</td><td rowspan="2">短期协议</td><td rowspan="2">返还</td><td>销售量返还</td></tr>
<tr><td>销售额返还</td></tr>
<tr><td colspan="2">自由销售</td><td></td><td></td></tr>
</table>

名词解释：

（1）长期协议　通常航空公司同代理人签订的协议是一年的期限。

（2）短期协议　通常航空公司同代理人签订的协议是半年或半年以下的期限。

（3）包板（舱）　指托运人在一定航线上包用承运人的全部或部分舱位或集装器来运送货物。

（4）死包板（舱）　托运人在承运人的航线上通过包板（舱）的方式运输时，托运人无论向承运人是否交付货物，都必须付协议上规定的运费。

（5）软包板（舱）　托运人在承运人的航线上通过包板（舱）的方式运输时，托运人在航班起飞前 72h 如果没有确定舱位，承运人则可以自由销售舱位，但承运人对代理人的包板（舱）的总量有一个控制。

（6）销售量返还　如果代理人在规定期限内完成了一定的货量，航空公司则可以按一定的比例返还运费。

（7）销售额返还　如果代理人在规定期限内完成了一定的销售额，航空公司则可以按一定的比例返还运费。

（8）自由销售　也称议价货物或是一票一价，除协议货物，都是一票货物一个定价。

2. 国际航协报价

（1）概述　国际航协报价是指 IATA 在 TACT 运价资料上公布的运价。国际货物运价使用 IATA 的运价手册——tact rates book，结合并遵守国际货物运输规则——tact rules 共同使用。按照 IATA 货物运价公布的形式划分，国际货物运价可分为公布直达运价和非公布直达运价，见表 4-11。

表 4-11　IATA 运价体系

IATA 运价	公布直达运价（published through rates）	普通货物运价（general cargo rate）
		指定商品运价（specific commodity rate）
		等级货物运价（commodity classification rate）
		集装货物运价（unit Load device rate）
	非公布直达运价（un-published through rates）	比例运价（construction rate）
		分段相加运价（combination of rate and charges）

国际航协运价是国际航协通过运价手册向全世界公布，主要目的是协调各国的货物运价，但从实际操作来看，各国从竞争角度考虑，很少有航空公司完全遵照国际航协，大多进行了一定的折扣，但不能说明这种运价没有实际价值。首先，他把世界上各个城市之间的运价通过手册公布出来，每个航空公司都能找到一种参照运价，所以每个航空公司在制定本公司运价时，都是按照国际航协这个标准运价进行的；其次，国际航协对特种货物运价进行了分类，航空公司在运输这种货物时一般都用国际航协标准运价；最后，这种国际航协运价在全世界制定了一种标准运价，使得国际航空货物运输的价格有了统一基准，使得这个市场得到了规范。

（2）现有定价遵照的原则

① 重量分段对应运价　在每一个重量范围内设置一个运价。

例如，北京到首尔的运价表（表 4-12）。

表 4-12　北京—首尔的运价

重量分级/kg	运价/元
N	23. 95
45	18. 00
100	17. 17
300	15. 38

“N”运价表示的重量在 45kg 以下的运价是每公斤人民币 23. 95 元，也就是运价 23. 95 元适用的重量范围是 0~45kg（不含 45kg），在这个重量范围用的都是同一个运价。

② 数量折扣原则　随着运输重量的增大，运价越来越大，这实际上是使用定价原则中的数量折扣原则，通过这个原则，保证飞机的舱位有充分的货物。从以上北京到首尔就可以看出，45kg 的运价是 18 元，100kg 的运价是 17. 17 元，300kg 的运价是 15. 38 元，重量越大运价越低。

③ 运距的因素　这是一个基本因素，运距越长运价越高，因为运距越长，运输的消耗越大，因此运价越高。

例如，北京到新加坡和北京到悉尼的运价对比（表 4-13）。

表 4-13 北京到新加坡和北京到悉尼的运价对比

北京—新加坡		北京—悉尼	
重量分级/kg	运价/元	重量分级/kg	运价/元
N	36.66	N	54.72
45	27.50	45	41.04
300	15.38	300	32.83

从北京到悉尼的距离大概是到新加坡的一倍左右，从表 4-13 中就可以看出 300kg 的运价，北京到悉尼是到新加坡的两倍左右，距离越长这种趋势越明显，但在低重量级别上，往往运价之差比距离之差要小，原因在于地面操作成本的大小。

④ 根据产品的性质分类 国际航协根据产品的性质分为在普货运价的基础上运价附加和运价附减，例如：对于活体动物、骨灰、灵柩、鲜活易腐物品、贵重物品、急件等货物采取附加的形式，对于书报杂志、作为货物运输的行李采取附减的形式。

纵观现有的运价主要有两个特点：首先，运价是货物重量和距离的函数，即 $p=f(w,d)$，p:运价；w：货物质量；d：运输距离；f：函数。其次，初步考虑到了运输货物的细分。

（二）我国国内航空货物运价体系

民航决定 1998 年 9月 1 日起，国内航线货物运价按新运价结构执行。

1. 最低运费（运价代号 M）

每票国内航空货物最低运费为 30 元。

2. 普通货物运价

普通货物运价包括基础运价和重量分界点运价。

基础运价为 45kg 以下普通货物运价，费率按照民航总局规定的统一费率执行。同时，为适应航空货物的流向差异，统一航线不同方向保留差价。

45kg 以上运价由民航总局统一规定，按标准运价的 80% 执行；此外，航空公司可根据运营航线的特点，建立其他重量分界点运价，共飞航线由运营航空公司协商协定，报民航总局批准执行。

3. 等级货物运价（附加运价代号 S，附减运价代号 R）

急件、生物制品、植物和植物制品、活动物、骨灰、灵柩、鲜活易腐物品、贵重物品、机械、弹药、押运货物等特种货物的国际航空运费按普通标准运价的 150% 计收。

书报杂志和作为货物托运的行李采用附减运价。

4. 指定商品运价（代号 C）

对于一些批量大、季节性强、单位价值小的货物航空公司可建立指定商品运价，运价优惠幅度不限，报民航总局批准执行（表 4-14）。

表 4-14 中国国内航空货物指定商品种类及代号

代号	种　类
0007	水果
0300	鱼(可食用)、海鲜、海味
0600	肉、肉制品包括家禽、野味和猎物
1201	皮革和皮制品
1401	花木、根茎、种子、植物和鲜花
2195	成包、成卷、成块未进一步加工或制造的纱、线、纤维、布、服装和纺织品
6001	化学制品、药品、药材

三、普通货物运价

(一) 基本知识

普通货物运价（general cargo rate，简称 GCR）：是指除了等级货物运价和指定商品运价以外的适合于普通货物运输的运价。

"N" 表示标准普通货物运价，指的是 45kg 以下的普通货物运价。

"Q" 表示 45kg 以上的不同重量分界点的普通货物运价均用。

"Q45" 表示 45kg 以上（包括 45kg）普通货物的运价。

航空运费不得低于运价资料上公布的航空运费的最低收费标准（M）。

(二) 运费计算

1. 计算步骤的术语解释

volume:体积

volume weight:体积重量

chargeable weight:计费重量

applicable rate:适用运价

weight charge:航空运费

2. 计算步骤

第一步：计算出航空货物的体积（volume）及体积重量（volume Weight）。

第二步：体积重量的折算，换算标准为每 6000cm³ 折合 1kg。即：

$$体积重量（kg）= 货物体积（cm^3）\div 6000（cm^3/kg）$$

第三步： 计算货物的总重量（ gross weight ）。

$$总重量 = 单个商品重量 \times 商品总数。$$

第四步： 比较体积重量与总重量， 取大者为计费重量（ chargeable weight ）。

根据国际航协规定， 国际货物的计费重量以 0. 5kg 为最小单位， 重量尾数不足 0. 5kg 的， 按 0. 5kg 计算， 0. 5kg 以上不足 1kg 的， 按 1kg 计算。

第五步： 根据公布运价， 找出适合计费重量的适用运价（ applicable rate ）。

（1） 计费重量小于 45kg 时， 适用运价为 GCR N 的运价（ GCR 为普通货物运价， N 表示重量在 45kg 以下的运价 ）。

（2） 计费重量大于 45kg 时， 适用运价为 GCR Q45、 GCR Q100、 GCR Q300 等与不同重量等级分界点对应的运价（ 航空货运对于 45kg 以上的不同重量分界点的普通货物运价均用 "Q" 表示 ）。

第六步： 计算航空运费（ weight charge ）。

$$航空运费 = 计费重量 \times 适用运价$$

第七步： 若采用较高重量分界点的较低运价计算出的运费比第六步计算出的航空运费低， 那么取前者。

第八步： 第七步计算出的航空运费与最低运费 M 作比较， 取高者。

四、指定商品运价

(一) 基本知识

1. 基本概念

指定商品运价（specific commodity rate， 简称 SCR）： 是指适用于自规定的始发地至规定的目的地运输特定品名货物的运价。

指定商品运价的原因可归纳为以下两个方面。

其一，在特定航线上，较为稳定的货主经常的或者是定期的托运特定商品的货物，托运人要求承运人提供一个较低的优惠运价；

其二，航空公司为了有效地利用其运力，争取货源并保证飞机有较高的载运率，向市场推出一个较有竞争力的优惠运价。

2. 制定商品运价传统的分组和编号

指定商品货物的分组及品名编号如下。

0001-0999：可食用的动植物产品；

1000-1999：活动物及非食用的动植物产品；

2000-2999：纺织品、纤维及其制品；

3000-3999：金属及其制品，不包括机器、汽车和电气设备；

4000-4999：机器、汽车和电气设备；

5000-5999：非金属材料及其制品；

6000-6999：化工材料及其相关产品；

7000-7999：纸张、芦苇、橡胶和木材制品；

8000-8999：科学仪器、专业仪器、精密仪器、器械及配件；

9000-9999：其他；

9700-9799：系列指定商品运价的品名编号。

3. 从中国始发的常用指定商品代码

从北京始发的货物的指定商品代码如下。

0007：水果、蔬菜；

0008：新鲜的水果、蔬菜；

0300：鱼（可食用的），海鲜、海产品；

1093：沙蚕；

2195：成包、成卷、成块未进一步加工或制造的纱、线、纤维、布；

2199：服装（包括鞋、袜）；

2211：成包、成卷、成块未进一步加工或制造的纱、线、纤维，服装，纺织品；

7481：橡胶轮胎、橡胶管。

（二）指定商品运价的使用规则

所运输的货物满足下述三个条件，则运输始发地和运输目的地就可以直接使用指定商品运价。

（1）运输始发地至目的地之间有公布的指定商品运价；

（2）托运人所交运的货物，其品名与有关指定商品运价的货物品名相吻合；

（3）货物的计费重量满足指定商品运价使用时的最低重量要求。

使用指定商品运价计算航空运费的货物，其航空货运单的“Rate Class”一栏，用字母“C”表示。

（三）运费计算（重点）

1. 计算步骤

（1）先查询运价表，如有指定商品代号，则考虑使用指定商品运价。

（2）查找 tact rates books 的品名表，找出与运输货物品名相对应的指定商品代号。

（3）算出货物的计费重量，如果货物的计算重量超过指定商品运价的最低重量，则优先使用指定商品运价。

此时航空运费=计费重量×适用运价

（4）如果货物的计费重量没有达到指定商品运价的最低重量，则需要比较计算。

① 按普通货物计算，适用运价为 GCR N 或 GCR Q 的运价，航空运费=计费重量×适用运价；

② 按指定商品运价计算，适用运价为 SCR 的运价，航空运费=计费重量×适用运价；

③ 比较①和② 计算出的航空运费，取低者。

（5）比较第四步计算出的航空运费与最低运费 M，取高者

2. 航空货运单运费计算栏的填制

rate class 一栏，用字母“C”表示；

commodity item no. 中填写指定商品代号；

其余与普通货物的航空货运单费计算栏的填制相同。

五、等级货物运价

（一）基本知识

1. 基本概念

等级货物运价：是指在规定的业务区内或业务区之间运输特别指定的等级货物的运价。

IATA 规定等级货物包括下列各种货物：活动物、贵重货物、书报杂志类货物、作为货物运输的行李、尸体、骨灰、汽车等。

2. 使用规则

通常附加或不附加也不附减的等级货物用代号（S）表示，附减的等级货物用代号（R）表示。

适用附加运价的商品有：活动物、贵重物品、尸体骨灰。

适用附减运价的商品有：报纸、杂志、书籍及出版物、作为货物托运的行李。

（二）活动物运价

1. 运价

活体动物运价由表 4-15 确定。

表 4-15 Rates covering all areas,excluding between countries in the ECAA

Type	IATA AREA(see Rules 1. 2. 2 Definitions of Area)					
	Within 1	Within 2 (see also Rule 3. 7. 1. 3)	Within 3	Between 1 & 2	Between 2 & 3	Between 3 & 1
ALL LIVE ANIMALS Except: Baby Poultry less than 72 hours old	175% of Normal GCR	175% of Normal GCR	150% of Normal GCR Except:1 below	175% of Normal GCR	150% of Normal GCR Except: 1 below	150% of Normal GCR Except: 1 below
BABY POULTRY Less than 72 hours old	Normal GCR	Normal GCR	Normal GCR Except: 1 below	Normal GCR	Normal GCR Except: 1 below	Normal GCR Except: 1 below

（1）当表 4-15 中出现“the normal GCR”时，表示使用运价表中的 45kg 以下普货运价。即 N 运价（当不存在 45kg 重量点时，N 运价表示 100kg 以下普通货物运价）。

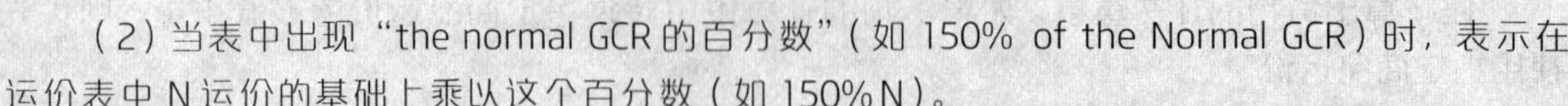

（2）当表中出现“the normal GCR 的百分数”（如 150% of the Normal GCR）时，表示在运价表中 N 运价的基础上乘以这个百分数（如 150%N）。

2. 最低运费

（不包括 ECAA 国家之间）活体动物的最低运费标准为 200%M。

routing: Stuttgart, Germany （SRT）—Barcelona, Spain （BCN）

commodity: 狗（Live dog）

gross weight: 40kg （dog + kennel）

dimension: 90cm × 50cm × 68cm × 1

payment: 全部预付

公布运价如下：

Stuttgart	DE	STR
Euro	EUR	kg
Barcelona ES	M	76. 69
	N	5. 47
	100	4. 45
	300	3. 86
	500	3. 73

IATA2 区之内运输一般活体动物，运价为：175%N

volume weight: 90 × 50 × 68/6000= 51. 0(kg)

gross weight: 40. 0kg

chargeable weight: 51. 0kg

applicable rate: 175% N = 175% × 5. 47 = 9. 5725(EUR) = 9. 57(EUR) （欧元取舍单位为 0. 01）

weight charge: 51. 0 × 9. 57= 488. 07(EUR)

航空货运单运费计算栏填制见表 4-16。

表 4-16 航空货运单运费计算

No. of Pieces RCP	Gross Weight	kg Lb	Rate Class		Chargeable Weight	Rate/ Charge	Total	Nature and Quantity of Goods (Incl Dimensions or Volume)
1	40. 0	k	S	Commodity Item No.	51. 0	9. 57	488. 07	Dog DIMS:90cm×50cm×68cm×1 Live animals
				N175				

说明：

（1）运价类别栏：填入活体动物运价代号“S”。

（2）commodity item no. 栏.：填入活体动物规则“N175”，表示使用了 175%的 N 运价。

（3）运价/运费栏：填写按照活体动物规则计算出的运价“9. 57”。

（4）货物品名和数量栏：要求有“活体 live animals”字样。

(5) 货币 (currency) 栏：填写运价表中的当地货币代码 "EUR"。

(6) 付款方式栏：均在 PP 上打 "×"，表示全部预付。

(三)贵重货物运价(valuable cargo)

1. 运价

Area	Rate
ALL IATA Area	200% of the Normal GCR

注：200% of the Normal GCR 即为 N 运价的 200%。

另外：IATA 一区与三区之间且经北或中太平洋(除朝鲜半岛至美国本土各点外)，1000kg 或 1000kg 以上贵重货物的运费，按普通货物 45kg 以下运价 150% 收取 (150% of the Normal GCR)。

2. 最低运费

贵重货物的最低运费按公布最低运费的 200% 收取，同时不低于 50 美元或等值货币。

3. 运费计算

【例】 routing: Beijing,China (BJS) to Boston, U. S. A (BOS)

commodity: Gold Watch

gross weight: 32. 0kg

dimensions: 1 Piece 61cm × 51cm × 42cm

公布运价如下：

Beijing	CN	BJS
Y. Ren Min Bi	CNY	kg
Boston	US	
	M	630. 00
	N	79. 97
	45	60. 16
	100	53. 19
	300	45. 80

【解】 运费计算如下。

volume: 61cm × 51cm × 42cm = 130 662cm^3

volume weight: 130662cm^3 ÷ 6000cm^3/kg = 21. 78kg = 22. 0kg

chargeable weight: 32. 0kg

applicable rate: S 200% of the Normal GCR

200% × 79. 97CNY/kg = 159. 94CNY/kg

weight charge: 32. 0 × 159. 94 = 5118. 08(CNY)

因此，运费为 CNY5118. 08。

航空货运单运费计算栏填制如下：

No. of Pieces RCP	Gross Weight	kg Lb	Rate Class		Charge able Weight	Rate/ Charge	Total	Nature and Quantity of Goods (Incl Dimensions or Volume)
1	32. 0	k	S	Commodity Item No.	32. 0	159. 94	5118. 08	Gold Watch DIMS:61cm×51cm×42cm
				N200				

（四）运价的使用顺序

（1）如果有协议运价，则优先使用协议运价。

（2）在相同运价种类、相同航程、相同承运人条件下，公布直达运价应按下列顺序使用：

① 优先使用指定商品运价。如果指定商品运价条件下不完全满足，则可以使用等级货物运价和普通货物运价。

② 其次使用等级货物运价。

③ 如果当运输两点间无公布直达运价，则应使用非公布直达运价：优先使用比例运价构成全程直达运价。当两点间无比例运价时，使用分段相加办法组成全程最低运价。

六、集中托运货物运价

（一）集中托运货物的定义

集运货物指使用同一份货运单运输的货物中，包含有不同运价、不同运输条件的货物。

（二）集中托运货物中不得包括的物品

集中托运货物不得包括的物品有：TACT Rules 3. 7. 6 中规定的任何贵重货物;活体动物;实体、骨灰;外交信袋;作为货物运送的行李;机动车辆（电力自动车辆除外）。

（三）申报方式与计算规则

1. 申报整批货物的总重量(或体积)

计算规则：集中托运货物被视为一种货物，将其总重量确定为一个计费重量。运价采用适用的普通货物运价。

2. 分别申报每一种类货物的件数、重量、体积及货物品名

计算规则：按不同种类货物适用的运价与其相应的计费重量分别计算运费。

注：如果集中托运货物使用一个外包装将所有货物合并运输，则该包装物的运费按混运货物中运价最高的货物的运价计收。

（四）声明价值

集中托运货物只能按整票（整批）货物办理声明价值，不得办理部分货物的声明价值，或办理两种以上的声明价值。所以，混运货物声明价值费的计算应按整票货物总的毛重。

（五）最低运费

集中托运货物的最低运费，按整票货物计收，即无论是分别申报或不分别申报的混运货物，按其运费计算方法计得的运费与起止地点间的最低收费标准比较，取高者。

七、国际货物运输的其他费用

（一）货运单费

货运单费：又称为航空货运单工本费，此项费用为填制航空货运单之费用。货运单费应填制在货运单的“其他费用”一栏中，用两字代码“AW”表示（air waybill fee AW）。

按国际航协规定：

AWC，表示此项费用归出票航空公司（issuing carrier）所有;

AWA，表示此项费用归销售代理人所有。

（二）垫付款和垫付费

1. 垫付款

垫付款是指在始发地机场运输一票货物时发生的部分其他费用。

这部分费用仅限于货物地面运输费、清关处理费和货运单工本费。

此项费用需按不同其他费用的种类代号，费用归属代号（A 或 C）及费用金额一并填入货运单的“其他费用”一栏。

例如：“AWA”表示代理人填制的货运单；“CHA”表示代理人代替办理始发地清关业务；“SUA”表示代理人将货物运输到始发地机场的地面运输费。

2. 垫付款数额

在任何情况下，垫付款数额不能超过货运单上全部航空运费总额。但当货运单的航空运费的总额低于 100 美元时，垫付款金额可允许达到 100 美元标准。

3. 垫付费

垫付费是对于垫付款的数额而确定的费用。垫付费的费用代码为“DB”，按 TACT Rules 规定，该费用归出票航空公司所有。在货运单的其他费用栏中，此项费用应表示为“DBC”。

垫付费的计算公式：

垫付费= 垫付款 × 10%，但每一票货物的垫付费不得低于 20USD 或等值货币。

（三）危险品处理费

国际航空货物运输中，对于收运的危险品货物，除按危险品规则收运并收取航空运费外，还应收取危险货物收运手续费，该费用必须填制在货运单“其他费用”栏内，用“RA”表示费用种类，TACT Rules 规定，危险品处理费归出票公司所有。在货运单中，危险品处理费表示为“RAC”。

自中国至 IATA 业务一区、二区、三区，每票货物的最低收费标准均为 400 元人民币。

（四）运费到付货物手续费

国际货物运输中，当货物的航空运费及其他费用到付时，在目的地的收货人，除支付货物的航空运费和其他费用外，还应支付到付货物手续费（charges collect fee,简称 CC Fee）。此项费用由最后一个承运航空公司收取，并归其所有。

对于运至中国的运费到付货物，到付运费手续费的计算公式及标准如下：

到付运费手续费=（货物的航空运费+ 声明价值附加费）× 2%

各个国家 CC Fee 的收费标准不同。在中国 CC Fee 最低收费标准为 CNY100。

项目二 国际航空货运代理操作流程

一、国际航空出口货运代理操作流程

航空货物出口运输代理业务程序包含以下几个环节：市场销售→委托运输→审核单证→预配舱→预订舱→接单→制单→接货→标签→配舱→订舱→出口报关→出仓单→提板箱→装板箱→签单→交接发运→航班跟踪→信息服务→费用结算→客户档案建立→文件归档。

1. 市场销售

作为航空货物运输销售代理，销售的产品是航空公司的舱位，只有飞机舱位配载了货物，航空货运才真正具有了实质性的内容，因此承揽货物处于整个航空货物出口运输代理业务程序的核心地位，这项工作的成效直接影响代理公司的发展，是航空货运代理的一项至关重要的工作。一个业务开展得较强、较好的货运代理公司，一般都有相当数量的销售人员或销售网点从事市场销售工作。

从销售战略角度来说，代理公司要对整个区域经济的发展有充分的了解，了解哪些行业的产品适于空运。从发展趋势进行潜在市场分析，了解城市经济的未来发展规划，该区域会增加哪些高科技企业，这些企业适合于航空运输的产品将在根据本公司货运量中占有多少份额。根据本公司目前货运量在该区域占有的百分数，充分分析市场的情况。

从每位销售员的角度来说，随着知识经济时代的到来，市场一体化和经济全球一体化导致市场竞争越来越激烈，适用于市场不断变化的新型的公司管理模式快速涌现，例如，及时制生产、虚拟企业、客户的快速反应，这些新型的公司管理模式要求企业对市场的反应要非常敏感，产品能够很快满足市场的变化需求。因此现代化的公司对于运输的要求是十分严格的，因为市场的需求只有通过快速的运输才能实现，从而对于代理公司的营销员的素质要求越来越高，而且这种趋势越来越明显。营销员不仅要对本公司的业务流程非常熟悉，知识面要宽广，而且应能在变化的市场面前，迅速地把握住时机。

在具体操作时，需及时向出口单位介绍本公司的业务范围、服务项目、各项收费标准，特别是向出口单位介绍优惠运价，介绍本公司的服务优势等。

航空货运代理公司与出口单位（发货人）就出口货物运输事宜达成意向后，可以向发货人提供所代理的有关航空公司的“国际货物托运书”。对于长期出口或出口货量大的单位，航空货运代理公司一般都与之签订长期的代理协议。

发货人发货时，首先需填写委托书，并加盖公章，作为货主委托代理承办航空货运出口货物的依据。航空货运代理公司根据委托书要求办理出口手续，并据以结算费用。

因此，“国际货物托运书”是一份重要的法律文件。

2. 委托运输

根据“华沙公约”第5条第（1）款和第（5）款规定，货运单应由托运人填写，也可以由承运人或其代理人代为填写。实际上，目前货运单均由承运人或其代理人代为填制。为此，作为填开货运单的依据——托运书，应由托运人自己填写，而且托运人必须在上面签字或盖章。

3. 审核单证

(1) 发票、装箱单　发票上一定要加盖公司公章（业务科室、部门章无效），标明价格术语和货价（包括无价样品的发票）。

(2) 托运书　一定要注明目的港名称或目的港所在城市名称，明确运费预付或运费到付、货物毛重、收发货人、电话/电传/传真号码。托运人签字处一定要有托运人签名。

① 发货人必须有公司名、公司地址、联系人、联系电话（若是到美国、欧洲的货，必须有详细的地址和邮编）。

② 收货人必须有公司名、地址、联系人、联系电话（若是到美国、欧洲的货，收货人里不能出现 P. O. BOX 字样，否则会遭到美国海关的罚款），不能是 To Order，如收货人是银行，必须有通知人。

③ 托运书上必须有正确的目的地，要求城市全名及国家，最好是提供机场三字代码。对于一个城市有几个机场的，需确认到哪个机场，并清楚每家航空公司是去哪个机场，如到巴西圣保罗（城市代码 SAO），需确认是到 GRU 还是 VCP；如到俄罗斯莫斯科（城市代码 MOW），需确认是到 SVO2 还是 DME（到莫斯科的货物是不能出分单的）。

④ 托运书上有详细的航班及日期；客人如果自出分单，要有分单号码；客人需要公司提供何种报关方式；以及公司给客人的卖价，如果没有卖价要立即与业务员确认价格。

⑤ 托运书上有货物的中英文品名，且确认此品名的货物空运是否有特殊要求（如电池、磁性物质、粉末状物质，都必须要做 DGM 检测，且确定航空公司可承运此类货物，方可作航班安排）。如果是高价值货物提前与客人确认是否需要投保。

⑥ 货物的重量与尺寸，检查货物单件重量与尺寸是否超出所安排的航班的限制，若超出，要与业务员及客人协议，是否更改包装或是改走其他航班。

货物体积＝货物的长(cm)×宽(cm)×高(cm)÷1000000＝货物体积×货物总件数；

体积重量＝货物体积(m^3)×167kg×货物总件数或货物的长(cm)×宽(cm)×高(cm)×货物总件数÷6000；

实际重量＝过磅后货物得到货物毛重；

计费重量＝体积重量和实际重量相比，取其大者为计算运输费用的重量；

重货：货物的实际重量大于体积重量；

轻泡货：货物的实际重量小于体积重量，航空公司将按照计费重量向货运代理收取运费，货运代理也按照计费重量向客户收取运费。

⑦ 托运书上必须注明运费是预付还是到付，若是做到付，必须先发邮件与国外相应站点的代理确认是否可做到付？客户提供的目的地联系人是否正确？到付费用是否正确？这些信息需提前得到国外代理确认，且在货物数据出来后要求客人出具到付保函后方可安排上航班。

⑧ 客人是否需要在目的地提供如 DDU/DDP/RELEASE AWB 的服务，如果需要，那么在安排航班前必须先发邮件与国外相应站点的代理确认服务方式及服务费用等问题。

⑨ 托运书的右下方必须有托运公司的公章及签名、日期。

⑩ 对客户的联系方式心中有数，包括客户的手机，以便联络（特别是周末，客户不上班，一定要留客户手机）。

(3) 报关单　注明经营单位注册号、贸易性质、收汇方式，并要求在申报单位处加盖公章。

(4) 外汇核销单　在出口单位备注栏内，一定要加盖公司章。

(5) 许可证　合同号、出口口岸、贸易国别、有效期，一定要符合要求，与其他单据相符。

(6) 商检证　商检证、商检放行单、盖有商检放行章的报关单均可。商检证上应有海关放行联。

(7) 进料/来料加工核销本　注意本上的合同号是否与发票相符。

(8) 索赔/返修协议　要求提供正本，要求合同双方盖章，外方没章时，可以签字。

(9) 到付保函　凡到付运费的货物，发货人都应提供。

(10) 关封

4. 预配舱

代理人汇总所接受的委托和客户的预报，并输入电脑，计算出各航线的件数、重量、体积，按照客户的要求和货物重、泡情况，根据各航空公司不同机型对不同板箱的重量和高度要求，制订预配舱方案，并对每票货配上运单号。

5. 预订舱

代理人根据所制订的预配舱方案，按航班、日期打印出总运单号、件数、重量、体积，向航空公司预订舱。这一环节称之为预订舱，是因为此时货物可能还没有入仓库，预报和实际的件数、重量、体积等都会有差别，这些留待配舱时再做调整。

客户直接将货送到货代公司仓库：操作员将写有入仓号码的入仓纸传给客户。告之客户交货时请携带此入仓纸入仓。

客户委托货代公司司机去提货的：根据客户提供提货地址，安排车辆在规定时间去指定地址提货，同时在司机出发前将司机资料提供给客户，交代司机收货时清点好货物件数。

货物转关到机场：操作员将写有入仓号码的入仓纸传给客户，并通知司机在海关规定的时间携司机本，载货清单，报关单到办公室。转关重量误差不能超过3%（CA HU 及 ZH 国内中转航班不接受转关，需用二次转关，二次转关对始发地报关有特殊要求，需事先将国航转关报关单样本发给客户。所有到俄罗斯的货物都不能出分单，如果出分单目的地会清不了关）。

6. 接受单证

接受托运人或其代理人送交的已经审核确认的托运书及报关单证和收货凭证。将计算机中的收货记录与收货凭证核对。制作操作交接单，填上所收到的各种报关单证份数，给每份交接单配一份总运单或分运单。将制作好的交接单、配好的总运单或分运单、报关单证移交制单。如此时货未到或未全到，可以按照托运书上的数据填入交接单并注明，货物到齐后再进行修改。

7. 填制货运单

填制航空货运单，包括总运单和分运单。填制航空货运单是空运出口业务中最重要的环节，货运单填写的准确与否直接关系到货物能否及时、准确地运达目的地。航空货运单是发货人收结汇的主要有价证券。因此运单的填写必须详细、准确，严格符合单货一致、单单一致的要求。

8. 接收货物

接收货物，是指航空货运代理公司把即将发运的货物从发货人手中接过来并运送到自己的仓库。

接收货物一般与接单同时进行。对于通过空运或铁路从内地运往出境地的出口货物，货运代理按照发货人提供的运单号、航班号及接货地点、接货日期，代其提取货物。如货物已在始发地办理了出口海关手续，发货人应同时提供始发地海关的关封。

接货时，应对货物进行过磅和丈量，并根据发票、装箱单或送货单清点货物，核对货物的数量、品名、合同号或唛头等是否与货运单上所列一致。

检查货物的外包装是否符合运输的要求。

(1) 基本要求

① 托运人提供的货物包装要坚固、完好、轻便，应能保证在正常的操作（运输）情况下，货物可完好地运达目的站。同时，也不损坏其他货物和设备。

a. 包装不破裂；

b. 内装物不漏失；

c. 填塞要牢，内装物相互不摩擦、碰撞；

d. 没有异味散发；

e. 不因气压、气温变化而引起货物变质；

f. 不伤害机上人员和操作人员；

g. 不污损飞机、设备和机上其他装载物；

h. 便于装卸。

② 为了不使密封舱飞机的空调系统堵塞，不得用带有碎屑、草末等材料做包装，如草袋、草绳、粗麻包等。包装的内衬物，如谷糠、锯末、纸屑等不得外漏。

③ 包装内部不能有凸出的棱角，也不能有钉、钩、刺等。包装外部需清洁、干燥、没有异味和油腻。

④ 托运人应在每件货物的包装上详细写明收货人、另请通知人和托运人的姓名和地址。如包装表面不能书写时，可写在纸板、木牌或布条上，再拴挂在货物上，填写时字迹必须清楚、明晰。

⑤ 包装的材料要良好，不得用腐朽、虫蛀、锈蚀的材料。无论木箱或其他容器，为了安全，必要时可用塑料、铁箍加固。

⑥ 如果包装件有轻微破损，填写货运单应在“Handling Information”标注出详细情况。

(2) 对包装材料的具体要求　通用：木箱、结实的纸箱（塑料打包带加固）、皮箱、金属或塑料桶等。

① 液体类货物

a. 不论瓶装、灌装或桶装，容器内至少有5%～10%的空隙，封盖严密，容器不得渗漏；

b. 用陶瓷、玻璃容器盛装的液体，每一容器的容量不得超过500ml，并需外加木箱包装，箱内装有内衬物和吸湿材料，内衬物要填牢实，以防内装容器碰撞破碎；

c. 用陶瓷、玻璃容器盛装的液体货物，外包装上应加贴“易碎物品”标贴。

② 易碎物品

a. 每件重量不超过25kg；

b. 用木箱包装；

c. 用内衬物填塞牢实；

d. 包装上应贴“易碎物品”标贴。

③ 精密仪器和电子管

a. 多层次包装，内衬物要有一定的弹性，但不得使货物移动位置和互相碰撞摩擦；

b. 悬吊式包装，用弹簧悬吊在木箱内，适于电子管运输；

c. 加大包装底盘，不使货物倾倒；

d. 包装上应加贴“易碎物品”和“不可倒置”标贴。

④ 裸装货物 不怕碰压的货物如轮胎等，可以不用包装。但不易点数或容易碰坏飞机的货物须妥善包装。

⑤ 木制包装

a. 木制包装或垫板表面应清洁、光滑、不携带任何种类植物害虫；

b. 有些国家要求“handling information”栏中注明“The solid wood materials are totally free form bank and apparently form live plant pests”，并随附熏蒸证明。

⑥ 混运货物 一票货物中包含有不同物品称为混运货物。这些物品可装在一起，也可以分别包装，但不得包含下列物品：贵重货物、动物、尸体、骨灰、外交信袋、作为货物运送的行李。

9. 标记和标签

(1) 标记 在货物外包装上由托运人书写的有关事项和记号（图 4-3）。

① 托运人、收货人的姓名、地址、联系电话、传真；

② 合同号等；

③ 操作（运输）注重事项；

例如，不要曝晒（don’t expose to excessive sunlight），防潮（keep dry），小心轻放（handle with care）。

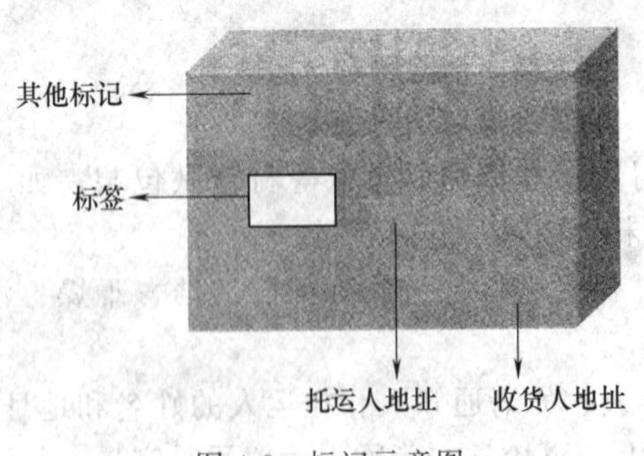

图 4-3 标记示意图

④ 单件超过 150kg 的货物。

(2) 标签

① 从标签的作用来分类 分为识别标签、特种货物标签、操作标签。

a. 识别标签 说明货物的货运单号码、件数、重量、始发站、目的站、中转站的一种运输标志。分为挂签、贴签两种（图 4-4）。

使用要求：

ⅰ. 在使用标签之前，清除所有与运输无关的标记与标签；

ⅱ. 体积较大的货物需对贴两张标签；

ⅲ. 袋装、捆装、不规则包装除使用两个挂签外，还应在包装上写清货运单号码和目的站。

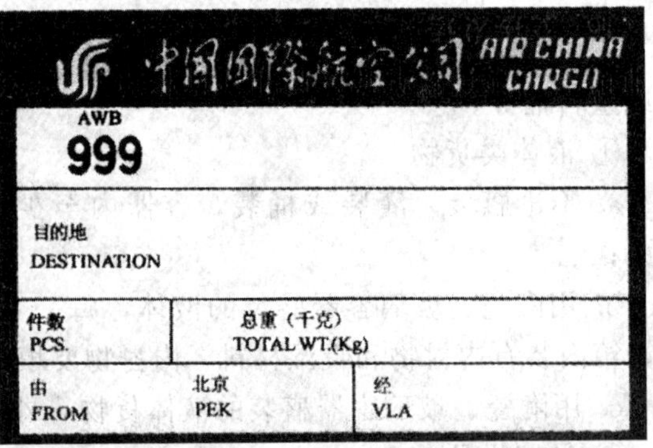

图 4-4 标签示意图

b. 特种货物标签 说明各种货物性质的各类识别标志。分为活体动物标签、危险物品标签和鲜活易腐物品标签（图 4-5）。

c. 操作标签 说明货物储运注意事项的各类标志（图 4-6）。

② 按类别分 标签分为航空公司标签和分标签两种。

航空公司标签是对其所承运货物的标识，各航空公司的标签虽然在格式、颜色上有所不

(a) 危险物品标签

(b) 活体动物标签

(c) 鲜活易腐物品标签

图 4-5　特种货物标签

图 4-6　操作标签

同，但内容基本相同。标签上三位阿拉伯数字代表所承运航空公司的代号，后八位数字是总运单号码。

分标签是代理公司对出具分标签的标识。凡出具分运单的货物都要制作分标签，填制分运单号码和货物到达城市或机场的三字代码。

一件货物贴一张航空公司标签，有分运单的货物，每件再贴一张分标签。

10. 配舱

配舱时，需运出的货物都已入库。这时需要核对货物的实际件数、重量、体积与托运书上预告数量的差别。对预订舱位、板箱的有效利用、合理搭配，按照各航班机型、板箱型号、高度、数量进行配载。同时，对于货物晚到、未到情况以及未能顺利通关放行的货物做出调整处理，为制作配舱单做准备。实际上，这一过程一直延续到单、货交接给航空公司后才完毕。

11. 订舱

订舱，就是将所接收空运货物向航空公司申请并预订舱位。一般情况下在收到客人Booking（预约）10～50分钟内要安排订舱，特别是在旺季，晚一分钟舱位的情况就可能完全不一样。货物订舱需根据发货人的要求和货物标识的特点而定。一般来说，大宗货物、紧急物资、鲜活易腐物品、危险品、贵重物品等，必须预订舱位。非紧急的零散货物，可以不预订舱位。

订舱前应先确认委托承运的航空公司能到达客户指定的目的地机场，航空公司能承运Booking所提供的货物数据。

根据Booking上的目的地、件数、重量、体积（若是卡板货需提供卡板尺寸和单件货物重量）向公司相关订舱人员或者航空公司订舱，订舱后应与航空公司确认好舱位，没确认舱位前货物不得入监管仓！

如果货物重量超过500kg请注意是否能向航空公司申请优惠运价，以节约成本。对议价的货物，需与航空公司有书面的确认，并在确认后把相关邮件传给公司财务。负责航线议价的操作特别注意此要求！

如果货量变化大要及时反馈给航空公司，如客人取消舱位，要提前跟航空公司打招呼，以免空舱位。

订舱的具体做法和基本步骤是：接到发货人的发货预报后，向航空公司吨控部门领取并填写订舱单，同时提供以下相应的信息：

① 货物的名称；

② 体积（必要时提供单件尺寸）；

③ 重量；

④ 件数；

⑤ 目的地；

⑥ 要求出运的时间等；

⑦ 其他运输要求（温度、装卸要求、货物到达目的地时限等）。

航空公司根据实际情况安排舱位和航班。航空公司舱位销售的原则包括：

① 保证有固定舱位配额的货物；

② 保证邮件、快件舱位；

③ 优先预定价位较高的货物舱位；

④ 保留一定的零散货物舱位；

⑤ 未订舱的货物按交运时间的先后顺序安排舱位。

货运代理公司订舱时，可依照发货人的要求选择最佳的航线和最佳的承运人，同时为发货人争取最低、最合理的运价。订舱后，航空公司签发舱位确认书（舱单），同时给予装货集装器领取凭证，以表示舱位订妥。

预订的舱位有时会由于货物原因、单证原因、海关原因使得最终舱位不够或者空舱，此类情况需要综合考虑和有预见性等经验，尽量减少此类事情发生，并且在事情发生后做及时必要的调整和采取补救措施。

12. 出口报关

(1) 确认报关方式

① 一般贸易出口报关　需客户提供以下报关单证：报关单底单（请手填一份）；代理报关委托书；合同或手册；装箱单；发票（正本中英文对照的或中文的各两份，不能是单独全

英文的）；核销单；空白盖章A4纸若干（盖章在左下角或右下角，以备报关资料有误，重做时使用）。

② 买单报关　因客户提供不了报关单证而委托货代公司买单报关出口，需客户填写货物基本报关信息，取得客人提供的买单信息后应立即与报关员确认资料是否齐全，是否需要商检，如需商检应注意报关费用。

③ 快件报关　也称样品报关，可以样品报关的货物为：客户无报关资料且数量不多（一般货物毛重在300kg以下，且单件重量不超过100kg），需客户提供中文品名以及货物牌子。

注：含电池、磁性、粉末状等货物不能安排快件报关；走CA、ZH、HU等空运转关至内地出口的货物，也不能安排快件报关。

④ 转关货物　客户在非出口口岸的海关进行报关，用监管车运至出口口岸，由机场报关行进行解锁放行。

⑤ 中性运单报关　此种报关方式的货物为：一个主运单下有两套及以上的报关文件（或两种及以上的报关方式，快件报关除外），根据每套报关资料的数据，借助中性运单（888-开头的运单）辅助报关，待放行后将中性运单与主运单捆绑在一起。

（2）出口报关　出口报关，是指发货人或其代理人在货物发运前，向出境地海关办理货物出口手续的过程。

出口报关的基本程序：

① 首先将发货人提供的出口货物报关单的各项内容输入计算机，即计算机预录入；

② 通过电脑填制的报关单上加盖报关单位的报关专用章；

③ 将报关单与有关的发票、装箱单和货运单综合在一起，并根据需要随附有关的证实文件；

④ 以上报关单证齐全后，由报关员正式向海关申报；

⑤ 海关审核无误后，海关官员即在用于发运的运单正本上加盖放行章，同时在出口收汇核销单和出口报关单上加盖放行章，在发货人用于产品退税的单证上加盖验讫章，粘上防伪标志；

⑥ 完成出口报关手续。

出运修理件、更换件时，需留取海关报关单，以备以后进口报关用。

出口货物根据动卫检部门的规定和货物种类，填制相应的签章。非动植物及其制品类，要求填制《卫检申报单》，加盖卫检放行章。

动植物类货物除《卫检申报单》外，还需《动植检报验单》，并加盖放行章。

化工类产品须到指定地点检验证明是否适合空运。

出口货物报关单见图4-7。

13. 出仓单

配舱方案制订后就可着手编制出仓单。

出仓单的日期、承运航班的日期、装载板箱形式及数量、货物进仓顺序编号、总运单号、件数、重量、体积、目的地三字代码和备注。出仓单交给出口仓库，用于出库计划，出库时点数并向装板箱交接。

出仓单交给装板箱环节，是向出口仓库提货的依据。也是制作《国际货物交接清单》的依据，该清单用于向航空公司交接货物，同时还可用于外拼箱。

出仓单交给报关环节。当报关有问题时，可有针对性反馈，以采取相应措施。

JG02

中华人民共和国海关出口货物报关单

预录入编号：　　　　　　　　　　海关编号：

出口口岸	备案号	出口日期	申报日期
经营单位 3201919170 江苏海企国际有限公司	运输方式	运输工具名称	提运单号
发货单位 江苏海企国际有限公司 320002134797537	贸易方式	征免性质	结汇方式
许可证号	运抵国(地区)	指运港	境内货源地
批准文号	成交方式	运费	保费	杂费
合同协议号	件数	包装种类	毛重(公斤)	净重(公斤)
集装箱号	随附单据		生产厂家
标记唛码及备注			

项号	商品编号	商品名称、规格型号	数量及单位	最终目的国(地区)	单价	总价	币制	征免

税费征收情况

录入员　录入单位	兹声明以上申报无讹并承担法律责任	海关审单批注及放行日期(签章)
报关员		审单　审价
单位地址	申报单位(签章)	征税　统计
邮编　电话	填制日期	查验　放行

图 4-7　出口货物报关单

14. 提板箱

根据订舱计划向航空公司申领板、箱并办理相应的手续。提板箱时，应领取相应的塑料薄膜和网。对所使用的板、箱要登记、销号。

货物装箱装板。除特殊情况外，航空货运均是以“集装箱”“集装板”形式装运。

航空货运代理公司将体积为 $2m^3$ 以下货物作为小货交与航空公司拼装，大于 $2m^3$ 的大宗货集中托运拼装货，一般均由货运代理自己装板装箱。

订妥舱位后，航空公司吨控部门将根据货量出具发放“航空集装箱、板”凭证，货运代理公司凭此向航空公司板箱管理部门领取与订舱货量相应的集装板、集装箱。

大宗货物、集中托运货物可以在货运代理公司自己的仓库、场地、货棚装板、装箱，亦可在航空公司指定的场地装板、装箱。装板、装箱时要注意以下几点：

① 不要用错集装箱、集装板，不要用错板型、箱型。每个航空公司为了加强本航空公司的板、箱管理，都不许可本公司的板、箱为其他航空公司的航班所用。不同公司的航空集装箱、航空集装板因型号、尺寸有异，因此，如果用错会出现装不上飞机的现象。

② 不要超装箱板尺寸。一定型号的箱、板用于一定型号的飞机，板、箱外有具体尺寸规定，一旦超装箱、板尺寸，就无法装上飞机。因此装箱、板时，要注意货物的尺寸，既不超装，又要在规定的范围内用足箱、板的可用体积。

③ 要垫衬，封盖好塑料纸，防潮、防雨淋。

④ 集装箱、板内货物尽可能配装整洁，结构稳定，并接紧网索，防止运输途中倒塌。

⑤ 对于大宗货物、集中托运货物，尽可能将整票货物装一个或几个板、箱内运输。装妥整个板、箱后，剩余的货物尽可能拼装在同一箱、板上，防止散乱、遗失。

15. 签单

货运单在盖好海关放行章后还需要到航空公司签单。主要是审核运价使用是否正确以及货物的性质是否适合空运，例如，危险品等是否已办了相应的证明和手续。航空公司的地面代理规定，只有签单确认后才允许将单、货交给航空公司。

16. 交接发运

交接是向航空公司交单交货，由航空公司安排航空运输。必须在航班结载前交单。交单就是将随机单据和应由承运人留存的单据交给航空公司，交单前需仔细检查提单和报关单，主运单最后一联必须有放行章及随机文件，对于现金结算客户，应在运费到账后再交单。对于到付的货物，交单前需得到客人给来的到付保函。随机单据包括第二联航空运单正本、发票、装箱单、产地证明、品质鉴定书等。所有随机文件都要通过客户的确认后方可交单。交单前请考虑："单单一致，单单相符"。

交货即把与单据相符的货物交给航空公司。货物到机场后，首先确认到货的件数是否与客户提供的一致，如果件数不一致则要跟客户确认实际的件数；如果货物的重量和体积与客户提供的出入很大，那么要在货物安排之前跟客户做好沟通工作（因为有可能货物还未到齐，或者送错货物）。特别注意，订舱时是纸箱包装，出货时却打成了卡板或者托盘的货物，或者订舱时是卡板货，出货时却拆成了纸箱货，这类情况都需要提前跟客户确认。进场前应留意车上是否有别的货物。交货前必须粘贴或拴挂货物标签，清点和核对货物，填制货物交接清单。大宗货、集中托运货，以整板、整箱称重交接。零散小货按票称重，计件交接。航空公司审单验货后，在交接签单上验收，将货物存入出口仓库，单据交吨控部门，以备配舱。

17. 航班跟踪

单、货交接给航空公司后，航空公司会因种种原因，例如航班取消、延误、溢载、故障、改机型、错运、倒垛或装板不符规定等，未能按预定时间运出，所以货运代理公司从单、货交给航空公司后就需对航班、货物进行跟踪。

需要联程中转的货物，在货物运出后，要求航空公司提供二程、三程航班中转信息，有些货物事先已预订了二程、三程，也还需要确认中转情况。有时需直接发传真或电话与航空公司的海外办事处联系货物中转情况。及时将上述信息反馈给客户，以便遇有不正常情况及时处理。

18. 信息服务

航空货运代理公司须在多个方面为客户做好信息服务。

① 订舱信息　应将是否订妥舱位及时告诉货主或委托人以便及时备单、备货。

② 审单及报关信息　应在审阅货主或委托人送来的各项单证后，及时向发货人通告。如有遗漏失误，及时补充或修正。在报关过程中，遇有任何报关、清关的问题，亦应及时通知货主，共商解决。

③ 仓库收货信息　应将货主送达货运代理仓库的出口货物的到达时间、货量、体积、缺件、货损情况及时通告货主，以免事后引起纠纷。

④ 交运称重信息　运费计算标准以航空公司称重、所量体积为准，如在交运航空公司称重过磅过程中，发现称重、体积与货主声明的重量、体积有误，且超过一定比例时，必须通告货主，求得确认。

⑤ 一程及二程航班信息　应及时将航班号、日期及以后跟踪了解到的二程航班信息及时通告货主。

⑥ 集中托运信息　对于集中托运货物，还应将发运信息预报给收货人所在地的国外代理，以便对方及时接货、查询、进行分拨处理。

⑦ 单证信息　货运代理在发运出口货物后，应将发货人留存的单据，包括盖有放行章和验讫章的出口货物报关单、出口收汇核销单、第三联航空运单正本，以及用于出口产品退税的单据，交付或寄送发货人。

19. 费用结算

20. 客户档案建立

如果是新客户，需做好客户档案，客户档案包括客户中英文公司名称、公司地址、主要联系人及联系电话、手机、邮件。

21. 文件归档

定期将已经结算的文件整理好，装订在一起，并制定档案封皮，在封皮上写上此档案文件内所含文件的入仓号码、操作人名，以便查找。把报关单、通关单、正本随机文件，例如CO，箱单发票复印留底，以备不时之需。

二、国际航空进口货运代理操作流程

航空货物进口运输代理业务程序，是指代理公司对于货物从入境到提取或运转整个流程的各个环节所需办理的手续及准备相关单证的全过程。

航空货物进口运输代理业务程序如下。

1. 代理预报

在国外发货前，由国外代理公司将运单、航班、件数、重量、品名、实际收货人及其他地址、联系电话等内容通过传真或E-mail发给目的地代理公司，这一过程被称为预报。

到货预报的目的是使代理公司做好接货前的所有准备工作。

注意事项：

① 注意中转航班　中转点航班的延误会使实际到达时间和预报时间出现差异；

② 注意分批货物　从国外一次性运来的货物在国内中转时，由于国内载量的限制，往往采用分批的方式运输。

2. 交接单、货

航空货物入境时，与货物相关的单据（运单、发票、装箱单等）也随机到达，运输工具及货物处于海关监管之下。货物卸下后，将货物存入航空公司或机场的监管仓库，进行进口货物舱单录入，将舱单上总运单号、收货人、始发站、目的站、件数、重量、货物品名、航班号等信息通过电脑传输给海关留存，供报关用。

同时根据运单上的收货人地址寄发取单、提货通知。若运单上收货人或通知人为某航空货运代理公司，则把运输单据及与之相关的货物交给该航空货运代理公司。

航空公司地面代理向货运代理公司交接的有：

① 国际货物交接清单；

② 总运单、随机文件；

③ 货物。

交接时要做到：

① 单、单核对，即交接清单与总运单核对；

② 单、货核对，即交接清单与货物核对。

核对后，出现问题的处理方式（见表 4-17）。

表 4-17 出现问题的处理方式

总运单	清单	货物	处理方式
有	无	有	清单上加总运单号
有	无	无	总运单退回
无	有	有	总运单后补
无	有	无	清单上划去
有	有	无	总运单退回
无	无	有	货物退回

另外还需注意分批货物，做好空运进口分批货物登记表。

航空货运代理公司在与航空公司办理交接手续时，应根据运单及交接清单核对实际货物，若存在有单无货或有货无单的情况，应在交接清单上注明，以便航空公司组织查询并通知入境地海关（图 4-8）。

发现货物短缺、破损或其他异常情况，应向民航索要商务事故记录，作为实际收货人交涉索赔事宜的依据。

货运代理公司请航空公司开具商务事故证明的通常有以下几种。

（1）包装货物受损　箱开裂、破损、内装货物散落（含大包装损坏，散落为小包装，数量不详）；箱开裂、破损，有明显受撞击迹象；纸箱、木箱未见开裂、破损，但其中液体漏出。

（2）裸装货物受损　无包装货物，明显受损，但如金属管、塑料管压扁、断裂、折弯；机器部件失落，仪表表面破裂等。

木箱或精密仪器上防震、防倒置标志泛红。

部分货损不属运输责任，因为在实际操作中，部分货损是指整批货物或整件货物中极少一部分或极小一部分受损，是航空运输较易发生的损失，故航空公司不一定愿意开具证明，即使开具了“有条件、有理由”证明，货主也难以向航空公司索赔，但可据以向保险公司提出索赔。对货损责任难以确定的货物，可暂将货物留存机场，商请货主单位一并到场处理。

3. 理货与仓储

代理公司自航空公司接货后，即短途驳运进自己的监管仓库，组织理货及仓储。

（1）理货内容

① 逐一核对每票件数，再次检查货物破损情况，遇有异常，确属接货时未发现的问题，

第　页

DHL 快件

日期：2000.12.DEC

序号	货运单号码	件数	重量/kg	航班/日期	提货日期	备注
1	PMC67297CA					CA903/FRA
2	999-98084313	52/96	2242	＞1370kg		12.DEC
3						
4	AKE23672CA					
5	999-98084313	23/96	2242	＞585kg		〃 〃
6						
7						
8	AKE23731CA					
9	999-98084313	21/96	2242	＞570kg		〃 〃
10						
11						
12						
13						
14						
15						
16						
17						
18						
19						
20						
21						
22						
23						
24						
25						
26						
27						
28						
29						
30						

交货人＿＿＿＿　　接货人＿＿＿＿

图 4-8　国际货物交接清单

可向民航提出交涉（按《华沙公约》第 26 条：除非有相反的证据，如果收货人在收受货物时，没有异议，就被认为货物已经完好地交付，并和运输凭证相符。又《华沙公约》修正本——海牙议定第 15 条：“关于损坏事件，收货人应于发现损坏后立即向承运人提出异议……最迟应在收到货后 14d 内提出。”）

② 按大货、小货；重货、轻货；单票货、混载货；危险品、贵重品；冷冻、冷藏品：分别堆存、进仓。堆存时要注意货物箭头朝向、总运单、分运单标志朝向，注意重不压轻，大不压小。

③ 登记每票货储存区号，并输入计算机。

(2) 仓储注意事项

鉴于航空进口货物的贵重性、特殊性，其仓储要求较高，须注意以下几点。

① 防雨淋、防受潮　货物不能置于露天，不能无垫托置于地上。

② 防重压　纸箱、木箱均有叠高限制，纸箱受压变形，会危及箱中货物安全。

③ 防温升变质　生物制剂、化学制剂、针剂药品等部分特殊物品，有储存温度要求，

要防止阳光曝晒。一般情况下：冷冻品置于－20～－15℃冷冻库（俗称低温库），冷藏品置放于2～8℃冷藏库。

④ 防危险品危及人员及其他货品安全　空运进口仓库应设立独立的危险品库。易燃、易爆、毒品、腐蚀品、放射品均应分库安全置放。以上货品一旦出现异常，均需及时通知消防安全部门处理。放射品出现异常时，还应请卫生检疫部门重新检查包装及发射剂量外泄情况，以便保证人员及其他物品安全；

⑤ 为防贵重品被盗，贵重品应设专库，由双人制约保管，防止出现被盗事故。

4. 理单与到货通知

（1）理单

① 集中托运，总运单项下拆单

a. 将集中托运进口的每票总运单项下的分运单分理出来，审核与到货情况是否一致，并制成清单输入计算机；

b. 将集中托运总运单项下的发运清单输入海关计算机，以便实施分运单分别报关、报验、提货。

② 分类理单、编号

a. 总运单是直单、单票混载，这两种情况一般无清单；

b. 多票混载有分运清单，分运单件数之和应等于总运单上的件数；

c. 货物的种类有指定货物、非指定货物、单票、混载、总运单到付、分运单到付、银行货、危险品、冷冻冷藏货物等，随机文件中有分运单、发票、装箱单、危险品证明等；

d. 按照已标有舱位号的交接清单编号并输入计算机，内容有：总运单号、分运单号、发票号、合同号、航班、日期、货名、货物分类、贸易性质、实到件数、已到件数、实到重量、计费重量、舱位号、收货单位、代理人、本地货、外地货、预付、到付、币种、运费、金额等。

运单分类，一般有以下分类法。

a. 分航班号理单，便于区分进口方向；

b. 分进口代理理单，便于掌握、反馈信息，做好对代理的对口服务；

c. 分货主理单，指重要的经常有大批货物的货主，将其运单分类出来，便于联系客户，制单报关和送货、转运；

d. 分口岸、内地或区域理单，便于联系内地货运代理，便于集中转运；

e. 分运费到付、预付理单，便于安全收费；

f. 分寄发运单、自取运单客户理单。

分类理单的同时，须将各票总运单、分运单编上航空货运代理公司自己设定的编号，以便内部操作及客户查询。

③ 编配各类单证　货运代理将总运单、分运单与以下几类单证：随机单证；国外代理先期寄达的单证（发票、装箱单、合同副本、装卸、运送指示等）；国内货主或经营到货单位预先交达的各类单证。

代理公司理单人员须将其逐单审核、编配。其后，凡单证齐全、符合报关条件的即转入制单、报关程序。否则，即与货主联系，催齐单证，使之符合报关条件。

（2）到货通知　货物到目的港后，货运代理应从航空运输的时效出发，为减少货主仓储费，避免海关滞报金，尽早、尽快、尽妥地通知货主情况，提请货主配齐有关单证，尽快报关。

① 早：到货后，第一个工作日内就要设法通知货主。

② 快：尽可能用传真、电话预通知客户，单证需要传递的，尽可能使用特快专递，以缩短传递时间。

③ 妥：一星期内须保证以电函、信函形式第三次通知货主，并将应货主尚未提货情况，告知发货人代理。

④ 两个月时，再以电函、信函形式第四次通知货主。

⑤ 三个月时，货物须上交海关处理，此时再以信函形式第五次通知货主，告知货主货物将被处理，提醒货主采取补救办法。

到货通知应向货主提供到达货物的以下内容。

① 运单号、分运单号、货运代理公司编号；

② 件数、重量、体积、品名、发货公司、发货地；

③ 运单、发票上已编注的合同号、随机已有单证数量及尚缺的报关单证；

④ 运费到付数额，货运代理公司地面服务收费标准；

⑤ 货运代理公司及仓库的地址（地理位置图）、电话、传真、联系人；

⑥ 提示货主：海关关于超过十四天报关收取滞报金及超过三个月未报关货物上交海关处理的规定。

(3) 正本运单处理　计算机打制海关监管进口货物入仓清单一式五份用于商检、卫检、动检各一份，海关两份，其中一份海关留存，另一份海关签字后收回存档。运单上一般盖六个章：监管章（总运单）、代理公司分运单确认章（分运单）、动检章、卫检章、商检章、海关放行章。

5. 制单、报关

(1) 制单、报关、运输的形式　除部分进口货存放民航监管仓库外，大部分进口货物存放于各货代公司自有的监管仓库。由于货主的需求不一，货物进口后的制单、报关、运输一般有以下几种形式。

① 货运代理公司代办制单、报关、运输；

② 货主自行办理制单、报关后，货主自办运输；

③ 货主自行办理制单、报关后，委托货运代理公司运输；

④ 货主自办制单，委托货运代理公司报关和办理运输。

(2) 进口制单　制单指按海关要求，依据运单、发票、装箱单及证明货物合法进口的有关批准文件，制作"进口货物报关单"，货运代理公司制单时一般程序为：

① 长期协作的货主单位，有进口批文、证明手册等存放于货运代理处的，货物到达，发出到货通知后，即可制单、报关，通知货主运输或代办运输；

② 部分进口货，因货主单位（或经营单位）缺少有关批文、证明，亦可将运单及随机寄来的单证、提货单以快递形式寄货主单位，由其备齐有关批文、证明后再决定制单，报关事宜；

③ 无须批文和证明的，可即行制单、报关，通知货主提货或代办运输；

④ 部分货主要求异地清关时，在符合海关规定的情况下，制作《转关运输申报单》办理转关手续，报关单上需由报关人填报的项目有：进口口岸、收货单位、经营单位、合同号、批准机关及文号、外汇来源、进口日期、提单或运杂费、件数、毛重、海关统计商品编号、货品规格及货号、数量、成交价格、价格条件、货币名称、申报单位、申报日期等，转关运输申报单，内容少于报关单，亦需按要求详细填列。

（3）进口报关 进口报关是进口运输中关键的环节。报关程序中，还有许多环节，大致可分为初审、审单、征税、验放四个环节。

① 初审

a. 初审是海关在总体上对报关单证做初略的审查。

b. 审查报关单所填报的内容与原始单证是否相符，商品的归类编号是否正确，报关单的预录入是否有误等。

c. 初审只对报关单证做形式上的审核，不做实质性的审查。

② 审单

a. 审单是报关的中心环节，从形式上和内容上对报关单证进行全面的详细审核。

b. 审查的内容包括：报关单证是否齐全、准确；所报内容是否属实；有关的进口批文和证明是否有效；报关单所填报的货物名称、规格、型号、用途及金额与批准文件所批的是否一致；确定关税的征收与减免等。

c. 如果报关单证不符合海关法的有关规定，海关不接受申报。

d. 允许通关时，留存一套报关单据（报关单、运单、发票）作为海关备案。

③ 征税

a. 征税作为报关的一个重要内容是必不可少的。

b. 根据报关单证所填报的货物名称、用途、规格、型号及构成材料等确定商品的归类编号及相应的税号和税率。

c. 若商品的归类或税率难以确定，海关可先查看实物或实物图片及有关资料后再进行确定征税。

d. 若申报的价格过低或未注明价格，海关可以估价征税。

④ 验放

a. 货物放行的前提是：单证提供齐全，税款和有关费用已经全部结清，报关未超过规定期限，实际货物与报关单证所列一致。

b. 放行的标志：正本上或货运代理经海关认可的分运单上加盖放行章。

c. 放行货物的同时，将报关单据（报关单、运单、发票各份）及核销完的批文和证明全部留存海关。如果报关时已超过了海关法规定的报关期限，必须向海关缴纳滞报金。

d. 验放关员可要求货主开箱，查验货物。此时查货与征税时查货，其目的有所不同，征税关员查看实物，主要是为了确保税率，验放关员查看实物是为了确保货物的物理性质、化学性质以及货物的数量、规格、内容是否与报关单证所列完全一致，有无伪报、瞒报，走私等问题。

e. 除海关总署特准免验的货物外，所有货物都在海关查验范围之内。

（4）报关期限与滞报金

a. 海关法规定，进口货物报关期限内为：自运输工具进境之日起的十四日内，超过这一期限报关的，由海关征收滞报金；

b. 滞报金每天的征收标准为货物到岸价格的万分之五。

（5）货代公司对开验工作的实施

海关对进出口货物实施开箱检验是项经常性的工作，占到货票数的一定比例。为此货运代理公司必须配备一定人员和工具协助海关，对货物实施开箱检验工作。

客户自行报关的货物，一般由货主到货运代理的监管仓库借出货物，由代理公司派人陪同货主一并协助海关开验。开验后，代理须将已开验货物封存，运回监管仓库储存。

客户委托代理公司报关（含运输）的货物，代理公司须通知货主单位，由其派人前来或书面委托代办开验。开验后，代理公司须将已开验货物封装，运回监管仓库储存。

海关对大件货物，开箱后影响运输的货物实施开验时，货运代理公司及货主应如实将情况向海关说明，可申请海关派员到监管仓库开验，或直接到货主单位实施开验。

6. 收费、发货

（1）收费　货运代理公司仓库在发放货物前，一般先将费用收妥。收费内容有以下。

① 到付运费及垫付佣金；

② 单证和报关费；

③ 仓储费（含冷藏、冷冻、危险品、贵重品特殊仓储费）；

④ 装卸、铲车费；

⑤ 航空公司到港仓储费；

⑥ 海关预录入、动植检、卫检报验等代收付费用；

⑦ 关税及垫付佣金。

除了每次结清提货的货主外，经常性的货主可与货运代理公司签订财务付费协议，实施先提货，后付款，按月结账的付费方法。

（2）发货　办完报关、报验等进口手续后，货主须凭盖有海关放行章、动植物报验章、卫生检疫报验章（进口药品须有药品检验合格章）的进口提货单到所属监管仓库付费提货。

仓库发货时，须检验提货单据上各类报关、报验章是否齐全，并登记提货人的单位、姓名、身份证号以确保发货安全。

保管员发货时，须再次检验货物外包装情况，遇有破损、短缺，应向货主做出交代。

① 分批到达货：收回原提货单，出具分批到达提货单，待后续货物到达后，即通知货主再次提取；

② 航空公司责任的破损、短缺，应由航空公司签发商务记录；

③ 货运代理公司责任的破损、短缺，应由代理公司签发商务记录；

④ 遇有货代公司责任的破损事项，应尽可能商同货主、商检单位立即在仓库做商品检验，确定货损程度，要避免后面运输中加剧货损的发展。

发货时，应协助货主装车，由其遇有货物超大超重，件数较多的情况，应指导货主（或提货人）合理安全装车，以提高运输效率，确保运输安全。

7. 送货与转运

出于多种因素（或考虑便利，或考虑节省费用，或考虑运力所限），许多货主或国外发货人要求将进口到达货由货运代理报关、垫税，提货后运输到直接收货人手中。货运代理公司在代理客户制单、报关、垫税、提货、运输的一揽子服务中，由于工作熟练，衔接紧密，服务到位，因而受到货主的欢迎。

（1）送货上门业务　送货上门业务主要指进口清关后，货物直接运送到货主单位，运输工具一般为汽车。

（2）转运业务　转运业务主要指将进口清关后货物转运至内地的货运代理公司，运输方式主要为飞机、汽车、火车、水运、邮政。

办理转运业务，须由内地货运代理公司协助收回相关费用，同时口岸货代公司亦应支付一定比例的代理佣金给内地代理公司。

（3）进口货物转关及监管运输

进口货物转关，是指货物入境后不在进境地海关办理进口报关手续，而运往另一设关地点办理进口海关手续，在办理进口海关手续前，货物一直处于海关监管之下，转关运输亦称监管运输，意谓此运输过程置于海关监管之中。

① 转关条件　进口货物办理转关运输必须具备下列条件。

a. 指运地设有海关机构，或虽未设海关机构，但分管海关同意办理转关运输，即收货人所在地必须设有海关机构，或邻近地区设有分管该地区的海关机构。

b. 向海关交验的进境运输单据上列明到达目的地为非首达口岸，须转关运输。

c. 运输工具和货物符合海关监管要求，并具有加封条件和装置。海关规定货物采用汽车运输时，必须使用封闭式的货柜车，由进境地海关加封，指运地海关启封。

d. 转关运输的单位必须是经海关核准、认可的航空货运代理公司。一般运输企业，尤其是个体运输者，即使拥有货柜车，也不能办理转关运输。

办理转关运输还应遵守海关的其他规定，如转关货物必须存放在海关同意的仓库、场所，并按海关规定办理收存、交付手续；转关货物未经海关许可，不得开拆、改装、调换、提取、交付；对海关加封的运输工具和货物，应当保持海关封志完整，不能擅自开启，必须负责将进境地海关签发的关封完整及时交指运地海关，并在海关规定的期限办理进口手续。

② 转关手续　转关货物无论采用飞机运输、汽车运输、火车运输，转关申请人（或货运代理）均须首先向指运地海关申请“同意签收××运单项下进口货物转关运输至指运地”的关封。

办理进口货物转关运输手续时，应向进境地海关递交以下单证。

a. 指运地海关同意转关运输的关封；

b.《转关运输申报单》；

c. 国际段空运单、发票。

进境地海关审核货运单证同意转关运输后：

a. 将货物运单号和指运地的地区代号输入计算机进行核销，并将部分单据留存；

b. 将运单、发票、转关货物准单各一份装入关封内，填妥关封号，加盖验期讫章；

c. 在运单正本上加盖放行章；

d. 在海关配发给各代理公司的转关登记簿上登记，以待以后收回回执核销；

e. 采用汽车转关运输时，并需在海关颁发的货运代理监管运输车辆的“载运海关监管货物车辆登记簿”上登记、待销。

转关货物无论以后采用何种运输方式，无论将货物监管运输至指运地民航监管仓库、货运代理公司监管仓库或收货人单位，等货物转关进入指运地海关监管之下，指运地海关应将“转关运输货物准单”回执联填妥，盖章后，寄还给入境地海关核销。货运代理公司再据以核销细节的转关登记簿上的有关项目，已完成整个转关运输程序。

项目三 国际航空货运单证制作

一、国际货物托运书

托运书（shippers letter of instruction，简称SLI）是托运人用于委托承运人或其代理人填开航空货运单的一种表单，表单上列有填制货运单所需各项内容，并应印有授权于承运人或其代理人代其在货运单上签字的文字说明。

国际航空货物托运书如图4-9、图4-10所示。

托运书包括下列内容栏。

（1）托运人（shippers' name and address） 填列托运人的全称、街名、城市名称、国家名称及便于联系的电话、电传或传真号码。

（2）收货人（consignees' name and address） 填列收货人的全称、街名、城市名称、国家名称（特别是在不同国家内有相同城市名称时，更应注意填上国名）以及电话号、电传号或传真号，本栏内不得填写“to order”或“to order of the shipper”（按托运人的指示）等字样，因为航空货运单不能转让。

（3）始发站机场（airport of departure） 填始发站机场的全称，可填城市名称。

（4）目的地机场（airport of destination） 填目的地机场（机场名称不明确时，可填城市名称），如果某一城市名称用于一个以上国家时，应加上国名。例如，London UK 伦敦，英国；London KY US 伦敦，肯塔基州，美国；London ON CA 伦敦，安大略省，加拿大。

（5）要求的路线/申请订舱（requested routing/requested booking） 本栏用于航空公司安排运输路线时使用，但如果托运人有特别要求时 也可填入本栏。为保证制单承运人收运的货物可以被所有续运承运人接受，可查阅TACT—Rules8. 1的双边联运协议（图4-11）。

中转站的装卸及仓储条件情况在TACT—Rules7. 3中（图4-12）

（6）供运输用的声明价值（declared value for carriage） 填列供运输用的声明价值金额，该价值即为承运人赔偿责任的限额。承运人按有关规定向托运人收取声明价值费。但如果所交运的货物毛重每公斤不超过20美元（或等值货币），无须填写声明价值金额，可在本栏内填入“NVD”（no value declared，未声明价值），如本栏空着未填写时，承运人或其代理人可视为货物未声明价值。

（7）供海关用的声明价值（declared value for customs） 国际货物通常要受到目的站海关的检查，海关根据此栏所填数额征税。

（8）保险金额（insurance amount requested） 中国民航各空运企业暂未开展国际航空运输代保险业务，本栏可空着不填。

（9）处理事项（handling information） 填列附加的处理要求。例如，另请通知（also notify）除填收货人之外，如托运人还希望在货物到达的同时通知他人，请另填写通知人的全名和地址；外包装上的标记；操作要求，如易碎、向上等；

（10）运单所附文件（documentation to accompany Air waybill） 填列随附在货运单上运往目的地的文件，应填上所附文件的名称。例如，托运人所托运的动物证明书（shipper's certification for live animals）。

深圳金士达国际空运货物托运书

SHIPPER'S LETTER OF INSTRUCTION

托运人名称和地址 SHIPPER' S NAME AND ADDRESS	供承运人填写（FOR CARRIER USE ONLY）
	路线 ROUTING
	预计到达日期 ESTIMATE DATE OF ARRIVAL
	□ 门到门 (D/D)　□ 门到机场 (D/P)　□ 机场到机场 (P/P)　□ 机场到门 (P/D)
收货人名称和地址 CONSIGNEE'S NAME AND ADDRESS	运费 RATE　□ 空运 AIR RATE　□ 海运 SEA RATE
	到付款:
	运费 FREIGHT CHARGES　□ 运费预付（PREPAID）　□ 运费到付（COLLECT）
并通知 NOTIFY PARTY	杂项 OTHER CHARGES　□ 杂项预付（PREPAID）　□ 杂项到付(COLLECT)
	代收其它特别费用 COLLECTION CHARGES　□ 预付（P/P）　□ 到付（C/C）
目的地 DESTINATION:	所付文件（配额请注明）
是否代办保险 INSURANCE　□ 是 YES　□ 否 NO	DOCUMENT TO ACCOMANY AIR WAYBILL
保险数目 INSURANCE AMOUNT	□ 包装清单 PACKING LIST　□ 商业发票 COMMERCIAL INVOICE　□ 原产地证明 CERTIFICATE OF ORIGIN　□ 其它 OTHERS
处理情况（运输特别要求） HANDLING INFORMATION	信用证 L/C OR NOT　｜　退税 DRAW BANK OR NO
主单 MASTER BILL　｜　分单 HOUSE BILL	申报价值 DECLARED VALUE
货物品名 NATURE OF GOODS　　BAGS	唛头 MARKS

件数 NO OF PACKAGES CTNS	毛重 GROSS WEIGHT KGS	体积重 VOL WEIGHT	规格及数量（包括体积及尺寸） INCLUDING DIMENSIONS OF VOLUME	备注

托运人证明以上所填写全部属实并愿意遵守承运人的一切载运章程，同时承担由此产生的法律责任。

I DECLARE THAT ALL INFORMATION CONTAINED IN THIS INVOICE TO BE TRUE AND CORRECT.

SIGNATURE OF SHIPPER/EXPORTER（TYPE NAME AND TITLE AND SIGN）

托运人签字及盖章 SIGNATURE OF SHIPPER & STAMP	经手人 AGENT
日期 DATE	日期 DATE

请认真填写，此单为空运提单补料，回传：0755—82229682　　TEL:0755-82221182

图 4-9　国际航空货物托运书（供托运人用）

（11）件数和包装方式（mumber and kind of packages）　填该批货物的总件数，并注明其包装方法。例如，包裹（package）、纸板盒（carton）、盒（case）、板条箱（crate）、袋

国际货物托运书 货运单号码

SHIPPER'S LETTER OF INSTRUCTION NO. OF AIR WAYBILL

始发站 AIRPORT OF DEPARTURE	到达站 AIRPORT OF DESTINATION	供承运人用 FOR CARRIER USE ONLY	
SHANGHAI	HONGKONG	航班/日期 FIGHT/DATE	航班/日期 FIGHT/DATE

线路及到达站 ROUTING AND DESTINATION

至 TO:	第一承运人 FIRST CARRIER	至 TO:	至 TO:	至 TO:	至 TO:	至 TO:	至 TO:

已预留吨位 BOOKED

收货人帐号 CONSIGNEE'S ACCOUNT NUMBER	收货人姓名及地址 CONSIGNEE'S NAME AND ADDRESS

ROSE FRANCE IMPORT AND EXPORT CO.,
24 SANT MART RUE PARIS

另请通知 ROSE FRANCE IMPORT AND EXPORT CO.,
ALSO NOTIFY 24 SANT MART RUE PARIS

唛头：

托运人帐号 SHIPPER'S ACCOUNT NUMBER	托运人姓名及地址 SHIPPER'S NAME AND ADDRESS

SINOTEX UNITED IMPORT & EXPORT LTD
3208 32FL., JINMAO BUILDONG PUDONG NEW DISTRICT SHANGHAI

托运人声明的价值 SHIPPER'S DECLARED VALUE		保险金额 AMOUNT OF INSURANCE	所附文件 DOCUMENT ACCOMPANY TO AIR WAYBILL
供运输用 FOR CARRIAGE	供海关用 FOR CUSTOMS		

件数 NO. OF	实际毛重(公斤) ACTUAL	运价类别 RATE	收费重量 CHAGEABLE WEIGHT	费率 RATE/CHARGE	货物品名及数量(包括体积或尺寸) NATURE AND QUANTITY OF GOODS
30CTNS	840.00KGS				LEATHER SLIPPERS

在货物不能交收货人时，托运人指示处理方法
SHIPPER'S INSTRUCTION IN CASE OF INABLITY TO DELIVER SHIPMENT AS CONSIGNED

处理情况(包括包装方式，货物标志及号码等)
HANDLING INFORMATION(INCL. METHOD OF PACKING, INDENTIFY MARK AND NUMBERS ETC.)

托运人证实以上所填全部属实并愿意遵守承运人的一切载运章程
THE SHIPPER CERTIFIES THAT THE PARTICULAR ON THE FACE HEREOF ARE CORRECT AND AGREE TO THE CONDITIONS OF CARRIAGE OF THE CARRIER.

托运人签字 SHIPPER'S SIGNATURE	日期 DATE	经手人 AGENT

图 4-10 国际航空货物托运书（供承运人用）

(bag)、卷（roll）等，如货物没有包装时，就注明为散装（loose）。

AIR CHINA INTERNATIONAL

AH AI AN AR AS BD BR BU CI CU CW CX CZ EG
EK E4 FB FI FJ GF GV GY HP IB IR IW IY JD
JK JU KE KK KL KM LX L6 MA MD MH MK MS M4
NF NH NW OA OS OV OZ PH PX PY QF QR RJ RK
SA
SB SK SN SR SV TE TU TW UK US VP WF
YX Z9
5R 8K

图 4-11 TACT—Rules8.1 的双边联运协议

CHINA, PEOPLES' REPUBLIC OF （CN）

Amount shown are expressed in Yuan Renminbi（CNY）

1.2 AIRPORT FACILITIES

Beijing, Shanghai

1.2.2 Storage

Safe for valuables: Available, for small consignment only.

Cold storage: Available

图 4-12 TACT—Rules7.3 中的中转站的装卸及仓储条件情况

（12）实际毛重（actual gross weight）　本栏内的重量应由承运人或其代理人在称重后填入。如托运人已经填上重量，承运人或其代理人必须进行复核。

（13）运价类别（rate class）　本栏可空着不填，由承运人或其代理人填写。

（14）计费重量（chargeable weight）　本栏内的计费重量应由承运人或其代理人在量过货物的尺寸（以厘米为单位），由承运人或其代理人算出计费重量后填入，如托运人已经填上时，承运人或其代理人必须进行复核。

（15）费率（rate/charge）　本栏可空着不填。

（16）货物的品名及数量（包括体积及尺寸）[nature and quantity of goods（Incl dimensions or volume）]　填货物的品名和数量（包括尺寸或体积）。若一票货物包括多种物品时，托运人应分别申报货物的品名，填写品名时不能使用“样品”“部件”等这类比较笼统的名称。货物中的每一项均须分开填写，并尽量填写详细，例如，“9 筒 35mm 的曝光动画胶片”“新闻短片（美国制）”等，本栏所属填写内容应与出口报关发票、进出口许可证上所列明的货物相符。

运输下列货物按国际航协有关规定办理（参阅 TACT—Rules2. 3. 3/7. 3/8. 3）：活体动物；个人物品；枪械、弹药、战争物资；贵重物品；危险物品；汽车；尸体；具有强烈气味的货物；裸露的机器、铸件、钢材；湿货；鲜货易腐物品。

危险品应填写适用的准确名称及标贴的级别。

（17）托运人签字（signature of shipper）　托运人必须在本栏内签字。

（18）日期（date）　填托运人或其代理人交货的日期。

在接受托运人委托后，单证操作前，货运代理公司的指定人员对托运书进行审核或称之为合同评审。审核的主要内容包括：价格、航班日期。目前，审核起降航班的航空公司大部分采取自由销售方式。每家航空公司、每条航线、每个航班甚至每个目的港均有优惠价也不尽相同。所以有时候更换航班，运价也随之更换。需要指出的是货运单上显示的运价虽然与托运书上的运价有联系，但也有很大区别。货运单上显示的是 TACT 上公布的适用运价和费率，托运书上显示的是航空公司优惠价加上杂费和服务费或使用协议价格。托运书的价格审核就是判断其价格是否能被接受，预订航班是否可行。审核人员必须在托运书上签名和注明日期以示确认。

二、国际航空货运单

填制航空货运单的主要依据是发货人提供的国际货物托运书。货运单一般用英文填写，目的地为香港地区的货物运单可以用中文填写，但货物的品名一定用英文填写。托运书上的各项内容都应体现在航空货运单上，如发货人和收货人的全称、详细地址、电话、电传、传真和账号；出口货物的名称、件数、重量、体积、包装方式；承运人和代理人的名称和城市名称；始发地机场和目的地机场等。

对于已事先订舱的货物和运费到付的货物，运单上还要注明已订妥的航班号、航班日期。对于运输过程中需要特殊对待的货物（如需冷藏、保持干燥），应在货运单“handling information”一栏中注明。

按体积重量计算运费的货物，在货运单上货物品名一栏中需注明体积、尺寸。托运人提供的货物合同号、信用证号码等，如有必要应在货运单上注明。货运单因打字错误或其他原因需要修改时，应在更改处加盖本公司修改章。

货物的实际重量，以航空公司的重量为准。重量单位一般以公斤来表示。

运价类别一般用“M、N、Q、C、R、S”来表示。

所托运货物，如果是直接发给国外收货人的单票托运货物，填开航空公司运单即可。如果货物属于以国外代理人为收货人的集中托运货物，必须先为每票货物填开航空货运代理公司的分运单；然后再填开航空公司的总运单，以便国外代理对总运单下的各票货物进行分拨。

接到移交下来的交接单、托运书、总运单、分运单、报关单证，进行分运单、总运单直单、拼总运单的运单填制。总运单上的运费填制按所适用的公布运价，并注意是否可以用较高重量点的运价，分运单上的运费和其他费用按托运书和交接单的要求。

相对应的几份分运单件数应与总运单的件数相符合；总运单下有几份分运单时，需制作航空货物清单。

最后制作《空运出口业务日报表》供制作标签用。

1. 货运单定义及构成

航空货运单是由托运人或以托运人名义填制，是托运人和承运人之间在承运人的航线上运输货物所定的运输契约。航空货运单不可转让。

我国的航空货运单由一式十二联组成，包括三联正本，六联副本和三联额外副本。

航空货运单各联的分发如表 4-18 所示。

表 4-18 国际航空货运单各联的分发

序号	名称及分发对象	颜色
A	Original 3 （正本 3，给托运人）	浅蓝色
B	Copy 9 （副本 9，给代理人）	白色
C	Original 1 （正本 1，交出票航空公司）	浅绿色
D	Original 2 （正本 2，给收货人）	粉红色
E	Copy 4 （副本 4，提取货物收据）	浅黄色
F	Copy 5 （副本 5，给目的地机场）	白色
G	Copy 6 （副本 6，给第三承运人）	白色
H	Copy 7 （副本 7，给第二承运人）	白色
I	Copy 8 （副本 8，给第一承运人）	白色
J	Extra Copy （额外副本，供承运人使用）	白色
K	Extra Copy （额外副本，供承运人使用）	白色
L	Extra Copy （额外副本，供承运人使用）	白色

其中，正本 3 的托运人联，在货运单填制后，此联交给托运人作为托运货物及货物预付时运费的收据。同时，也是托运人与承运人之间签订的有法律效力的运输文件。

2. 货运单的用途

货运单是托运人或其代理人所使用的最重要的货运文件，其作用归纳如下。

（1）是承运人与托运人之间缔结运输凭证的运输契约。

（2）是承运人收运货物的证明文件。

（3）是运费结算凭证及运费收据。

（4）是承运人在货物运输组织的全过程中运输货物的依据。

（5）是国际进出口货物办理清关的证明文件。

（6）是保险证明。

3. 货运单填开责任

依据《华沙公约》、《海牙议定书》和承运人运输条件的条款规定，承运人的承运条件为托运人准备航空货运单。

托运人有责任填制航空货运单。规定明确指出，托运人应自行填制航空货运单，也可以要求承运人或承运人授权的代理人代为填制。托运人对货运单所填各项内容的正确性、完备性负责。由于货运单所填内容不准确、不完全，致使承运人或其他人遭受损失，托运人负有责任。托运人在航空货运单上的签字，证明其接受航空货运单正本背面的运输条件和契约。

根据《中华人民共和国民用航空法》第一百一十三条和第一百一十四条规定，托运人应当填写航空货运单正本一式三份，连同货物交给承运人。承运人有权要求托运人填写航空货运单，托运人有权要求承运人接受该航空货运单。托运人未能出示航空货运单，航空货运单不符合规定或有航空货运单遗失，不影响运输合同的存在或有效。

4. 货运单的限制

一张货运单只能用于一个托运人在同一时间、同一地点托运的由承运人运往同一目的站同一收货人的一件或多件货物。

货运单可以代表航空公司身份，由该航空公司印制的货运单。还可以是非任何一个航空公司印制的，代表中立的货运单。

“不可转让”的意义。货运单的右上端印有“不可转让”（Not Negotiable）字样，其意义是指航空货运单仅作为货物航空运输的凭证，所有权属于出票航空公司，与可以转让的海运提单恰恰相反。因此，任何 IATA 成员都不允许印制可以转让的航空货运单，货运单上的“不可转让”字样不可被删去或篡改。

5. 货运单号码

货运单号码是货运单不可缺少的重要组成部分，每本货运单都有一个号码，它直接确定航空货运单的所有人——出票航空公司，它是托运人、发货人或其他代理人向承运人询问货物运输情况的重要依据，也是承运人在各个环节组织运输，如订舱、配载、查询货物时必不可少的依据。

6. 关于承运人责任限额的通知

如运输的目的地点或经停地点不在出发地点所在国家内，《华沙公约》即可适用于该项运输，该公约规定在任何情况下限制承运人对货物遗失、损坏或延迟所负的责任为每公斤 250 法国金法郎，除非托运人事先声明一个较高的价值，并按需求缴付附加费的费用。凡是符合中共民航运输规定的运输，承运人的责任也受上述同样限制。每公斤该货物 250 法国金法郎的责任限额，约为每公斤 20 美元，是以每盎司黄金价值 42.22 美元为基础的。

7. 契约的条款

（1）本契约中承运人是指承运人或准备承运货单上所载货物，或是为运输本票货物提供其他服务的单位。华沙公约是指 1929 年 10 月 12 日在华沙签署的《统一某些有关国际航空运输规定的公约》，或是指 1955 年 9 月 28 日在海牙签署的修订本。法国金法郎是指 1 法郎含有纯度为 90％的 65.5mg 黄金的法郎。

（2）以下讲到的运输是指承运人责任受华沙公约限制的运输，是华沙公约所定义的国际运输。

（3）除受华沙公约制约之外，每个承运人的运输和提供的其他服务还受到以下限制：

① 适用的法律（包括国家执行公约的法律），政府的规定、命令、要求的限制。

② 本契约提出的条款限制。

③ 承运人的运价规定，运输条件规定和航班表（不是指起飞、降落的时间）也成为规定的一部分，并且可以在其任一办公室，任一提供定期航班服务的机场进行检查。

对于美国、加拿大和其他地区的运输，应采用美国、加拿大与这些国家间使用的运价。

④ 第一承运人的名称见货运单的缩写，全称见该承运人的运价、运输条件规定和时刻

表，第一承运人的地址是货运单上的离港机场。双方同意的经停点（承运人必要时可以修改）是除了始发地、目的地以外货运单上的其他地点，或是承运人的航班表中规定的经停点。几个承运人共同完成一次运输。

⑤ 本契约所指运输应遵守《华沙公约》所制定的有关责任规定，除非此种运输不是公约中所指的“国际运输”。为了不与上述公约解释相矛盾，各承运人提供的运输和其他服务应遵守下列规定：

a. 适用的法律（包括履行公约的国家法律）、政府规章、命令和要求；

b. 契约的规定；

c. 承运人适用的运价规则、运输条件规章和班期时刻表为本契约的组成部分。

并可在承运人的任一办事处和它仍经营的定期航班的机场内查到。美国或加拿大的某一地点与境外任一地点之间的运输，其适用运价应为这些国家之间的有效运价。

⑥ 第一承运人的名称在本页正面上可用简称，其全称及简称见该承运人的运册、运输条件规章和班期时刻表，第一承运人的地址是填写在本页正面上的出发点机场，约定的经停地点（必要是承运人可改变）是始发地点和目的地点外，在本页正面上所填列的地点或在承运人的班期时刻表内所列航班的经停地点。由几个承运人连续的运输，应视为一个单一运输。

⑦ 除非承运人的运价或运输条件中另有规定，华沙公约不适用于该项运输时，承运人对货物损失、损坏或延迟所负的责任以不超过每公斤 20 美元或其等值货币为限，除非托运人对贵重货物声明一个较高的价值并交付了附加费。

⑧ 如货运单正面作为“供运输用声明价值”一栏中所填金额超过上述“声明”和本契约条款中所规定乃适用责任限额，并且托运人按照承运人的运价，运输条件或规章交付了所规定的附加费，就是构成一个特别声明价值，在此情况下承运人的责任限额将为其所声明的价值。赔偿数额将依据实际损失的证明予以赔偿。

⑨ 如遇货物部分遗失、损坏或延误，在确定承运人的责任限额时，计算赔偿的重量只能是该件或其有关件若干的重量。

注：除非另有规定，美国联邦航空法中所指“国际运输”修订为如一批货物或其部分遗失、损坏或延误，确定承运人的责任限额的重量应为决定这批货物运输所用的重量（或部分货物遗失、损坏或延迟按所占重量比例决定）。

⑩ 对承运人责任的任何免除或限制，应适用于有利于承运人的代理人、受雇人和代表，以及承运人为运输而使用其飞机的所有人及其代理人、受雇人和代表。本条的规定是承运人在此作为代理人，代理上述所有人员。

⑪ 承运人为完成本契约的运输可做合理的安排。承运可改变承运人或飞机并无须事先通知改变运输方式，但应适当照顾托运人的利益。承运人有权选择路线或变更货运单本页正面上填列的路线。本款不适用于至/自美国的运输。

承运人为完成本契约的运输可做合理的安排，除了承运人的运价在美国可以适用外，承运可改变承运人或飞机并无须事先通知改变运输方式，承运人有权选择路线或变更货运单本页面上所填列的路线。本款适用于至/自美国的运输。

⑫ 依据本契约条件规定，货物在承运人或其代理人照管期内，由承运人负责。

⑬ a. 除未经托运人的书面同意，承运人将款项记入收货人的贷方者外，托运人保证按照承运人的运费规定、运出条件和有关规章，适用的法律（包括现行的国家法律）、政府规章、命令和要求交付应付的一切规定。

b. 如果托运货物全部未能交付，即使运输未曾交付，对该批货物的索赔要求也应接受。

⑭ 货物到达通知应立即发给收货人或本页正面所列的另请通知人，货物到达目的地点时，如事先收到托运人的其他指示，可按其指示交付货物，否则按收货人的指示办理。

⑮ a. 交付货物时，在下列情况下收货人有权向承运人提出异议，但必须用书面形式。

ⅰ. 货物的明显损坏，应在发现损坏时立即提出，最迟在收到货物后 14d 内提出；

ⅱ. 货物的其他损坏，自收到货物之日起 14d 内提出；

ⅲ. 货物延迟，自其自由支配货物之日起 21d 内提出；

ⅳ. 货物没有交付，自填开货运单之日起 120d 内提出。

b. 如对上述所述异议，应以书面形式提出，交给货运单所属空运企业或给第一承运人，或给最后承运人，或给在运输中发生货物遗失、损坏或延误的承运人。

c. 诉讼应在货物到达目的地之日起，或从飞机应该到达之日的当日起，或从运输停止之日起两年内提出，否则即丧失承运人诉讼的权利。

⑯ 托运人应遵守一切有效法律和运输货物始发、到达、经停或飞越任何国家的政府规章，包括有关货物包装、运输或货物的交付，以及为了遵守上述法律和规章必须提供的各种必要资料和货运单的随附文件。对于托运人不遵守本条规定所造成的损失或费用，承运人对托运人不负责任。

⑰ 承运人的代理人、受雇人或代表均无权改变、修改或废止本契约的任一条款。

⑱ 在要求保险和已交付保险费，并且将保险金额在本页正面写上，即证明该运单上所列货物已经保险，其申请保险数额为货运单正页上所列数额（赔偿金额以遗失和损坏的货物实际价值为限，但此金额不能超过所保险的金额）。该保险应符合保险合同的条款、条件和范围（某些风险除外），保险合同可由填开货运单承运人办事处的有关当事人进行审批，此种保险的索赔须立即向承运人提出。

8. 填制货运单的要求

运单要求用英文打字机或计算机，用英文大写字母打印，各栏内容必须准确、清楚、齐全，不得随意涂改。

货运单已填内容在运输过程中需要修改时，必须在修改项目的近处盖章，注明修改货运单的空运企业名称、地址和日期。修改货运单时，应将所有剩余的各联一同修改。

货运单的各栏目中，有些栏目印有阴影。其中，有标题的阴影栏目仅供承运人填写。使用没有标题的阴影栏目一般不需填写，除非承运人特殊需要。

9. 货运单各项栏目的填写说明

① 货运单号码（the air waybill number）　货运单号码应清晰地印在货运单的左右上角以及右下角（中性货运单需自行填制）。

a. 航空公司的数字代号（1A）airline code number；

b. 货运单序号及检验号（1B）serial number.

注意：第八位数字是检验号，是前 7 个数字对 7 取模的结果。

第四位数字与第五位数字之间应留有比其他数字之间较大的空间。

例如，777—1234 5675

② 始发站机场（airport departure）　填制始发站机场的 IATA 三字代号（如果始发地机场名称不明确，可填制机场所在城市的 IATA 三字代号）。

③ 货运单所属承运人的名称及地址（1C）（issuing carrier name and address）　此处一般印有航空的标志、名称和地址。

④ 正本联说明（1D）reference to originals　无需填写。

⑤ 契约条件（1E）reference to conditions of contract　一般情况下无需填写，除非承运人需要。

⑥ 托运人栏（shipper）　shipper's name and address（托运人姓名和地址）（2）：填制托运人姓名（名称）、地址、国家（或国家两字代号）以及托运人的电话、传真、电话号码。shipper's account number（托运人账号）（3）：此栏不需填写，除非承运人需要。

⑦ 收货人栏（consignee）　consignee's name and address（收货人姓名和地址）（4）：填制托运人姓名（名称）、地址、国家（或国家两字代号）以及托运人的电话、传真、电话号码。consignee's account number（收货人账号）（5）：此栏仅供承运人使用，一般不需填写，除非最后承运人需要。

⑧ 填开货运单地承运人代理栏（issuing carrier's agent）　航空货运单示例见表 4-19。

表 4-19　航空货运单示例

(1A)（1B）　　　　　　　　　　　　　　　　　　　　　　　(1A)（1B）

Shipper' saNameaandaAddress (2)	(3)Shipper's Account Number	**NOT Negotiable** **Air Waybill** **ISSUED BY** (1C) Copies 1,2and3 of this Air Waybill are originals and have the same validity. (1D)
Consignee's Name and Address (4)	(5)Consignee's Account Number	It is agreed that the goods described herein are accepted in apparent good order and condition(except as noted)for carriage SUBJECT TO THE CONDITIONS OF CONTRACT ON THE REVERSE HEREOF. ALL GOOS MAY BE CARRIED BY ANY OTHER MEANS INCLUDING ROAD OR ANY OTHER CARRIER UNLESS SPECIFIC CINTRARY INSTRUCITONS ARE GIVEN HEREON BY THE SHIPPER, AND SHIPPER AGREES THAT THE SHIPMENT BAY BE CARRIED VIA INTERMEDIATE STIPPING PLACES WHICH THE CARRIER DEEMS APPROPRIATE. THE SHIPPER'S ATTENTION IS DRAWN TO THE NOTICE CONCERNINC CARRIER'S LIMITATION OF LIABILITY. Shipper may increase such limitation of liability by declaring a higher value for carriage and paying a supplemental charge if required. (1E)
Issuing Carrier's Agent Name and City (6)		Accounting Information (10)
Agent's IATA Code (7)	Account No. (8)	
Airport of Departure(Addr. of First Carrier)and Requested Routing (9)		**Reference NumberOptional Shipping Information**

TO (11A)	**Routing and Destination** By First Carrier(11B)	to (11C)	by (11D)	to (11E)	by (11F)	**Currency** (12)	**CHGS** (13)	**WT/VAL** **PPD** (14A)	COLL (14B)	**Other** **PPD** (15A)	COLL (15B)	**Declared Value** For Carriage (16)	**Declared Value** for Customs (17)

Airport of Destination (18)	Flight/Date (19A)(19B) Amount of Insurance(20)	INSURANCE-If carrier offers Insurance,and such insurance is requested in accordance with the conditionsthereof,indicate amount to be ins in figures in box marked"Amount of Insurance".
Handling Information(21)		

No. of Pieces RCP	Gross Weight	Kg Lb			Rate Class Commodity Item No.	Chargeable Weight	Rate / Charge	Total	Nature and Quantity of Goods (incl. Dimensions or Volume)
(22A)	**(22B)**	(22C)	(22M)	(22D)	(22E)	(22F)	(22G)	(22H)	(22I)
(22J)	(22K)							(22L)	

（续）

Prepaid　Weight Charge	Collect	
(24A)	(24B)	Other Charges (23)
Valuation Charge (25A)	(25B)	
Tax (26A)	(26B)	
Total Other Charges Due Agent (27A)	(27B)	
Total Other Charges Due Carrier (28A)	(28B)	**Shipper certifies that the particulars on the face hereof are correct and that insofar as any part of the consignment contains dangerous goods,auch part is properly described by name and is in proper condition for carriage by air according to the applicable Dangerous Goods Regulations. (31)** Signature of Shipper or his Agent
(29A)	(29B)	
Total Prepaid (30A)	Total Collect (30B)	Executed on(date)　at(place)　Signature of Issuing Carrier or its Agent (32A)(32B)(32C)
Currency Conversion Rates (34A)	CC Charges in Deat,Currency (34B)	
For Carrier's use only at Destination(33)	Charges at Destination (34C)	Total Collect Charges (34D)

ORIGINAL　3　(FOR SHIPPER)

a. name and city（名称和城市）(6)　填制向承运人收取佣金的国际航协代理人的名称和所在机场或城市。

根据货物代理机构管理规则，该佣金必须支付给目的站国家的一个国际航协代理，则该国际航协代理人名称和所在机场或城市必须填本栏。填入“收取佣金代理（commission agent)”字样。

b. agent's IATA code（国际航协代号）（7）　代理人在非货账结算区（non-cass areas)，打印国际航协 7 位数字代号，例 14—30288，代理人在货账结算区（cass areas)，打印国际航协 7 位数字代号，后面是三位 cass 地址代号，和一个冠以 10 位的 7 位数字代号检验位。例 34—41234/5671，cargo accounts settlement system，cass 货物财务结算系统，一些航空公司为便于内部系统管理，要求其代理在此处填制相应的代码。

c. account no.（账号）(8)　本栏一般不须填写，除非承运人需要。

⑨ 运输路线（routing）

a. airport of departure and requested routing（始发站机场）(9)　第一承运人地址和所要求的运输路线，此栏填制与栏中一致的始发站机场名称，以及所要求的运输路线。

注：此栏中应填制始发站机场或所在城市的全称。

b. 运输路线和目的站（routing and destination）

ⅰ. to（by first carrier）到（第一承运人）(11A)　填制目的站机场或第一个转运点的 IATA 三字代号（当该城市有多个机场，不知道机场名称时，可用城市代号）。

ⅱ. by first carrier 由第一承运人（11B）　填制第一承运人的名称（全称与 IATA 两字代号皆可）。

ⅲ. to（by second carrier）至（第二承运人）(11C)　填制目的站机场或第二个转运点的 IATA 三字代号（当该城市有多个机场，不知道机场名称时，可用城市代号）。

ⅳ. by（second carrier）由（第二承运人）(11D)　填制第二承运人的 IATA 两字代号。

ⅴ. to（by third carrier）至于（第三承运人）(11E)　填制目的站机场或第三转运点的 IATA 三字代号（当该城市有多个机场，不知道机场名称时，可用城市代号）。

ⅵ. by（third carrier）由（第三承运人）（11F） 填制第三承运人的IATA两字代号。

c. airport of destination（目的站机场）（18） 填制最后承运人的目的地机场全称（如果该城市有多个机场，不知道机场名称时，可用城市全称）。

Flight/Date（航班/日期—仅供承运人用）（19A）（19B）：本栏一般不需填写，除非参加运输各有关承运人需要。

⑩ 财务说明（accounting information）（10） 此栏填制有关财务说明事项。付款方式：现金支票或其他方式。用MCO付款时，只能用于作为货物运输的行李的运输，此栏应填制MCO号码，换取服务金额，以及旅客客票号码、航班、日期及航程。

注：代理人不得接受托运人使用MCO作为付款方式。

货物到达目的站无法交付收货人而需退运的，应将原始货运单号码填入新货运单的本栏内。

⑪ 货币（currency）（12） 填制始发国的ISO（国际标准组织）的货币代号；除目的站“国家收费栏”（33A）～（34D）内的款项货运单上所列明的金额均按上述货币支付。

⑫ 运费代号（CHGS Code）（仅供承运人用）（13） 本栏一般不需填写，仅供电子传送货运单信息时使用。

⑬ 运费（Charges）

a. WT/VAL航空运费（根据货物计费重量乘以适用的运价收取的运费）和声明的价值附加费的预付和到付（14A）（14B）。

ⅰ. 货运单上（24A）、（25A）或（24B）、（25B）两项费用必须全部预付或全部到付；

ⅱ. 在（14A）中打“×”表示预付，在（14B）中打“×”表示到付。

b. other（charges at origin）在始发站的其他费用预付和到付（24A）（25A）。

ⅰ. 货运单上（27A）、（28A）或（27B）、（28B）两项费用必须全部预付或全部到付；

ⅱ. 在（15A）中打“×”表示预付，在（15B）中打“×”表示到付。

⑭ 供运输用声明价值declared value for carriage（16） 打印托运人向货物运输声明的价值金额，如果托运人没有声明价值，此栏必须打印“NVD”字样。

注：no value declared，NVD没有申明价值。

⑮ 供海关用声明价值declared value for customs（17） 打印货物及通关时所需的商业价值金额，如果货物没有商业价值，此栏必须打印“NCV”字样。

注：no commocial value，NCV没有商业价值。

⑯ 保险的金额amount of insurance（20） 如果承运人向托运人提供代办货物保险业务时，此栏打印托运人货物投保的金额，如果承运人不提供此项服务或托运人不要求投保时此栏内必须打印“×××”符号。

⑰ 运输处理注意事项处填制相应的代码及航空公司注意事项handling information（21）

a. 如果是危险货物，有两种情况，一种是需要附托运人的危险品申报单，则本栏内应打印“dangerous goods as per attached shipper’s declaration”字样，对于要求装货机上的危险货物，还应再加上“cargo aircraft only”字样；另一种是属于不要求附危险品申报单的危险货物，则应打印“shipper’s declaration not required”字样。

b. 当一批货物中既有危险货物也有非危险货物时，应分别列明，危险货物必须列在第一项，此类货物不要求托运人附危险品申报单，且危险货物不是放射性物质且数量有限。

c. 其他注意事项尽可能使用“货物交换电报程序（Cargo-IMP）”中的代号和简语，例如，货物上的标志、号码以及包装方法；货运单所附文件，如托运人的动物证明书“shipper’s certification for live animals”装箱单“packing list”，发票“invoice”等；除收货人外，另请通知人的姓名、地址、国家，以及电话、电传或传真号码；货物所需要的特殊处理规定；海关规定等。

⑱ 货物运价细目（22A）～（22B）consignment rating details 一票货物中如含有两种或两种以上不同运价类别计费的货物应分别填写，每填写一项另起一行，如果含有危险品，则该危险货物应列在第一项。

件数/运价组合点 no. of pieces rcp（22A），打印货物的件数：如果使用非公布直达运价计算运费时，在件数的下面还应打印运价组合点城市的 IATA 三字代号。

毛重 gross weight（22B）：重量单位 kg/Lb（22C），以公斤为单位用代号“K”；以磅为单位用代号“L”。

运价等级 rate class（22D）。

根据需要打印下列代号。

M——最低运费 minimum charge；

N——45kg 以下（或 100kg 以下）运价 normal rate；

Q——45kg 以上运价 quantity rate；

C——指定商品运价 specific commodity rate；

R——等级货物附减运价 class rate reduction；

S——等级货物附加运价 class rate surcharge；

U——集装化设备基本运费或运价 unit load device basic charge or rate；

E——集装化设备附加运价 unit load device additional rate；

X——unit load device discount 集装化设备附加说明；

Y——unit load discount 集装化设备折扣。

商品品名编号 commodity item no.（22E）：使用指定商品运价时，此栏打印指定商品品名代号（打印位置应与运价代号 C 保持水平）；使用等级货物运价时，此栏打印附加或附减运价的比例（百分数）；如果是集装货物，打印集装货物运价等级。

计费重量 chargeable weight（22F）：打印与运价相应的货物计费重量。如果是集装货物则与运价代号“U”对应打印适合集装货物基本运费的运价点重量；与运价代号“E”对应打印超过使用基本运费的重量；与运价代号“X”对应打印集装器空重。

运价/运费 rate/charge（22G）：当使用最低运费时，此栏与运价代号“M”对应打印最低运费，打印与运价代号“N”“Q”“C”等相应的运价；当货物为等级货物时，此栏与运价代号“S”或“R”对应打印附加或附减后的运价；如果货物是集装货物，则与运价代号“U”对应打印集装货物的基本运费，与运价代号“E”对应打印超过基本运费的集装货物运价。

总计（22H）：打印计费重量与适用运价相乘后的运费金额；如果是最低运费或集装货物基本运费时，本栏与（22G）内金额相同。

货物品名和数量 nature and quantity of goods（22I）：本栏应按要求打印，尽可能地清楚、简明，以便涉及组织该批货物运输的所有工作人员能够一目了然。

打印货物的品名（用英文大写字母）：当一票货物中含有危险货物时，应分列打印，危险货物应列在第一项；活动物运输，本栏内容应根据 IATA 活动物运输规定打印；对于集合货物，本栏应打印“consolidation as per attached list”；打印货物的体积，用长×宽×高表示，例如，DIMS：40cm×30cm×20cm；可打印货物的产地国。

总件数（22J）：打印（22A）中各组货物的件数之和。

总毛重（22K）：打印（22B）中各组货物毛重之和。

总计（22L）：打印（22H）中各组货物运费之和。

一般不需打印，除非承运人需要，此栏内可打印服务代号：（22M）。

B——service shipment 公务货物；

C——company material 公司货物；

D——door to door service 门对门服务；

J——priority service 优先服务；

P——small package service 小件货服务；

T——charter 包机。

⑲ 其他费用 other charges (23)

a. 打印始发站运输中发生的其他费用，按全部预付或全部到付。

b. 作为到付的其他费用，应视为“代垫付款”托运人应按代垫付款规定支付手续费，否则，对其他运费应办理到付业务。

c. 打印“其他费用”金额时，应冠以下列代号：

AC——animal container 动物容器租费。

AS——assembly service fee 集中货物服务费。

AT——attendant 押运员服务费。

AW——air waybill 货物单费。

BR——bank release 银行放行。

DB——disbursement fee 代垫付款手续费。

DF——distribution service 分发服务费。

FC——charges collect fee 运费到付手续费。

GT——government tax 政府捐税。

HR——human remains 尸体、骨灰附加费。

LN——insuranc premium 代办保险服务费。

LA——live animals 动物处理费。

MA——miscellaneous——due agent 代理人收取的杂项费用。

MZ——miscellaneous——due carrier 填开货运单的承运人收取的杂项费用。

PK——packaging 包装服务费。

RA——dangerous goods surcharge 危险品处理费。

SD——surface charge destination 目的站地面运输费。

SI——stop in transit 中途停运费。

SO——storage origin 始发站保管费。

SR——storage destination 目的站保管员。

SU——surface charge 地面运输费。

TR——transit 过境费。

TX——taxes 捐税。

UH——ULD handling 集装设备操作费。

承运人收取的其他费用“C”表示。

代理人收取的其他费用“A”表示。

例如，AWC 为承运人收取的货运单费。

注：no value declared，NVD 没有申明价值。

⑳ 预付 Prepaid

a. weight charge 预付运费 (24A) 打印货物计费重量计得的货物运费，与 (22H) 或 (22L) 中的金额一致。

b. valuation charge (prepaid) 预付声明价值附加费 (25A) 如果托运人向货物运输商声明价值的话，此栏打印根据公式：(声明价值－实际毛重×最高赔偿额)×0.5%。

此项费用与 (22H) 或 (22L) 中货物运费一起必须全部预付。

c. （prepaid）tax 预付税款（26A） 打印适用的税款。此项费用与（22H）或（22L）中货物运费一起以及声明的价值附加费必须全部预付。

d. total other prepaid charges 预付的其他费用总额 根据（23）内的其他费用打印。

ⅰ. total（prepaid）charges due agent 预付由代理人收取的其他费用总额（27A）。

打印由代理人收取的其他费用总额。

ⅱ. total（prepaid）charges due carrier 预付由承运人收取的其他费用（28A）。

打印由承运人收取的其他费用总额。

e. （29A）无名称阴影栏目 本栏不需打印，除非承运人需要。

f. total prepaid 预付总计（30A） 打印（24A）（25A）（26A）（27A）（28A）等有关预付款项之和。

㉑ 到付 collect

a. weight charge 到付运费（24B） 打印按货物重量计得的货物航空运费，与（22H）或（22L）中的金额一致。

b. （collect）valuation charge 到付声明价值附加费（25B） 托运人向货物运输商声明价值的话，此栏打印根据公式：(声明价值－实际毛重×最高赔偿额)×0.5%计得的声明价值附加费金额。此项费用与（22H）或（22L）中货物运费一起必须全部到付。

c. （collect）tax 预付税款（26B） 打印适用的税款。此项费用与（22H）或（22L）中货物运费以及声明价值附加费一起必须全部到付。

d. total other collect charges 到付的其他费用总额 有关栏内容根据（23）内的其他费用打印。

ⅰ. total（collect）charges due agent 到付由代理人收取的其他费用总额（27B）。

打印由代理人收取的其他费用总额。

ⅱ. total（collect）charges due carrier 到付由承运人收取的其他费用总额（28B）。

打印由承运人收取的其他费用总额。

e. （29B）无名称阴影栏目 本栏不需打印，除非承运人需要。

f. total collect 到付总计（30B） 打印（24B）（25B）（26B）（27B）（28B）等有关到付款项之和。

㉒ 托运人证明栏 shipper's certification box（31） 打印托运人名称并令其在本栏内签字或盖章。

㉓ 承运人填写栏 carrier's execution box

a. executed on（date）填开日期（32A） 按日、月、年的顺序打印货运单的填开日期，(月份可用缩写）例：06 SEP2000

b. at（place）填开地点（32B） 打印机场或城市的全称或缩写。

c. signature of issuing carrier or it's agent 填开货运单的承运人或其代理人签字（32C） 填开货运单的承运人或其代理人在本栏内签字。

㉔ for carrier's use only at destination 仅供承运人在目的站适用（33） 本项不需打印。

㉕ 用目的站国家货币付费（仅供承运人使用）(34A)～(34D)

a. currency conversion rate 货币兑换比价（34A） 打印目的站国家货币代号，后面是兑换比率。

b. CC charges in destination currency 用目的站国家货币付费（34B） 将（29B）中所列到付总额，使用换算比率折算成目的站国家货币的金额，打印在本栏内。

c. charges at destination 在目的站的费用（34C） 最后承运人将目的站发生的费用金额包括利息（自然增长的）等，打印在本栏。

d. total collect chargers 到付费用总额（34D） 打印（24B）与（29B）内的费用金额之和。

工作任务单：国际航空货运代理操作模拟

一、项目背景资料

根据德胜贸易公司（Desun Trading CO.，LTD.）与德国 NEO 通用公司（NEO General Trading CO.，LTD.）的外销合同，安顺国际货运代理公司与德胜贸易公司签订了国际货运代理协议，安顺货代刘鑫将负责此项目，由其安排空运事宜，并代办订舱、保险、报检、报关、货物出运，刘鑫还将与德胜贸易公司进行代理费的结算。

销货合同如下。

销货合同
Sales Contract

卖方 Seller:	Desun Trading CO.,LTD. Shuguang Road NO. 16, Changsha 410000,China TEL:0084-731-8471×××× FAX:0084-731-8471××××	编号 NO.: 日期 Date: 地点 Signed in:	NEO2001026 Feb. 28,2008 Changsha,China
买方 Buyer:	NEO General Trading CO.,LTD. P. O. box 99552,Riyadh 22766,Germany TEL:0049-1-465×××× FAX:0049-1-465××××		

买卖双方同意以下条款达成交易：
This contract Is made by and agreed between the Buyer and Seller,in accordance with the terms and conditions stipulated below.

1. 品名及规格 Commodity & Specification	2. 数量 Quantity	3. 单价及价格条款 Unit Price & Trade Terms	4. 金额 Amount
		CPT Munich AIRport,Germany	
About 1700 Cartons Canned Mushrooms Pieces & Stems 24 Tins × 425 Grams Net Weight (D. W. 227 Grams) at USD7. 80 per Carton. Rose Brand.	1700 Cartons	USD7. 80	USD13260. 00
Total:	1700 Cartons		USD13260. 00

允许 With		溢短装，由卖方决定 More or less of shipment allowed at the sellers' option

5. 总值 Total Value	USD Thirteen Thousand Two Hundred and Sixty Only.
6. 包装 Packing	Exported Brown Carton
7. 唛头 Shipping Marks	Rose Brand 178/2001 Riyadh
8. 装运期及运输方式 Time of Shipment & means of Transportation	Not Later Than Apr. 30,2011 by Air
9. 装运港及目的地 Port of Loading & Destination	From:Changsha Huanghua International Airport,China To:Munich Airport,Germany
10. 保险 Insurance	
11. 付款方式 Terms of Payment	The Buyers shall open through a bank acceptable to the Seller an Irrevocable Letter of Credit payable at sight of reach the seller 30 days before the month of shipment,valid for negotiation in China until the 15th day after the date of shipment.
12. 备注 Remarks	

The Buyer	The Seller
NEO General Trading CO.,LTD （进口商签字盖章）	Desun Trading CO.,LTD. （出口商签字盖章）

请你根据以上资讯刘鑫完成相关工作。

二、操作步骤

1. 资讯阶段

（1）阅读合同，填写国际买卖合同中的详细内容，见表 4-20。

表 4-20　国际买卖合同

合同条款	详细内容
品名、品质条款	
数量条款	
单价、金额	
包装方式	
装运机场和目的机场	
装运日期	
保险条款	
费用计算	
付款方式	
报检	

（2）阅读教材和上网搜集资料，掌握国际航空货运代理的操作流程、航空货运单证填制方法、航空运费计算方法等知识。

2. 计划阶段和决策阶段

（1）以 4～6 人小组为单位进行操作。

（2）搜集资料，将各个环节操作流程、内容和工作要点填入下表，完成工作计划表（见表 4-21）。

表 4-21　工作计划表

序号	工作名称	工作内容	工作要点	责任人	完成日期

三、实施阶段

（1）描述国际航空出口货运代理主要工作流程。

（2）填写各环节主要单证，并进行货代费用计算。

（3）描述航空货运事故索赔流程和主要证明文件。

四、检查与评估阶段

将工作任务评价填入表 4-22。

表 4-22 工作任务评价表

能力		自评（10%）	小组互评（30%）	教师评价（60%）	合计
专业能力（60分）	1. 流程描述的正确性（5分）				
	2. 订舱，航班选择合理（15分）				
	3. 保险、报检和报关办理及时、合理（10分）				
	4. 单证填写的正确性（10分）				
	5. 费用计算正确（10分）				
	6. 索赔处理流程正确（10分）				
方法能力（40分）	1. 信息处理能力（10分）				
	2. 表达能力（10分）				
	3. 创新能力（10分）				
	4. 团体协作能力（10分）				
综合评分					

知识拓展练习

一、单项选择题

1. 航空货运中的特殊操作代码 PER 表示的中文含义是（　　）。

A. 活动物　　B. 易腐货物

C. 食品　　D. 航材

2. 在国际航空货物运输中，下列（　　）属于非公布直达运价。

A. 普通货物运价　　B. 等级货物运价

C. 分段相加运价　　D. 集装货物运价

3. 某集装箱代号为 AKA1234CZ，该集装箱属于（　　）。

A. 南方航空公司　　B. 东方航空公司

C. 国际航空公司　　D. 海南航空公司

4. 在国际航空货物运输中，下列说法错误的是（　　）。

A. 每件普通航空货物的最小体积不得小于 3cm×10cm×20cm

B. 每票普通货物的最小重量不得小于 1kg

C. 易碎物品每件重量不超过 25kg

D. 鲜活易腐货物每件重量以不超过 25kg 为宜

5. 日本大阪关西国际机场的三字代码是（　　）。

A. KIX　　B. ORD

C. CAN　　D. NRT

二、多项选择题

1. 根据我国民航总局的有关规定，国际货运代理企业申请民用航空运输销售代理资格应具备的条件是（　　）。

A. 申请人必须是注册资本达到一定数量的企业法人

B. 必须有至少三名取得国际货运代理资格证书的销售人员

C. 必须有固定的独立营业场所

D. 必须有必要的电信设备

2. 在国际航空运输中，某货运代理人从不同货主处接收了下列货物，其中可以拼装成一票货进行运输的货物是（ ）。

A. 工业钻石　　B. 普通电气元件

C. 运动鞋　　D. 大使馆的邮件

3. 国际航空集装器代号通常由前面 3 个字母、中间 4 位数字和后面 2 个字母组成。有关它们的说明正确表述的是（ ）。

A. 前 3 个字母依次表示集装器的类型、底板尺寸、外形和适配型

B. 中间 4 位数字表示集装器的序号

C. 最后 2 个字母表示集装器所属的所有人、注册人

D. 最后 2 个字母表示集装器的生产方

三、判断题

1. 在国际航空货物运输中，原木作为货物包装需要作熏蒸的目的是为了防止木制品病虫害蔓延。（ ）

2. 在国际航空货物运输中，贵重货物在装机或装集装箱过程中至少应有三人在场，其中一人必须是承运人的代表。（ ）

3. 在国际航空货物运输中，活动物的运输也可以办理运费到付。（ ）

4. 航空运输活动物所用容器、饲料、饮用水等重量应包括在货物的计费重量内。（ ）

5. 在国际航空货物运输中，托运书的收货人栏内不得写“to order”或“to order of the shipper”（按托运人的指示）等字样，主要原因在于航空货物运单不能转让。（ ）

四、简答题

在空运危险品业务中，当该危险货物需要附托运人危险品申报单时，该危险品申报单的填制应注意哪些问题？

五、计算题

routing：Shanghai，China（SHA）

to Nagasaki，Japan（NGS）

commodity：personal effects

gross weight：each 20.4kgs，total 6 pieces

dimensions：total 6 pieces，each 89cm×61cm×35cm

计算航空运费。

Shanghai	CN		SHA
Y. Renminbi	CNY		KGS
Nagasaki	JP	M	230
		N	38.22
		45	28.13
	0008	300	18.8
	0300	500	20.61
	1093	100	18.43
	2195	500	18.80

六、案例分析题

A 货运代理公司空运部接收货主的委托，将一台重 12kg 的红外线测距仪从沈阳空运至香港。该批货物价值 6 万余元人民币，但货物“声明价值”栏未填写。A 货运代理公司按照正常的业务程序，向货主签发了航空分运单，并按普通货物的空运费率收取了运费。由于当

时沈阳无直达香港的航班，所有空运货物必须在北京办理中转。为此 A 货运代理公司委托香港 B 货运代理公司驻北京办事处办理中转业务。但是，由于航空公司工作疏忽，致使该货物在北京至香港的运输途中遗失。根据以上案情，请回答如下问题：

(1) A 货运代理公司和 B 货运代理公司的法律地位是什么？它们是否应对货物遗失承担责任？

(2) 本案是否适用国际航空货运公约？为什么？

(3) 货主认为应按货物的实际价值进行赔偿的主张是否有法律依据，为什么？

七、操作题

某托运人准备从上海运往巴黎 10 枚金币。该托运人欲请货运代理人代为向航空公司交运。作为代理人请回答：

(1) 如何包装这票货物？

(2) 容器应贴有哪些标贴？

(3) 在货运单栏“Nature and Quantity of Goods”，应该注明什么字样？

(4) 能否办理运费到付？

(5) 这票货物的声明价值不得超过多少美元？

学习情境五 国际陆运货运代理操作

学习目标

知识目标

1. 了解国际公路货物运输特点和作用；
2. 掌握国际公路运输的业务流程；
3. 熟悉我国铁路国际运输的基本程序和单据；
4. 掌握铁路运输的业务流程；
5. 掌握我国国际铁路运输费用结算等关键环节的职业知识。

能力目标

1. 能合理地选择国际公路货物运输的出行路线；
2. 能进行国际公路运费的计算和支付及运输索赔，会填写国际公路货运单。
3. 能代理客户进行办理托运、保险、保价、报关报检；
4. 能进行铁路运费的计算和支付，会填写铁路货运单。

项目一 国际陆运基础知识

一、公路口岸

1. 国际公路货物运输的概念

国际公路货物运输是指国际货物借助一定的运载工具，沿着公路作跨及两个或两个以上国家或地区的移动过程，起重要的衔接作用。

国际公路货运代理是指接受发货人、收货人的委托，为其办理公路货物运输及其相关服务的人，其服务内容包括揽货、托运、仓储、中转、集装箱拼装拆箱、结算运杂费、报关、报验、保险、相关的短途运输服务及咨询业务。

2. 国际公路货物运输的特点

国际公路货物运输，除了具有适应性强、机动灵活、直达性能好、运输成本高、运行持续性较差、对环境污染影响较大等特点之外，还具有以下特点：可以广泛参与国际多式联运；是邻国边境贸易货物运输的主要方式；按有关国家之间的双边或多边公路货物运输协定或公约运作。

国际公路货运代理的特点：身份多重性；经营范围独特性；服务多元化。

3. 国际公路货物运输的作用

公路运输的特点决定了它最适合于短途运输。它可以将两种或多种运输方式衔接起来，实现多种运输方式联合运输，做到进出口货物运输的“门到门”服务。

公路运输可以配合船舶、火车、飞机等运输工具完成运输的全过程，是港口、车站、机场集散货物的重要手段。尤其是鲜活商品、集港疏港抢运，往往能够起到其他运输方式难以起到的作用。可以说，其他运输方式往往要依赖汽车运输来最终完成两端的运输任务。

公路运输也是一种独立的运输体系，可以独立完成进出口货物运输的全过程。公路运输是欧洲大陆国家之间进出口货物运输的最重要的方式之一。我国的边境贸易运输、港澳货物运输，其中有相当一部分也是靠公路运输独立完成的。

集装箱货物通过公路运输实现国际多式联运。集装箱由交货点通过公路运到港口装船，或者相反。美国陆桥运输，我国内地通过香港的多式联运都可以通过公路运输来实现。

4. 国际公路口岸

我国目前已经开通的国际公路口岸如表 5-1 所列。

表 5-1 我国目前已经开通的国际公路口岸

序号	省别	公路口岸	
		国际	双边
1	内蒙古		阿日哈沙特 珠恩嘎达布其 甘其毛道
2	吉林	珲春 圈河	临江 开山屯 三合 南坪
3	黑龙江	绥芬河	东宁 密山
4	广东	文锦渡 拱北 沙头角 皇岗 河源 横琴	
5	广西	友谊关 东 兴	水口 龙邦
6	云南	瑞丽	磨憨 天保 金水河 畹町 腾冲 孟连
7	西藏		樟木 普兰 吉隆
8	甘肃		马鬃山
9	新疆	红其拉甫 霍尔果斯 巴克图 伊尔克什坦 吉木乃	吐尔尕特 老爷庙 红山咀 塔克什肯 都拉塔 乌拉斯台 木扎尔特 阿黑土别克
合计		17	29

二、铁路口岸

1. 国际铁路货运联运概述

国际铁路货物联运是指使用一份统一的国际联运票据（联运单 Through Rail Waybill），由铁路当局负责，经过两国或两国以上的铁路全程运送，并由一国铁路向另一国铁路移交货物时，不需发、收货人参加的运输方式。国际铁路联运牵涉面广，从发货站发运货物起，须经过出口国的国境站，经过国的进口和出口国境站，直到进口国的进口国境站，环节多，交接复杂。因此，要求货物的包装要适合长途运输的需要，票据规范、清晰，随附单证齐全，运送车辆为国际列车，设备必须完好无损。

2. 国际铁路口岸及运输通道

中国铁路与周边邻国相连接的口岸和国际铁路通道：

（1）3 条与俄罗斯相连的运输通道

① 满洲里—后贝加尔通道于 1903 年开始运营，1951 年开办国际联运，从京哈线上的哈

尔滨出发，经大庆、富拉尔基、海拉尔，到达边境城市满洲里市，与俄罗斯外贝加尔西伯利亚铁路连接，全长935km，是东北三省到达俄罗斯西伯利亚的一条交通干线。满洲里处于“亚欧第一大陆桥”的交通要冲，是首批国家沿边开放城市和内蒙古对俄贸易的主要通商口岸，现已发展成为我国最大陆路口岸。

② 绥芬河—格罗迭科沃通道于1902年正式运营，1951年开办国际联运，从京哈线上的哈尔滨出发，经尚志、牡丹江到达中俄边境的绥芬河市，与俄罗斯远东铁路接轨，可达俄罗斯远东最大城市符拉迪沃斯托克（海参崴），全长548km，是中国连接俄罗斯西伯利亚铁路的另一条铁路交通干线。1992年，享有“国境商都”之美誉的绥芬河市被国务院批准为开放城市，现成为欧亚大陆桥上一座新兴的国际商贸城市，是中国通往日本海的最大陆路贸易口岸，同时，又是多国商品转运中心。

③ 珲春—马哈林诺通道于2000年正式运营，运量不大，尚处于不正常运营状态。

（2）3条与朝鲜相连的运输通道

① 丹东—新义州于1904年开始正式运营，1954年起，开办国际铁路客货联运，从京哈线上的沈阳出发，经本溪、凤城，到达中朝界河鸭绿江边的丹东，跨过鸭绿江大桥与朝鲜新义州接轨，全长277km。是辽宁省及关内地区、蒙古、俄罗斯通往朝鲜的主要铁路干线。由凤城出发转道经过宽甸的铁路，也与朝鲜铁路接轨，成为辽宁省另一条中朝铁路联络线。边境口岸丹东市现已发展成为辽东地区的政治、经济、文化中心和中国最大的边境城市。

② 图们—南阳通道于1903年正式营业，1954年开办国际铁路货物联运，自京哈线上的长春出发，经吉林、敦化到达中朝界河图们江边的图们市，过江后与朝鲜罗津铁路相连，全长529km，是吉林省通向朝鲜的主要铁路干线。长图铁路支线—朝开铁路（从朝阳川至图们江边开山屯，与朝鲜铁路接轨），为另一条中朝铁路联络线。图们市位于图们江下游，是国家一类边境口岸城市，具有沿边、沿江、沿线和近海特点，是中、朝、日、俄等国多边贸易物资的中转口岸。

③ 集安—满浦通道于1939年正式营业，1954年起开办国际铁路货物联运。

（3）1条与蒙古相连的运输通道　二连—扎门乌德于1955年正式运营，1956年开办国际铁路客货联运，1955年建成。自京包铁路的集宁北行，经察哈尔、苏尼特到达中蒙边境城市二连浩特市，与蒙古的扎门乌德铁路接轨，全长331km，是通往蒙古的主要铁路交通干线和连接莫斯科的国际联运干线。集二铁路的建成，使北京至莫斯科较经满洲里的运程缩短了1000多km。二连浩特市是我国对外贸易物资转运站、北京—莫斯科国际铁路干线的必经之地和重要的口岸城市。

（4）1条与哈萨克斯坦相连的运输通道　阿拉山口—多斯特科（原名称为德鲁日巴）于1991年正式运营，1992年开办国际铁路客货联运，它的中国段西端，从新疆阿拉山口站换装出境进入中亚，与哈萨克斯坦多斯特克站接轨，西行至阿克套，进而分北、中、南三线通往欧洲。

① 北线：由哈萨克斯坦阿克套北上与西伯利亚大铁路接轨，经俄罗斯、白俄罗斯、波兰通往西欧及北欧诸国。

② 中线：由哈萨克斯坦往俄罗斯、乌克兰、斯洛伐克、匈牙利、奥地利、瑞士、德国、法国至英吉利海峡港口转海运或由哈萨克斯坦阿克套南下，沿吉尔吉斯斯坦边境经乌兹别克斯坦塔什干及土库曼斯坦阿什哈巴德西行至克拉斯诺沃茨克，过里海达阿塞拜疆的巴库，再经格鲁吉亚第比利斯及波季港，越黑海至保加利亚的瓦尔纳，并经鲁塞进入罗马尼亚、匈牙利通往中欧诸国。

③ 南线：由土库曼斯坦阿什哈巴德向南入伊朗，至马什哈德折向西，经德黑兰、大不里士入土耳其，过博斯普鲁斯海峡，经保加利亚通往中欧、西欧及南欧诸国。

(5) 2条与越南相连的运输通道

① 凭祥—同登通道于1955年正式运营，并开办国际铁路客货联运，从京广线上的衡阳西南行，经东安、桂林、柳州、南宁到达中越边境城市凭祥，通过友谊关与越南谅山地区铁路接轨，全长1013km，是我国通往越南及东南亚最大、最便捷的陆路通道。凭祥市地处中国大陆和东南亚两大经济区域的结合部，素有“中国南大门”之称，是新崛起的对外开放口岸城市，也是我国与越南交往的主要城市。

② 山腰—新铺通道于1909年正式营业，1958年开办国际联运，自昆明东南行，经宜良、开远到达边境城市河口，全长464km，与越南老街铁路接轨后直达河内。是我国内联西南、外联越南及东南亚的第二条重要的交通要道。1992年，河口口岸成为国家一类开放口岸，河口与越南一桥相通，随着中越国际联运的重新开通，河口由改革开放的末端变成了前沿，成为云南走向世界的一个口岸。

上述中朝铁路检通道均为1435mm铁路轨距。中俄、中蒙、中哈铁路间通道分别为1435mm（我方）和1520mm轨距（外方）。中越凭祥—同登至河内（安员）铁路通道轨距分别为1435mm（我方）和1000mm混合轨（外方）。山腰—新铺1000mm轨距。

这10条通道目前开展国际铁路客货联运依据的规章是国际铁路合作组织范围内制定的《国际铁路货物联运协定》和《国际旅客联运协定》及相关的法规。

三、国际公路运费和铁路运费

1. 国际公路货物运费计算

各个国家与地区对公路货运都有详细的收费规则、办法，收费类目与标准。运价，是指货物运输的基本收费标准，以每公里吨为计算单位。按承运货物类别，公路运价分为整车货物运价、零担货物运价、集装箱货物托运价、特殊货物运价等。公路运价，一般通过运价本予以公布，特殊货物和重大件货物等，一般采用议价收费。运价有两种计算标准，一是按货物等级规定基本运费费率，二是以路面等级规定基本运价。凡是一条运输路线包含两种或两种以上的等级公路时，则以实际行驶里程分别计算运价。特殊道路，如山岭、河床、原野地段，则由承托双方另议商定。

2. 国际铁路货物运费计算

国际铁路联运货物运费计算的主要依据是《国际货协统一过境运价规程》（简称《统一货价》）、《国际货协》和我国的《铁路货物运价规则》（简称《国内价规》）。参加《国际货协》各邻国铁路间运送费用的计收：发送路运送费用，按承运当日发送路国内规章规定计费，以发送国货币，在发运站向发货人核收；到达路运送费用，按承运当日到达路国内规章规定计费，以到达国货币，在到达站向收货人核收（我国进口货物国内段费用改为在国境口岸车站收取）。以国境线为界，出口在发运站收取我国境内费用，进口在国境站收取我国境内费用。

(1) 运费计算的原则　发送国家和到达国家铁路的运费，均按铁路所在国家的国内规章办理。

过境国铁路的运费，均按承运当日统一货价格规定计算，由发货人或收货人支付。如在参加国际货协的国家与未参加国际货协国的国家之间运送货物，则有关未参加货协国家铁路的运费，可按其所参加的另一种联运协定计算。

我国出口的联运货物，交货共同条件一般均规定在卖方车辆上交货，因此我方仅负责至出口国境站一段的运送费用。但联运进口货物，则要负担过境运送费和我国铁路段的费用。

（2）过境运费的计算　过境运费按《统一货价》规定计算，过境运送费用按承运当日《统一货价》计费，以瑞士法郎算出的款额按支付当日规定的兑换率折成核收运送国家的货币，由收、发货人或代理人与过境路清算。我国一律在国境口岸车站和海运港口车站核收。计算汇率为固定汇率：1瑞士法郎＝5.2元人民币。

其计算程序如下。

第一，根据运单上载明的运输路线，在过境里程表中，查出各通过国的过程里程。

第二，根据货物品名，在货物品名分等表中查出其可适用的运价等级和计费重量标准化。

第三，在慢运货物运费计算表中，根据货物运价等级和总的过境里程查出适用的运费率。

其计算公式为：基本运费额＝货物运费率×计费重量

运费总额＝基本运费额×(1＋加成率)

加成率系指运费总额应按托运类别在基本运费额基础上所增加的百分数。快运货物运费按慢运运费加100％，零担货物加50％后再加100％。随旅客列车挂运整车费，另加200％。

【过境费用计算案例】

连云港—阿拉山运输里程4071km。

货物名称：40ft过境集装箱。

统一货运运价号：2。

运行路径：连云港—徐州北—虞城县—郑州北—西安西—安口窑—干塘—武威南—嘉峪关—安北—乌西—阿拉山口。

统一货运运价：40ft集装箱4071km过境统一运价5668瑞士法郎/40×1。

换装费：68瑞士法郎。验关费：4瑞士法郎。

按铁道部“铁国际（2000）37号文件”规定，在国际铁路货物联运中，瑞士法郎与人民币汇率为1瑞士法郎＝5.2元人民币。

合计以上运费为：5668＋68＋4＝5740(瑞士法郎)＝29848(元人民币)。

（3）国内段运费按《国内价规》计算其程序

第一，根据货物运价里程表确定发到站间的运价里程。一般应根据最短路径确定，并需将国境站至国境线的里程计算在内。

第二，根据运单上所列货物品名，查找货物运价分号表，确定适用的运价号。

第三，根据运价里程与运价号，在货物运价表中查出适用的运价率。

第四，计费重量与运价率相乘，即得出该批货物的国内运费，其计算公式为：运费＝运价率×计费重。

【引入案例运费计算】

上海某外贸公司出口俄罗斯一批家用电器，共250件，100m^3，装运一辆P62型铁路棚车，使用国际铁路联运方式运往俄罗斯莫斯科巴威列斯卡雅货站。发运站：上海铁路局杨浦站。境外运输代理是俄罗斯ISES货运公司。现将上海杨浦到满洲里国内段运费计算如下。

路程：杨浦—满洲里全程3343km；计算里程：3343km；运行路径：杨浦—无锡北—蚌埠东—磁窑—南仓—秦皇岛—锦州—通辽—三房间—满洲里。其中电气化里程为1627km；

使用车型：P62型铁路棚车，标记载重60t；

货名：家用电器；运价号：6 号；

运价率：发到基价 1，14.60 元/t；运行基价 2，0.0784 元/(t·km)；电气化附加费：0.012 元/(t·km)；铁建基金：0.033 元/(t·km)。

运费计算：

基本运费：14.60 元/t×60t＋0.0784 元/(t·km)×60t×3343km＝16601.5 元；

铁建基金：0.033 元/(t·km)×60t×3343km＝6619.1 元；

电气化附加费：0.012 元/(t·km)×60t×1627km＝1171.4 元；

特殊路段运费：无；

印花税：按运费的 0.5‰收取为 8.3 元；

费用合计：24400.3 元。

项目二 国际陆运货运代理流程

一、国际公路货运代理流程

1. 公路零担运输

公路零担货物运输，指的是托运人一次托运的货物不足 3t（不含 3t）的零担货物。按件托运的零担货物，单价体积一般不小于 $0.01m^3$（单件重量超过 10kg 的除外），不大于 $1.5m^3$；单件重量不超过 200kg；货物长度、宽度、高度分别不超过 3.5m、1.5m 和 1.3m。

其运作组织流程如表 5-2 所示。

表 5-2 公路零担货物运输运作组织流程

程序	操作人员	业务操作	操作要求
业务联络	业务员	① 预约 ② 订立合同 ③ 接单(派车联系单、发货单) ④ 电话客户可直接传递派单 ⑤ 将运输单分配给各调度员	① 以多种接单方式方便客户及时下达指令 ② 确保客户满意 ③ 派单及时、准确
配载派车	调度员 司机	① 接单 ② 按货物数量、品种及去向、时间要求分配配载 ③ 签订货物运输清单，落实车辆安全防护工作 ④ 发车至仓库或客户处提货	① 及时优质高效配载 ② 确保车辆安全性 ③ 各项运输注意事项交代完整、清楚 ④ 确保车辆准时到位
装货发运	调度司机 仓管员 现场员 卸载工	① 凭单提货 ② 仓库核对发货并登记 ③ 装车前后做好各项核对工作 ④ 规范文明、准确卸载 ⑤ 现场监督，记录作业情况	① 单、货车相符 ② 做好运输安全措施 ③ 文明卸载、按时发运 ④ 出库手续齐备、统计准确
在途跟踪	客服专员	① 主动向客户汇报货物在途状态 ② 主动向客户提供查询服务	及时妥善处理货运途中问题
单货验收	调度司机	① 在指定仓位按时卸货 ② 单据签章及时、完整、有效 ③ 签收后通知调度，回单返回及时	① 签收单据如有破损，司机负责 ② 回单于卸货后 5～7d 内返回
单证处理	调度回单 管理员 结算员	① 调度将回单核对后交回单管理员 ② 回单管理员将回单交结算员 ③ 结算员审核结算收支费用	① 回单返回及时、准确 ② 统计、计价准确 ③ 结算费用及时

2. 公路整车运输

在公路运输中，如果托运人一次托运货物在 3t 以上（含 3t），或者不足 3t，但其性质、体积或形状不能和其他货物拼装，需要一辆 3t 及以上汽车运输，视为整车货物运输。

整车货运基本流程与零担货运相似，现将其不同点归纳如表 5-3 所示。

表 5-3 整车运输与零担运输的不同点

对比项目	整车运输	零担运输
承运人责任期间	装车/卸车	货运站/货运站
是否进站存储	否	是

续表

对比项目	整车运输	零担运输
货源与组织特点	货物品种单一、数量大、货价低，装卸地点一般比较固定，运输组织相对简单	货源不确定、货物批量小、品种繁多、站点分散，质高价贵，运输组织相对复杂
营运方式	直达的不定期运输形式	一般定线、定班期发运
运输时间长短	相对较短	相对较长
运输合同形式	通常预先签订书面运输合同	通常托运单或运单作为合同的证明
运输费用的构成与高低	单位运费率一般较低，仓储、装卸等费用分担，需在合同中约定	单位运费率一般较高，运费中往往包括仓储、装卸等费用

3. 公路集装箱货物运输

公路集装箱运输：是指以集装箱这种大型容器为载体，将货物集合组装成集装单元，以便在现代流通领域内运用大型装卸机械和大型载运车辆进行装卸、搬运作业和完成运输任务，从而更好地实现货物“门到门”运输的一种新型、高效率和高效益的运输方式。其业务范围集中在五个方面。

(1) 海上国际集装箱运输由港口向内陆腹地的延伸运输、中转运输以及在内陆中转站进行的集装箱交接、堆存、拆装、清洗、维修和集装箱货物的仓储、分拨等作业。

(2) 国内铁路集装箱由车站至收、发货人仓库、车间、堆场间的门到门运输及代理货物的拆箱作业。

(3) 沿海、内河国内水运集装箱由港口向腹地的延伸运输、中转运输或至货主间的短途门到门运输。

(4) 城市之间干线公路直达的集装箱运输。

(5) 内陆与港澳之间及其他边境口岸出入境的集装箱运输、接驳运输以及大陆桥运输。

由于集装箱运输的特殊性，公路集装箱运输与整车、零担货物运输相比，在业务运作上具有以下特点：

(1) 受理的货物种类受限。

(2) 定期经营方式。

(3) 增加了集装箱业务内容　同传统运输相比，集装箱运输增加了空箱调运—装箱—拆箱—还箱等业务内容。

(4) 增加了集装箱单证　除了对部分单证做出了相应修改，集装箱单证体系中还增加了一些单证。例如，装箱单、装箱证明单、设备交接单，等等。

(5) 运费计收方法特别。

(6) 货物交接地点更多　集装箱货物的交接主要涉及三个地点：DOOR（货主的工厂或仓库）、CFS（集装箱货运站）、CY（集装箱堆场）。

二、国际铁路货运代理流程

国际铁路联运货物的发运，是一个需严密策划组织的系统工作。它牵扯到铁路运输的组织安排、货物包装装载、海关商检文件准备和报检报验、境外运输、口岸交接及货物的运期、集散等多种类、多专业工作的综合安排。概括说来，以出口为例，国际货运代理需要经过接受委托—提报计划—制单（铁路联运运单）—配车—报检报关—口岸交接（审核、换装、签署交接证件）—国外交货等业务环节（图 5-1）。

1. 国际铁路货物联运出口货物运输计划的编制

国际铁路货物联运出口货物运输计划一般是指月度要车计划，它是对外贸易运输计划的

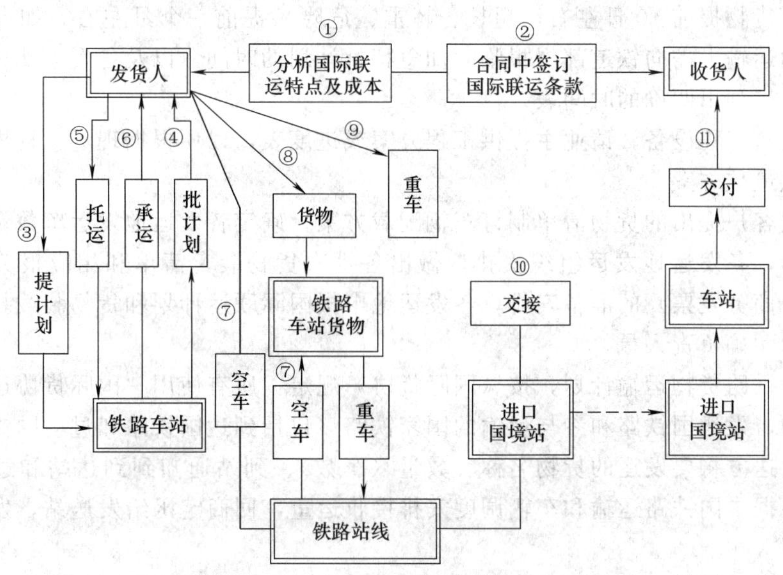

图 5-1　出口货物国际铁路联运流程图

组成部分，体现对外贸易国际铁路货物联运的具体任务，也是日常铁路联运工作的重要依据。

国际铁路货物联运月度要车计划采用“双轨（铁路、外贸）上报、双轨下达”的方法，其编制程序如下。

（1）各省、市、自治区发货单位应按当地铁路部门的规定，填制“国际铁路联运”月度要车计划表，向铁路局（分局、车站）提出下月的要车计划，并在规定的时间内，分别报送当地经贸厅（局）和各主管总公司。

（2）各铁路局汇总发货单位的要车计划后，上报国家铁路总局；各省、市、自治区经贸厅（局）和各进出口总公司在审核汇总所属单位的计划后，报送经贸部。

（3）经贸部汇总审核计划后，与国家铁路总局平衡核定。

（4）月度要车计划经两部委平衡核定，并经有关国家的交通运输部、国家铁路总局确认后，由经贸部将核准的结果通知各地经贸厅（局）和各进出口总公司，各地经贸厅（局）和各进出口总公司再分别转告所属发货单位；各铁路局（分局、车站）将国家铁路总局批准的月度要车计划分别通知发货单位。

凡发送整车货物，均需具备铁路部门批准的月度要车计划和旬度要车计划；零担货物，则不必向铁路部门编报月度要车计划，但发货人必须事先向发站办理托运手续。

2. 运输计划和组织

（1）根据客户提出的货物发运批次、发送地、运输时间要求、运输商或货运代理人要制订运输组织方案和设计货物装载技术方案。注意要提前向客户预报上述工作的准备时间。

要求货主提前提供货物清单，包括货物名称、规格、数量、包装、采购地点、运输批次、运输时间，以便提前做好配载、装载加固方案制订、国际联运计划申报、超限超长极重货物国联查定、境外及第三国过境运输、口岸交接换装等准备工作。审核货主提供的运输资料，是否符合我国铁路运输限制，符合所通过国境口岸、所到达和过境运输的国家限制。

按照货物品类，如是超限、超长、超重、危险品货物，需提出装载加固或包装方案。在铁路规定的时间内在始发站提报国际联运计划，待铁道部与国外铁路商定批准后执行。一般情况下，普通货物提前10日左右，超长、超重、危险品提前一个月左右。如有特殊要求或工程急需货物运输，需向铁道部提报临时加急特批计划的时间，以及各发运地运抵到达站的运输时间，最好列出明确的时间表。

如大型成套工程设备，请业主提供工程方案或进度表，以便根据现场工程进度和供货地距离设计组织最佳方案。

(2) 根据客户提出的货物清单制订车辆配载方案，确定各发运地发运车数量和批次，供货商供货时间，各发运地发运组织安排，做出各批次货物装车清单和相应报关单据（报关单、装箱单、商务发票）的准备安排，各发运地申报国际联运计划和货物装载技术方案申报的准备安排和明确负责人员。

(3) 国际铁路货物运输计划，按《国际货协》规定：所有使用“国际货协运单”一票到站运输的货物，发运国铁路和参与运输的国家铁路（包括到达国铁路和过境国铁路）要提前办理商定。发送方将要发运的货物名称、数量（车数）、到站通知到到达站和过境站，到达站和过境站根据本国铁路运输和车辆调度安排接收运量，回商定函给发送站，发送站接函后批复发运计划。

(4) 根据货主提供的货物明细规格和生产厂家，制订出相应的装载加固、包装方案，列出应在发车站准备装载加固、包装材料，了解发车站和专用线厂家的装卸能力、装车地的短途运输能力和道路情况，需要供货商和专用线厂家配合。

(5) 向货主提出准备运输及报关单证所需要文件资料，主要是缮制国际联运运单和箱单、发票的注意事项。如：发往越南、朝鲜的货物只需填写中文即可，发往俄、蒙或中亚国家的货物需填写中、俄两种文字，且必须用打印机打印等。协助货主缮制报关单据，即报关单、装箱单、商务发票等及按规定应由生产厂家去做的机械设备出口商检。

(6) 缮制“国际货协运单”准备，要求货主提供对运输委托事项的明确表示。例如，收货人、收货人地址、联系方法、OK码、货名、规格、包装、数量、到站、到站编码、出口合同号码等缮制运单必要指示，用中、俄两种文字写明。

(7) 协助货主审核准备出口报关报检单据和需返运回国设备的临时出口手续，并提前协办报请商检。

(8) 提前调查发运站、集散站的装卸、储运能力。提前与货主商定零散货物集中发运的集散车站和储运工作，做好提前准备。

3. 发运准备工作

(1) 国际铁路联运计划批下后即按约定发出时间，准备货物短运、上站、报关报检工作以及需返运设备的暂时出口货物手续。

(2) 货物报关后，凭编制好的国际货协运单向车站请报装车计划。车站货运室根据货物情况请上级货运调度批准后，即可配车发运。

(3) 装车时，如已报关货物，需在国际货协运单加盖海关监管戳记，如不在发车站报关而在边境口岸站报关，则只需按规则填写运单后，即可发运。由国境站海关报关查验后在国际货协运单加盖海关监管戳记交接出境（货物出口后，边境口岸海关返回发车站海关货物出境回执）。

(4) 按报请批准的装载加固方案进行装车和加固工作。

(5) 需押运的货物准备押运人员，办理押运手续。押运规定每组两人，需穿着规定押运服装，持有效押运证（一般押运费为每人每公里1元）。

(6) 装车后交纳运费。车辆应于当日18时前开出，车站货运室在第二日将加盖车站戳记的国际货协运单第三联发还。发车站海关在收到边境口岸海关返回出境回执后，返回核销单等报关单据。

4. 出口货物在口岸车站的交接及境外运输

口岸车站（国境站）是指，在国际联运中，一国铁路与另一国铁路办理货物和车辆等交接作业的车站。口岸站除设有一般车站应设的机构外，还设有国际联运交接所、海关、商品检验所、动植物检疫所、食品卫生检疫所、边防检查站以及中国外运所属分支机构或其他代理机构等。

（1）口岸车站的交接

① 确定稳妥可靠的口岸代理公司，负责办理口岸交接手续，内容如下：

a. 到达车辆的车站交接手续；

b. 海关需随机查验的货物的卸货、拆箱检验；

c. 出口车、箱的检疫和检疫费用缴纳；

d. 需口岸报关货物的报关、报检；

e. 代理运输变更申请、进口货物的发运；

f. 通知国外段代理接货：提前通知签有代理协议的境外铁路运输代理公司做好接货的准备，需要换装铁路车辆的货物，安排在接运国口岸站的换装场换装作业。

② 特殊货物（鲜活商品、易腐、超重、超限、危险品等）的交接按合同和有关协议的规定，负责具体的交接方法和手续。

③ 代理办理报关、报检。如果货主委托在国境站办理出口货物的报关，要在货物发运前，把内容准确、详细，并与货物、运单及其他单证记载相符的报关委托书交付给口岸代理。

④ 需办理商检的货物，要向产地商检局办理商品检验手续，以确定品质、规格、重量和体积，并取得商品检验证书或工厂出具的检验证书或商品检验换证凭条。

⑤ 出境货物包装，应注意木质包装材料和托架，应尽量不使用或少使用。否则要有商检部门的熏蒸证明和熏蒸戳记。上述检验和检疫证书，须在发站托运货物时，同运单、报关单一并随车同行，并在国境站由海关执行监督，查证放行。如在国境站办理商检熏蒸，则要花费更多时间和费用。

⑥ 货运事故的处理。国际铁路联运出口货物在运输途中出现事故，应有专职人员负责跟踪和处理，国际联运出口货物在国境站换装时，如发现货物短少、残损、污染、湿损、被盗等事故，国境站的货运代理人应会同铁路查明原因，分清责任，分别加以处理。提请铁路编制商务记录，并由国境站货运代理人负责协调。

（2）境外运输

① 根据货物品种、规格和到达国家地区，选择合适的境外运输。在《国际货协》参加国家，必须是在国家主管部门和铁路当局注册的运输公司才能从事外贸和过境运输业务。

② 负责口岸接货、换装、单据交接等问题的办理工作。

③ 负责境外各过境国、到达国铁路运费交付。

④ 负责各过境国边境口岸交接及问题协调工作。

⑤ 境外运输的交货条款应是到达车站车板交货，境外运输不负责卸货事宜。也可以委托代理负责卸货，但代理费太高。

项目三 国际陆运单证制作

一、国际公路运单

1. 国际公路运单的含义

在国际公路货运业务中，常常把运单视为运输合同而不另订运输合同。国际公路货运合同是双务合同，必须由合同双方当事人表示一致，合同方可成立。合同应当是合法行为，应符合有关的国际规则，如汉堡规则和有关国家的法律，不得妨害社会公共秩序，不得损害他人利益。国际公路货运合同的条款直接或间接违背有关国际公约或有关国家法律的，无效。特别是给予承运人的保险利益或其他类似条款或任何转嫁举证责任的条款均属无效。但是该条款无效并不影响其他条款的效力。

2. 国际公路货运合同运单的签发及内容

（1）运单的签发　运单应签发有托运人（发货人）和承运人签字，国际公路运单一般使用一式四联单。第一联：存根；第二联：始发地海关；第三联：口岸地海关；第四联：随车携带。（如是过境运输可印制 6～8 联的运单，供过境海关留存）当待装货物在不同车内或装有不同种类货物或数票货物，托运人（发货人）或承运人有权要求对使用的每辆车、每种货或每票货分别签发运单。

（2）运单内容

运单应包括下列事项。

① 运单签发日期和地点；

② 托运人（发货人）名称和地址；

③ 承运人名称和地址；

④ 货运接管的地点及日期和指定的交付地点；

⑤ 收货人名称和地址；

⑥ 一般常用的货物品名和包装方法，如属危险货物，说明通常认可的性能；

⑦ 件数和其特殊标志和号码；

⑧货物毛重或以其他方式表示的数量；

⑨ 与运输有关的费用（运输费用、附加费用、关税和从签订合同到交货期间发生的其他费用）；

⑩ 办理海关和其他手续所必需的通知；

⑪ 不管有任何相反条款，该运输必须遵照有关国际公约各项规定的说明；

⑫ 不允许转运的说明；

⑬ 托运人（发货人）负责支付的费用；

⑭“现款交货”费用的金额；

⑮ 货物价值和交货优惠利息金额的声明；

⑯ 托运人（发货人）关于货物保险所给予承运人的指示；

⑰ 议定的履行运输的时效期限；

⑱ 交付承运人的单据清单。

此外，还可以在运单上列上认为有用的其他事项。国际公路货物运单见表 5-4。

表 5-4 国际公路货物运单 No:

1. 发货人 名称______ 国籍______	2. 收货人 名称______ 国籍______
3. 装货地点 国家______市______ 街道______	4. 卸货地点 国家______市______ 街道______

5. 货物标记和号码	6. 件数	7. 包装种类	8. 货物名称	9. 体积/m^3	10. 毛重/kg

11. 发货人指示

a. 进/出口许可证号码： 从 在 海关

b. 货物声明价值

c. 发货人随附单证

d. 订单或合同号	包括运费交货点
e. 其他指示	不包括运费交货点
12. 运送特殊条件	13. 应付运费

发货人	运费	币别	收货人
共计			

14. 承运人意见

15. 承运人

16. 编制日期 到达装货____时____分 离去____时____分 发货人签字盖章______ 承运人签字盖章______	17. 收到本运单货物日期______ 18. 到达卸货____时____分 离去____时____分 收货人签字盖章______
19. 汽车牌号____车辆吨位____ 司机姓名____拖挂车号____ 行车许可证号____路单号____	20. 运输里程____过境里程____ 收货人境内里程____ 共计____
21. 海关机构记载：	22. 收货人可能提出的意见：

说明：本运单使用中文和相应国家文字印制。

二、国际铁路运单

1. 国际铁路联运运单（International Through Rail Waybill）

国际铁路货物联运，必须使用《国际货协》统一制定的《国际货协运单》，填写时使用发运国文字和国际货协工作语言填写（现工作语言是中文和俄文）。

国际铁路联运运单是发货人与铁路之间缔结的运输契约，它规定了铁路与发、收货人在货物运送中的权利、义务和责任，对铁路和发、收货人都具有法律效力；是国际铁路货物联运铁路连带责任的确认，在发运国铁路、通过国铁路和到达国铁路在接受运单后，都应对运输承担连带责任的义务；是用以银行议付货款、信用证核销的法律文件；是发货人支付铁路运费的证明文件；是办理货物进出口手续的法律文件。

国际铁路联运运单的组成：运单正本由五张组成。

第1张：运单正本（给收货人），随同货物至到达站，并连同第5张和货物一起交给收货人，是运输合同证明。

第2张：运行报单（给到达路），随同货物至到达路，并留存到达路，是各承运人间交接、划分责任等证明。

第3张：运单副本（给发货人），在发运车站加盖发运戳记后、是发货人用于外汇核销，信用证议付的发货凭证，是承运人接收货的证明。

第4张：货物交付单（给到达路），随同货物至到达路，并留存到达路，是承运人合同履行的证明。

第5张：货物到达通知单（给收货人），随同货物至到达站，并连同第1张和货物一起交给收货人（作为收货人进口报关文件），用于收货人存查。

《国际货协》与《国际货约》（COTIF/CIM）运单是运输合同的证明，而非合同本身，亦不是具有物权凭证的效力，仅具有债权凭证的效力。但是在国际贸易和国际运输的实务中，联运单的第三联即运单副本，仍然可以根据银行信用证业务处理的国际惯例UCP500进行交单议付。

2. 添附单据

我国出口货物必须添附“出口货物明细单”和“出口货物报关单”以及“出口外汇核销单”，另外根据规定和合同的要求还要添附“出口许可证”、品质证明书、商检证、卫生检疫证、动植物检查以及装箱单、磅码单、化验单、产地证及发运清单等有关单证。这些文件只限与运单所记载的货物有关，并将添附文件名称和份数记人运单“发货人添附文件”栏内，并同运单一起至国境站，不能邮寄，货物在国境站的报关手续，由口岸外运公司代为办理。

国际铁路运单（节选）见表5-5。

表 5-5 国际铁路运单（节选）

运单正本— Оригинал накладной （给收货人）—（Для получателя）		29 批号—Отправка №
国际货协运单—Накладная СМГС 中铁—КЖД	1 发货人—Отправитель 签字—Подпись 4 收货人—Получатель	2 发站—Станция отправления 3 发货人的声明—Заявления отправителя
5 到站—Станция назначения		8 车辆由何方提供—Вагон предоставлен/ 9 载重量—Грузоподъёмность 10 轴数—Оси/11 自重－Масса тары/ 12 罐车类型—Тип цистерны

6 国境口岸站—Пограничные станции переходов	7 车辆—Вагон	8	9	10	11	12	换装后—После перегрузки 13 货物重量 Масса груза	14 件数 К-во мест

15 货物名称—Наименование груза	16 包装种类 Род упаковки	17 件数 К-во мест	18 重量/kg Масса(в кг)	19 封印—Пломбы 数量 К-во	记号—знаки
				20 由何方装车—Погружено	
				21 确定重量的方法 Способ определения массы	

	22 承运人—Перевозчики（区段自/至—участки от/до）	车站代码（коды станций）
23 运送费用的支付—Уплата провозных платежей		
24 发货人添附的文件—Документы，приложенные отправителем		
	25 与承运人无关的信息，供货合同号码 Информация，не предназначенная для перевозчика，№ договора на поставку	

26 缔结运输合同的日期 Дата заключения договора перевозки	27 到达日期 Дата прибытия	28 办理海关和其他行政手续的记载 Отметки для выполнения таможенных и других административных формальностей

续表

计算运送费用的各项—Разделы по расчёту провозных платежей					向发货人计算的费用 Расчёты с отправителем		向收货人计算的费用 Расчёты с получателем	
А	37 区段—Участок	车站代码 Коды станций	38 里程 /km Расстояние, км	39 计费重量/kg Расчётная масса, кг	44 运价货币 Валюта тарифа	45 支付货币 Валюта платежа	46 运价货币 Валюта тарифа	47 支付货币 Валюта платежа
	自—От							
	至—До				48	49	50	51
	40 杂费 Дополнительные сборы	= =	= =	= =	52	53	54	55
	41 运价—Тариф	42 货物代码 Код груза	43 兑换率 Курс пересчёта	共计 Итого: ▶	56	57	58	59
Б	37 区段—Участок	车站代码 Коды станций	38 里程 /km Расстояние, км	39 计费重量/kg Расчётная масса, кг	44 运价货币 Валюта тарифа	45 支付货币 Валюта платежа	46 运价货币 Валюта тарифа	47 支付货币 Валюта платежа
	自—От							
	至—До				48	49	50	51
	40 杂费 Дополнительные сборы	= =	= =	= = }	52	53	54	55
	41 运价—Тариф	42 货物代码 Код груза	43 兑换率 Курс пересчёта	共计 Итого: ▶	56	57	58	59
В	37 区段—Участок	车站代码 Коды станций	38 里程 /km Расстояние, км	39 计费重量/kg Расчётная масса, кг	44 运价货币 Валюта тарифа	45 支付货币 Валюта платежа	46 运价货币 Валюта тарифа	47 支付货币 Валюта платежа
	自—От							
	至—До				48	49	50	51
	40 杂费 Дополнительные сборы	= =	= =	= =	52	53	54	55
	41 运价—Тариф	42 货物代码 Код груза	43 兑换率 Курс пересчёта	共计 Итого: ▶	56	57	58	59

续表

Г	37 区段—Участок	车站代码 Коды станций		38 里程 /km Расстояние, км	39 计费重量/kg Расчётная масса, кг	44 运价货币 Валюта тарифа	45 支付货币 Валюта платежа	46 运价货币 Валюта тарифа	47 支付货币 Валюта платежа
	自—От								
	至—До					48	49	50	51
	40 杂费 Дополнительные сборы	= =	= =	= =		52	53	54	55
	41 运价—Тариф	42 货物代码 Код груза	43 兑换率 Курс пересчёта		共计 Итого: ▶	56	57	58	59
Д	37 区段—Участок	车站代码 Коды станций		38 里程 /km Расстояние, км	39 计费重量/kg Расчётная масса, кг	44 运价货币 Валюта тарифа	45 支付货币 Валюта платежа	46 运价货币 Валюта тарифа	47 支付货币 Валюта платежа
	自—От								
	至—До					48	49	50	51
	40 杂费 Дополнительные сборы	= =	= =	= =		52	53	54	55
	41 运价—Тариф	42 货物代码 Код груза	43 兑换率 Курс пересчёта		共计 Итого: ▶	56	57	58	59
Е	37 区段—Участок	车站代码 Коды станций		38 里程 /km Расстояние, км	39 计费重量/kg Расчётная масса, кг	44 运价货币 Валюта тарифа	45 支付货币 Валюта платежа	46 运价货币 Валюта тарифа	47 支付货币 Валюта платежа
	自—От								
	至—До					48	49	50	51
	40 杂费 Дополнительные сборы	= =	= =	= =		52	53	54	55
	41 运价—Тариф	42 货物代码 Код груза	43 兑换率 Курс пересчёта		共计 Итого: ▶	56	57	58	59

64 计算和核收运送费用的记载 Отметки для исчисления и взимания провозных платежей	总计 Всего: ▶	60	61	62	63
		65 应向发货人补收的费用 Дополнительно взыскать с отправителя за			

【课后学习】 截至2016年年底，全国已累计开行中欧班列2900多列，运送货物26万箱，实现进出口贸易总额200多亿美元。这是货真价实的“真金白银”，这是中欧班列成果的完美诠释。请上网搜集资料了解有关中欧班列的信息和最新动态。

我国通往邻国的铁路干线及国境站站名等相关参数见表5-6。

表5-6 我国通往邻国的铁路干线及国境站站名等相关参数

我国与邻国	我国铁路干线	我国国境站站名	邻国国境站站名	我国轨距/mm	邻国轨距/mm	交接、换装地点		至国境线距离/km	
						出口	进口	我国国境站	邻国国境站
中俄间	滨州线	满洲里	后贝加尔	1435	1520	后贝 加尔	满洲里	9.8	1.3
	滨绥线	绥芬河	格罗迭科沃	1435	1520	格罗迭科沃	绥芬河	5.9	20.6
	珲马线	珲春	卡梅绍娃亚	1435	1520	卡梅绍娃亚	珲春	17	9.7
中哈间	北疆铁路	阿拉山口	德鲁日巴	1435	1520	德鲁日巴	阿拉山口	4.02	8.13
中蒙间	集二线	二连	扎门乌德	1435	1520	扎门乌德	二连	4.8	4.5
中朝间	沈丹线	丹东	新义州	1435	1435	新义州	丹东	1.4	1.7
	长图线	图们	南阳	1435	1435	南阳	图们	2.1	1.3
	梅集线	集安	满浦	1435	1435	满浦	集安	7.3	3.8
中越间	湘桂线	凭祥	同登	1435	1435	同登	凭祥	13.2	4.6
	昆河线	河口	老街	1000	1000	老街	河口	6.5	4.2

铁路货物运价率见表5-7。

表5-7 铁路货物运价率

办理类别	运价号	基价1		基价2	
		单位	标准	单位	标准
整车	1	元/t	5.70	元/t·km	0.0336
	2	元/t	6.40	元/t·km	0.0378
	3	元/t	7.60	元/t·km	0.0435
	4	元/t	9.60	元/t·km	0.0484
	5	元/t	10.40	元/t·km	0.0549
	6	元/t	14.80	元/t·km	0.0765
	7			元/t·km	0.2445
	机械冷藏车	元/t	11.50	元/t·km	0.0790
零担	21	元/10kg	0.117	元/10kg·km	0.00055
	22	元/10kg	0.167	元/10kg·km	0.00075
集装箱	1吨箱	元/箱	10.10	元/(箱·千米)	0.0369
	20英尺箱	元/箱	219.00	元/(箱·千米)	1.0374
	40英尺箱	元/箱	429.80	元/(箱·千米)	1.6374

注：铁路运输定价方式

货物单位重量运输费用包括：

整车运输每吨运价＝发到基价＋运行基价×运行公里；

零担运输每10千克运价＝发到基价＋运行基价×运行公里。

铁路货物运输品名分类与代码（节选）见表5-8。

铁路建设基金费率见表5-9。

电气化附加费率见表5-10。

表 5-8 铁路货物运输品名分类与代码（节选）

<table>
<tr><th colspan="3" rowspan="2">代码</th><th rowspan="2">货物品类</th><th colspan="2">运价号</th><th rowspan="2">说明</th></tr>
<tr><th>整车</th><th>零担</th></tr>
<tr><td rowspan="6">01</td><td>1</td><td>0</td><td>原煤</td><td>4</td><td>21</td><td>含未经入洗、筛选的无烟煤、焦烟煤、揭煤</td></tr>
<tr><td>2</td><td>0</td><td>洗精煤</td><td>5</td><td>21</td><td>含冶金用炼焦精煤及其他洗精煤</td></tr>
<tr><td>3</td><td>0</td><td>块煤</td><td>4</td><td>21</td><td>含各种粒度的洗块煤和筛选块煤</td></tr>
<tr><td>4</td><td>0</td><td>洗、选煤</td><td>4</td><td>21</td><td>指洗精煤、洗块煤以外的其他洗煤（含混煤、洗中煤、洗末煤、洗粉煤等）</td></tr>
<tr><td>5</td><td>0</td><td>水煤浆</td><td>4</td><td>21</td><td></td></tr>
<tr><td>9</td><td>0</td><td>其他煤</td><td>4</td><td>21</td><td>含煤粉、煤球、煤砖、煤饼等</td></tr>
<tr><td rowspan="4">02</td><td>1</td><td>0</td><td>原油</td><td>6</td><td>22</td><td>含天然原油、煤炼原油</td></tr>
<tr><td>2</td><td>0</td><td>汽油</td><td>6</td><td>22</td><td>含各种用途的汽油</td></tr>
<tr><td>3</td><td>0</td><td>煤油</td><td>6</td><td>22</td><td>含灯用煤油、喷气燃油等</td></tr>
<tr><td>4</td><td>0</td><td>柴油</td><td>6</td><td>22</td><td>含轻柴油、重柴油等</td></tr>
</table>

表 5-9 铁路建设基金费率

<table>
<tr><th colspan="3">项目种类</th><th>计费单位</th><th>农药</th><th>磷矿石</th><th>其他货物</th></tr>
<tr><td colspan="3">整车货物</td><td>元/(t·km)</td><td>0.019</td><td>0.028</td><td>0.033</td></tr>
<tr><td colspan="3">零担货物</td><td>元/10(kg·km)</td><td>0.00019</td><td colspan="2">0.00033</td></tr>
<tr><td colspan="3">自轮运转货物</td><td>元/(箱·千米)</td><td colspan="3">0.099</td></tr>
<tr><td rowspan="10">集装箱</td><td colspan="2">1 吨箱</td><td>元/(箱·千米)</td><td colspan="3">0.0198</td></tr>
<tr><td colspan="2">5 吨、6 吨箱</td><td>元/(箱·千米)</td><td colspan="3">0.165</td></tr>
<tr><td colspan="2">10 吨箱</td><td>元/(箱·千米)</td><td colspan="3">0.2772</td></tr>
<tr><td colspan="2">20 英尺箱</td><td>元/(箱·千米)</td><td colspan="3">0.528</td></tr>
<tr><td colspan="2">40 英尺箱</td><td>元/(箱·千米)</td><td colspan="3">1.122</td></tr>
<tr><td rowspan="5">空自备箱</td><td>1 吨箱</td><td>元/(箱·千米)</td><td colspan="3">0.0099</td></tr>
<tr><td>5 吨、6 吨箱</td><td>元/(箱·千米)</td><td colspan="3">0.0825</td></tr>
<tr><td>10 吨箱</td><td>元/(箱·千米)</td><td colspan="3">0.1386</td></tr>
<tr><td>20 英尺箱</td><td>元/(箱·千米)</td><td colspan="3">0.264</td></tr>
<tr><td>40 英尺箱</td><td>元/(箱·千米)</td><td colspan="3">0.561</td></tr>
</table>

注：整车化肥、黄磷、粮食、棉花免征铁路建设基金。粮食指稻谷、大米、小麦、小麦粉、玉米、大豆，棉花指籽棉、皮棉。

表 5-10 电气化附加费率

<table>
<tr><th colspan="3">项目种类</th><th>计费单位</th><th>费率</th></tr>
<tr><td colspan="3">整车货物</td><td>元/(t·km)</td><td>0.01</td></tr>
<tr><td colspan="3">零担货物</td><td>元/10(kg·km)</td><td>0.0001</td></tr>
<tr><td colspan="3">自轮运转货物</td><td>元/(箱·千米)</td><td>0.03</td></tr>
<tr><td rowspan="10">集装箱</td><td colspan="2">1 吨箱</td><td>元/(箱·千米)</td><td>0.006</td></tr>
<tr><td colspan="2">5 吨、6 吨箱</td><td>元/(箱·千米)</td><td>0.05</td></tr>
<tr><td colspan="2">10 吨箱</td><td>元/(箱·千米)</td><td>0.084</td></tr>
<tr><td colspan="2">20 英尺箱</td><td>元/(箱·千米)</td><td>0.16</td></tr>
<tr><td colspan="2">40 英尺箱</td><td>元/(箱·千米)</td><td>0.34</td></tr>
<tr><td rowspan="5">空自备箱</td><td>1 吨箱</td><td>元/(箱·千米)</td><td>0.003</td></tr>
<tr><td>5 吨、6 吨箱</td><td>元/(箱·千米)</td><td>0.025</td></tr>
<tr><td>10 吨箱</td><td>元/(箱·千米)</td><td>0.042</td></tr>
<tr><td>20 英尺箱</td><td>元/(箱·千米)</td><td>0.08</td></tr>
<tr><td>40 英尺箱</td><td>元/(箱·千米)</td><td>0.17</td></tr>
</table>

注：电气化附加费计算公式为：

电气化附加费＝费率×计费重量（箱数或轴数）×电化里程。

工作任务单：国际铁路运输代理操作模拟

一、项目背景资料

学习领域	国际铁路运输代理操作		
项目任务	国际铁路运输代理——进口代理	工作时间	2学时
班　　级		姓　　名	
学习小组			

任务描述：安顺国际货运代理公司根据长沙中科进出口有限公司（Changsha Zhongke IMP. & EXP. CO.，LTD）外贸业务员刘伟与普西公司（Puxi Corporation）签订的一份设备进口合同，安顺与中科公司签订了国际货运代理协议，安顺货代的小姜将负责此项目，由其安排铁路运输进口提货事宜，并代办报检、报关，小姜还将与中科公司进行代理费的结算，并制订简单的货损理赔方案。

国际买卖合同中的主要内容

合同条款	内容
品名、品质条款	小型农业收割机
数量条款	5台
单价、金额	5000USD/台，共25000USD
包装方式	木箱
装运地和目的地	莫斯科和长沙
装运日期	2011-6-8
保险条款	陆运一切险
费用计算	到付
付款方式	转账
报检	货代代理
报关	货代代理

二、操作步骤

1. 资讯阶段

（1）掌握铁路进口业务流程（以进口为例）。

① 外国国际铁路货运公司将货物运至邻国口岸；

② 货物抵达我国口岸海关监管地；

③ 收货人或其代理人准备相关单据向海关报关；

④ 海关查验后放行；

⑤ 货物运抵收货人处。

（2）学习关键环节相关操作程序。自己阅读教材，听老师进行知识讲解。

（3）掌握铁路保险，报检和报关知识。

（4）掌握国际货运的主要资讯。

2. 计划阶段和决策阶段

（1）以小组为单位进行操作。

（2）搜集资料，将所采购各个环节操作流程、内容和工作要点做成PPT。

（3）制订工作计划，以公司为单位分别完成工作计划表（见表5-11）。

表 5-11　工作计划表

序号	工作名称	工作内容	工作要点	责任人	完成日期

三、实施阶段

1. 实施过程

(1) 外国国际铁路货运公司将货物运至邻国口岸；

(2) 货物抵达我国口岸海关监管地；

(3) 收货人或其代理人准备相关单据向海关报关；

(4) 海关查验后放行；

(5) 货物国内运输；

(6) 货物提取，交收货人处。

以上实施过程应进行单证填写，费用计算和沟通交流。

2. 操作指南

(1) 查阅教材或参考书；

(2) 参考铁路运输相关国际公约；

(3) 通过福步论坛寻找前人的经验以及提问求解：http：//bbs. fobshanghai. com/

四、检查与评估阶段

将工作任务填入表 5-12。

表 5-12　工作任务评价表

能力		自评（10%）	小组互评（30%）	教师评价（60%）	合计
专业能力（60 分）	1. 流程描述的正确性(5 分)				
	2. 口岸、线路选择合理(15 分)				
	3. 报检和报关办理及时、合理(10 分)				
	4. 单证填写的正确性(10 分)				
	5. 费用计算正确(10 分)				
	6. 索赔处理及时正确(10 分)				
方法能力（40 分）	1. 信息处理能力(10 分)				
	2. 表达能力(10 分)				
	3. 创新能力(10 分)				
	4. 团体协作能力(10 分)				
综合评分					

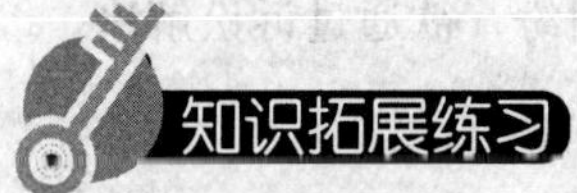

一、单项选择题

1. 国际铁路联运货物运输的费用是按（　　）计算。

A.《统一货价》

B. 中国铁路《铁路运价规则》

C. 我国境内按中铁《铁路运价规则》，境外按当地国家铁路运费

D.《Incoterms 2000 规则》

2. 国际铁路联运凭运单副本第（　　）向银行办理结汇或结算。

A. 一联　　B. 二联　　C. 三联　　D. 四联

3. 在下列哪种交接方式下，运输经营人一般是以拼箱形态接受货物，以整箱形态交付货物（　　）。

A. CFS to CY　　B. CFS to CFS　　C. CY to CFS　　D. CY to CY

4. 国际货物协运单正本中哪一张是给发货人的（　　）。

A. 第 1 张——运单正本　　B. 第 2 张——运行报单

C. 第 3 张——运单副本　　D. 第 4 张——货物交付单

5. 下列国家中没有签署《亚洲道路网政府间协定》的是（　　）。

A. 朝鲜　　B. 日本　　C. 中国　　D. 伊朗

二、多项选择题

1. 国际铁路联运货物标记的内容包括（　　）。

A. 发送路、发站及到达路、到站　　B. 发货人、收货人的姓名和地址

C. 每件的记号、号码及零担货物的件数　　D. 运单号

2. 国际汽车联运货物运单为一式三份，均应有（　　）的签字或盖章。

A. 收货人　　B. 发货人　　C. 保险公司　　D. 承运人

3. 国际铁路联运概念的要点有（　　）。

A. 票据统一

B. 由铁路部门负责从接货到交货的全过程运输

C. 需发货人和收货人参加

D. 两个或两个以上国家的铁路运输

4. 适用国际铁路联运的交货条款主要有（　　）

A. CPT　　B. CIP　　C. FCA　　D. FOB

5. 公路运输中哪些货物发货人必须派人押运？（　　）

A. 文物　　B. 尖端精密产品　　C. 稀有珍贵物品　　D. 危险货物

三、案例分析题

一票从我国郑州通过国际普通车经满洲里/后贝加尔运往俄罗斯莫斯科的货物，郑州的托运人承担全程运输费用。该托运人与北京的一个国际货运代理企业订立了国际铁路货物运输委托代理协议，约定由国际货运代理企业代表托运人支付从满洲里至莫斯科区段的运费。同时，托运人与铁路承运人订立了国际联运运输合同。此后货物从郑州某车站发出，并顺利通过满洲里，不久货物抵达莫斯科某车站。到达站通知收货人货物已到，并要求收货人支付俄罗斯区段运费，否则留置该货物。经调查得知，运单第 20 栏关于俄罗斯区段运费支付人的记载因被涂抹而模糊不清。委托人（运输托运人）因此与国际货运代理企业发生纠纷，欲通过诉讼解决。

问题：

（1）国际货运代理企业有无义务支付运费，为什么？

（2）在国际货运代理企业未支付运费的情况下，委托人（托运人）是否有义务支付运费，为什么？

学习情境六
国际多式联运操作

学习目标

知识目标

1. 了解国际多式联运基础组织；
2. 了解多式联运合同；
3. 熟悉国际多式联运业务流程；
4. 掌握国际多式联运索赔与保险知识。

能力目标

1. 能拟定国际多式联运经营合同；
2. 能描述国际多式联运的业务流程；
3. 能进行多式联运运费的计算和支付，会填写多式联运提单；
4. 能妥善进行索赔和办理保险。

项目一 国际多式联运基础知识

一、国际多式联运的基本形式

1. 国际多式联运概念

国际多式联运（international multimodal transport）是一种以实现货物整体运输的最优化效益为目标的联运组织形式。它通常是以集装箱为运输单元，将不同的运输方式有机地组合在一起，构成连续的、综合性的一体化货物运输。通过一次托运，一次计费，一份单证，一次保险，由各运输区段的承运人共同完成货物的全程运输，即将货物的全程运输作为一个完整的单一运输过程来安排。然而，它与传统的单一运输方式又有很大的不同。

20 世纪 60 年代末美国首先试办多式联运业务，受到货主的欢迎。随后，国际多式联运在北美、欧洲和远东地区开始采用，实践证明，多式联运不仅是实现门到门运输的有效方式，也是符合客观经济规律，取得较高经济效益的运输方式；20 世纪 80 年代，国际多式联运已逐步在发展中国家实行。目前，国际多式联运已成为一种新型的重要的国际集装箱运输方式，受到国际航运界的普遍重视。

1980 年 5 月在日内瓦召开的联合国国际多式联运公约会议上通过了《联合国国际多式联运公约》。该公约在 30 个国家批准和加入一年后生效。它的生效对今后国际多式联运的发展产生积极的影响。

《联合国国际多式联运公约》对国际多式联运做出如下定义："国际多式联运是指按照国际多式联运合同，以至少两种以上不同的运输方式，由多式联运经营人将货物从一国境内接管货物的地点运至另一国境内指定交货地点。为履行单一方式货物运输合同所规定的货物接送业务，则不应视为国际多式联运。"

此处所说的两种以上不同的运输方式可以是海—陆、海—空、陆—空等，与一般意义上的海—海、空—空、陆—陆联运有着根本的区别。后者虽然也称为联运，但只是同一种运输工具之间的运输方式，不属于完整意义上的国际多式联运。

2. 国际多式联运基本形式

（1）法定联运和协议联运　根据开展联运所依据的规则不同，国际多式联运可以分为法定联运和协议联运。

① 法定联运　法定联运是指与多式联运有关的运输方式、运输票据、联运范围、联运受理的条件与程序、运输衔接、货物交付、货物索赔程序以及承运人之间的费用清算等均应符合有关国际公约和国家颁布的有关规章的规定，并实行计划运输。这种多式联运的最基本特征在于其强制性，即承托双方并不需要对国际多式联运合同的条款予以协商，仅需要按照规定办理即可。这种联运方式有利于保护货主的权力和保护联运生产的顺利进行，但缺点是灵活性较差，使用范围窄，在从事联运的运输企业资格、联运路线、货物种类与数量及受理地/换装地点等方面均做出限制。此外，货主托运前需要报批运输计划。

② 协议联运　协议联运是指法定联运以外的联运，最基本的特征在于联运的非强制性。在这种联运形式下，联运所采用的运输方式、运输票据、联运范围、联运受理的条件与程序、运输衔接、货物交付、货物索赔程序以及承运人之间的利益分配与风险承担等均由双方通过友好协商而定。其缺点是，在实践中，货主往往处于劣势，并不具备与联运经营人协商修改联运协议的能力。因此，为了避免联运经营人损害货主利益，无论是国际还是国内都制定了规范这种联运形式的国际公约或法律法规，凡联运协议中与这些国际公约或法律法规相抵触的内容均属无效。

（2）协作式联运与衔接式联运　根据联运组织方式和体制的不同，国际多式联运分为协作式联运与衔接式联运。

① 协作式联运　协作式联运是指两种或两种以上运输方式的不同运输企业按照统一的公约、规章或商定的协议，共同将货物从接管货物的地点运到指定交付货物地点的联运。

在协作式多式联运下，参与联运的承运人均可受理托运的申请、接收货物、签署全程运输单据，并负责自己区段的运输生产，后续承运人除负责自己区段的运输生产外，还需要承担运输衔接工作，而最后承运人则需要承担货物交付以及受理收货人的货损、货差索赔。在这种体制下，参与联运的每个承运人均具有双重身份：对外而言，他们是共同承运人，其中一个承运人（或代表所有承运人的联运机构）与发货人订立运输合同，并对其他承运人均有约束力，即每个承运人均视为与货主存在运输合同关系；对内而言，每个承运人不但有义务完成自己区段的实际运输和有关的货运组织工作，还应根据规章或约定协议的规定承担风险和利益分配（图 6-1）。

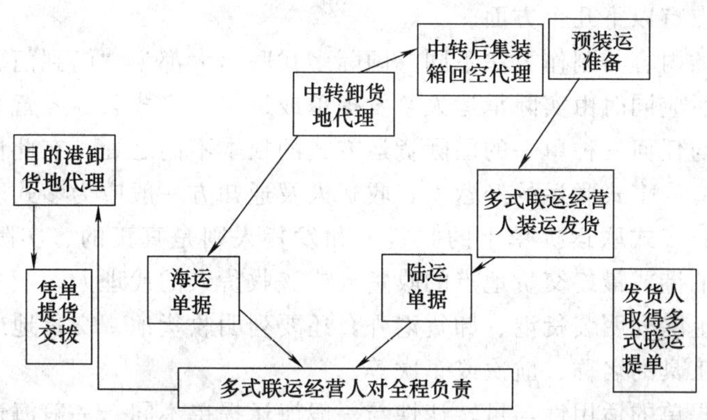

图 6-1 多式联运系统组成——协作式联运

② 衔接式联运 衔接式联运是指由一个多式联运经营人综合组织两种或两种以上运输方式的不同运输企业，将货物从接管货物的地点运到指定交付货物地点的联运。

在实践中，多式联运经营人既可能由不拥有任何运输工具的国际货运代理、场站经营人、仓储经营人担任，也可能由从事某一区段的实际承运人担任。但无论如何，承运人都必须持有国家有关主管部门核准的许可证书，能独立承担责任。

在衔接式多式联运下，运输组织工作与实际运输生产实现了分离，多式联运经营人负责全程运输组织工作，各区段的实际承运人负责实际运输生产。在这种体制下，多式联运经营人也具有双重身份. 对于货主而言，他是全程承运人，与货主订立全程运输合同，向货主收取全程运费及其他费用，并承担承运人的义务，对于各区段实际承运人而言，他是托运人，他与各区段实际承运人订立分运合同，向实际承运人支付运费及其他必要的费用。很明显，这种运输组织与运输生产相互分离的形式，符合分工专业化的原则，不但方便了货主和实际承运人，也有利于运输的衔接工作。因此，它是联运的主要形式（图 6-2）。

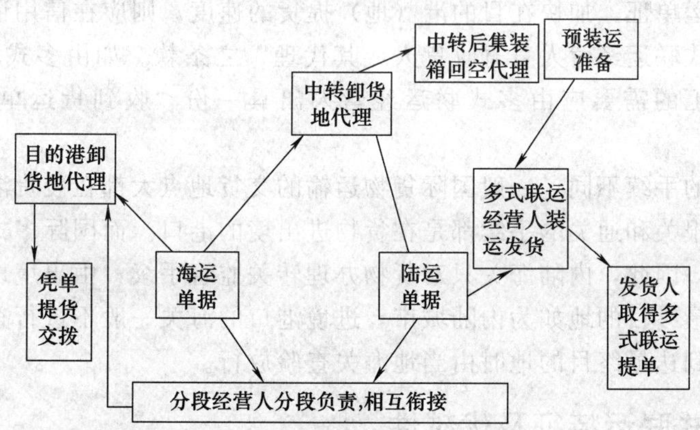

图 6-2 多式联运系统组成——衔接式联运

3. 国际多式联运与一般国际货物运输的区别

国际多式联运极少由一个经营人承担全部运输。往往是接受货主的委托后，联运经营人自己办理一部分运输工作，而将其余各段的运输工作再委托其他的承运人。但这又不同于单一的运输方式，这些接受多式联运经营人负责转托的承运人，只是依照运输合同关系对联运经营人负责，与货主不发生任何业务关系。因此，多式联运经营人可以是实际承运人，也可是“无船承运人”(non-vessel operating carrier，简称 NVOC)。国际多式联运与一般国际货物运输的主要不同点有以下几个方面。

（1）货运单证的内容与制作方法不同　国际多式联运大都为“门到门”运输，故货物于装船或装车或装机后应同时由实际承运人签发提单或运单，多式联运经营人签发多式联运提单，这是多式联运与任何一种单一的国际货运方式的根本不同之处。在此情况下，海运提单或运单上的发货人应为多式联运的经营人，收货人及通知方一般应为多式联运经营人的国外分支机构或其代理；多式联运提单上的收货人和发货人则是真正的、实际的收货人和发货人，通知方则是目的港或最终交货地点的收货人或该收货人的代理人。

多式联运提单上除列明装货港、卸货港外，还要列明收货地、交货地或最终目的地的名称以及第一程运输工具的名称、航次或车次等。

（2）多式联运提单的适用性与可转让性与一般海运提单不同　一般海运提单只适用于海运，从这个意义上说多式联运提单只有在海运与其他运输方式结合时才适用，但现在它也适用于除海运以外的其他两种或两种以上的不同运输方式的连贯的跨国运输（国外采用“国际多式联运单据”就可避免概念上的混淆）。

多式联运提单把海运提单的可转让性与其他运输方式下运单的不可转让性合二为一，因此多式联运经营人根据托运人的要求既可签发可转让的也可签发不可转让的多式联运提单。如属前者，收货人一栏应采用指示抬头；如属后者，收货人一栏应具体列明收货人名称，并在提单上注明不可转让。

（3）信用证上的条款不同　根据多式联运的需要，信用证上的条款应有以下三点变动：

① 向银行议付时不能使用船公司签发的已装船清洁提单，而应凭多式联运经营人签发的多式联运提单，同时还应注明该提单的抬头如何制作，以明确可否转让。

② 多式联运一般采用集装箱运输（特殊情况除外，如在对外工程承包下运出机械设备则不一定采用集装箱），因此，应在信用证上增加指定采用集装箱运输条款。

③ 如不由银行转单，改由托运人或发货人或多式联运经营人直接寄单，以便收货人或代理能尽早取得货运单证，加快在目的港（地）提货的速度，则应在信用证上加列“装船单据由发货人或由多式联运经营人直寄收货人或其代理”之条款。如由多式联运经营人寄单，发货人出于议付结汇的需要应由多式联运经营人出具一份“收到货运单据并已寄出”的证明。

（4）海关验放的手续不同　一般国际货物运输的交货地点大都在装货港，目的地大都在卸货港，因而办理报关和通关的手续都是在货物进出境的港口。而国际多式联运货物的起运地大都在内陆城市，因此，内陆海关只对货物办理转关监管手续，由出境地的海关进行查验放行。进口货物的最终目的地如为内陆城市，进境港口的海关一般不进行查验，只办理转关监管手续，待货物到达最终目的地时由当地海关查验放行。

二、国际多式联运特征及优越性

1. 国际多式联运特征

国际多式联运的特点表现在以下几个方面。

（1）在货物的运输过程中，无论使用多少种运输方式，发货人必须与多式联运经营人签订一份多式联运合同。该合同是多式联运经营人与托运人之间权利、义务、责任与豁免的合同关系和运输性质的确定，也是区别多式联运与一般货物运输方式的主要依据。该合同约束整个多式联运过程。多式联运经营人根据合同规定，负责完成或组织完成货物的全程运输，并且一次性收取全程运费。

(2) 国际多式联运全程运输中至少是用两种不同的运输方式，而且是不同运输方式、不同运输区段的连续运输。

(3) 必须由一个多式联运经营人对国际多式联运货物运输的全程负责。多式联运经营人不仅是订立多式联运合同的当事人，也是多式联运单证的签发人。一般而言，在多式联运经营人履行多式联运合同所规定的运输责任的同时，可将全部或部分运输委托他人完成，并订立分运合同。但分运合同的承运人与托运人之间不存在任何合同关系。无论涉及几种运输方式，分为多少个区段、多式联运的全程运输都是由多式联运经营人完成或组织完成的，多式联运经营人都要对运输的全程负责。

(4) 国际多式联运在运输过程中一般以集装箱作为运输的基本单元。现代集装箱运输的发展与国际多式联运的发展紧密相连。

(5) 必须适用一份全程多式联运单证（multimodal transport document)。全程多式联运单证是指证明多式联运合同以及多式联运经营人已经接收货物并负责按照合同交付货物而签发的一总证据。该单证应满足不同运输方式的需要，多式联运经营并按单一运费率计收全程运费。多式联运实行一票到底、全程单一费率的运输，即发货人只要办理一次托运、一次计费、一次保险，通过一张单证即可实现从起运地到目的地的全程运输。该单证是一种物权凭证和有价证券。

根据国际商会《联合运输单据统一规则》和国际商会 UCP500 的规定，除非信用证另有规定，银行可以接受多式联运经营人或其代理人签发的多式联运单证。

(6) 多式联运经营人接管的货物必须是在国际运输的货物。也就是说，货物必须跨越国境进行国际运输。这不仅有别于国内货物运输，还涉及国际运输法规的适用问题。

2. 国际多式联运的优越性

国际多式联运是今后国际运输发展的方向，这是因为，开展国际集装箱多式联运具有许多优越性，主要表现在以下几个方面。

① 简化托运、结算及理赔手续，节省人力、物力和有关费用。在国际多式联运方式下，无论货物运输距离有多远，由几种运输方式共同完成，且不论运输途中货物经过多少次转换，所有一切运输事项均由多式联运经营人负责办理。而托运人只需办理一次托运，订立一份运输合同，一次支付费用，一次保险，从而省去托运人办理托运手续的许多不便。同时，由于多式联运采用一份货运单证，统一计费，因而也可简化制单和结算手续，节省人力和物力，此外，一旦运输过程中发生货损货差，由多式联运经营人对全程运输负责，从而也可简化理赔手续，减少理赔费用。

② 缩短货物运输时间，减少库存，降低货损货差事故，提高货运质量。在国际多式联运方式下，各个运输环节和各种运输工具之间配合密切，衔接紧凑，货物所到之处中转迅速及时，大大减少货物的在途停留时间，从而从根本上保证了货物安全、迅速、准确、及时地运抵目的地，因而也相应地降低了货物的库存量和库存成本。同时，多式联运系通过集装箱为运输单元进行直达运输，尽管货运途中须经多次转换，但由于使用专业机械装卸，且不涉及槽内货物，因而货损货差事故大为减少，从而在很大程度上提高了货物的运输质量。

③ 降低运输成本，节省各种支出。由于多式联运可实行门到门运输，因此对货主来说，在货物交由第一承运人以后即可取得货运单证，并据以结汇，从而提前了结汇时间。这不仅有于加速货物占用资金的周转，而且可以减少利息的支出。此外，由于货物是在集装箱内进行运输的，因此从某种意义上来看，可相应地节省货物的包装、理货和保险等费用的支出。

④ 提高运输管理水平，实现运输合理化。对于区段运输而言，由于各种运输方式的经营人各自为政，自成体系，因而其经营业务范围受到限制，货运量相应也有限。而一旦由不同的运输经营人共同参与多式联运，经营的范围可以大大扩展，同时可以最大限度地发挥其现有设备作用，选择最佳运输线路组织合理化运输。

⑤ 实现门到门运输。国际多式联运综合了多种运输方式，组成连贯运输，可以把货物从发货人仓库或工厂直接运至收货人的仓库或工厂，为实现门到门运输提供了有效途径。

⑥ 其他作用。从政府的角度来看，发展国际多式联运具有以下重要意义：有利于加强政府部门对整个货物运输链的监督与管理；保证本国在整个货物运输过程中获得较大的运费收入配比例；有助于引进新的先进运输技术；减少外汇支出；改善本国基础设施的利用状况；通过国家的宏观调控与指导职能，保证使用对环境破坏最小的运输方式，达到保护本国生态环境的目的。

项目二　国际多式联运业务操作流程

国际多式联运的业务流程，一般可以分为以下几个环节。

国际多式联运业务的操作步骤与国内多式联运业务的操作类似，两者主要差别是：国际多式联运业务的操作必须有出口报关环节且使用的单证不同。

1. 接受托运申请，订立多式联运合同

多式联运经营人根据货主提出的托运申请和自己的运输路线等情况，判断是否接受该托运申请。如果能够接受，则双方议定有关事项后，在交给发货人或其代理人的场站收据（货物情况可暂时空白）副本上签章（必须是海关能接收的），证明接受托运申请，多式联运合同已经订立并开始执行。

发货人或其代理人根据双方就货物交接方式、时间、地点、付费方式等达成协议，填写场站收据（货物情况可暂空），并把其送至联运经营人处编号，多式联运经营人编号后留下货物托运联，将其他联交还给发货人或其代理人。

多式联运合同又称为“多式联合运输合同”“混合运输合同”，是指以两种以上（含两种）的不同运输方式将旅客（及其行李）或货物运输到约定地点的运输合同。按《合同法》第三百十七条规定，多式联运经营人负责履行或者组织履行多式联运合同实施，对全程运输享有承运人的权利，承担承运人的义务。

多式联运合同的经营人可以参加多式联运的各区段承运人就多式联运合同的各区段运输约定相互之间的义务，但不影响多式联营人对全程运输承担义务，否则，不构成多式联运。多式联运人收到托运人交的货物，应当签发多式联运单据，该单据按照托运人的要求，可以转让，也可以不转让。多式联运单据经托运人同意转让后，货物的损失是由托运人的过错造成的，尽管多式联运单据已转让，仍应承担赔偿责任。多式联运货物由第一承运人转交第二承运人时，不需要另行办理托运手续，可以减少中间环节，有利于货物的快速运输，提高运输效率。

除具有一般运输合同的特征外，多式联运合同还具有以下法律特征。

第一，联运合同的承运人一方为两人以上。联运合同的承运人必须为两人以上，若仅为一人，则不为联运。联运合同的承运人虽为两人以上，但联运合同只是一个合同，而不是数个运输合同的组合。

第二，相互衔接的不同的运输方式承运。承运人虽为两人以上，但各承运人是以同一运输工具完成运输任务的，也不属于联运。联运合同的承运人一方须以不同的运输工具承运，例如铁路与公路联运、铁路与水路联运、公路与水路联运、铁路与航空联运，以及三种或三种以上运输方式的联运。如果拥有同一运输工具的数个承运人运输同一货物或旅客，则属于单式联运，不属于多式联运。

第三，一次交费并使用同一运输凭证。在多式联运中，货物由一承运人转交另一承运人运输或者旅客由一种运输工具换乘另一种运输工具时，不需另行交费和办理托运手续或购票。

（1）多式联运合同的订立　多式联运承运人，又称多式联运经营人，是指与旅客或者托运人订立多式联运合同，并负责履行或者组织履行合同，对全程运输负责，享有承运人权利、承担承运人义务的人。

实践中，多式联运合同的订立主要有以下两种方式。

① 托运人或旅客与经营多式联运业务的经营人订立合同。在此情况下，先是由托运人或者旅客与经营多式联运业务的经营人订立承揽运输合同，联运经营人为合同的承揽运输人（也即多式联运承运人）一方，托运人或旅客为合同的另一方。然后，联运经营人与各承运人签订运输协议。因此，联运经营人处于一般运输合同的承运人的地位，享受相应的权利，并承担相应的责任。至于联运经营人与实际承运人之间的关系，则依其相互间的协议而定。

② 托运人或旅客与第一承运人订立运输合同。在此种情况下，各个承运人为合同的一方当事人，而托运人或旅客为另一方当事人。各个承运人虽均为联运合同的当事人，但只有第一承运人代表其他承运人与托运人或旅客签订运输合同，其他承运人并不参与订立合同。第一承运人则为联运承运人。

签订多式联运合同应注意以下问题。

① 多式联运经营人负责履行或者组织履行多式联运合同，对全程运输享有承运人的权利，承担承运人的义务。

② 多式联运经营人可以与参加多式联运的各区段承运人就多式联运合同的各区段运输约定相互之间的责任，但该约定不影响多式联运的承运人对全程运输承担的义务。

③ 多式联运经营人收到托运人交付的货物时，应当签发多式联运单据。按照托运人的要求，多式联运单据可以是可转让的，也可以是不可转让单据。

④ 因托运人托运货物时的过错造成多式联运经营人损失的，即使托运人已经转让多式联运单据，托运人仍然应当承担损害赔偿责任。

⑤ 货物的毁损、灭失发生于多式联运的某一运输区段的，多式联运经营人的赔偿责任和责任限额，适用调整该区段运输方式的有关法律规定。

（2）多式联运合同的特殊效力

① 合同经营人的地位及区段承运人的关系　多式联运合同的一方是托运人，一方是多式联运经营人。多式联运经营人与区段承运人不同，区段承运人与多式联运经营人存在合同关系，区段承运人只对自己负责运送的过程承担责任。而根据《合同法》第 317 条的规定："多式联运人负责履行或者组织履行多式联运合同，对全程运输享有承运人的权利，承担承运人的义务。"《合同法》第 318 条规定："多式联运经营人可以与参加多式联运的各区段承运人就多式联运合同的各区段运输约定相互之间的责任，但该约定不影响多式联运经营人对全程运输承担责任的义务。"多式联运经营人与区段承运人的约定，不能对抗承运人。

② 多式联运单据　《合同法》第 319 条规定："多式联运经营人收到托运人交付的货物时，应当签发多式联运单据。按照托运人的要求，多式联运单据可以是可转让单据，也可以是不可转让单据。"单据是否可以转让，托运人有选择权，经营人应当根据托运人要求签发。《合同法》第 320 条规定："因托运人托运货物时的过错造成多式联运经营人损失的，即使托运人已经转让多式联运单据，托运人仍然应当承担损害赔偿责任。"该条的要点是：因托运人的过错造成联运经营人损失的（如将危险品当作普通物品运输等），即使转让多式联运单据，其仍应承担责任。因为托运人构成了侵权责任。

③ 赔偿的法律特别适用　按照《合同法》和有关法律的规定，联运经营人对运输的全过程承担义务。货物的毁损、灭失无论发生在哪一运输区段，其都要承担赔偿责任。《合同法》第 321 条规定："货物的毁损、灭失发生于多式联运的某一运输区段的，多式联运经营人的赔偿责任和责任限额，适用调整该区段运输方式的有关法律规定。货物毁损、灭失发生

的运输区段不能确定的，依照本章规定承担损害赔偿责任”。

a. 依照上述规定，联运经营人的赔偿责任和责任限额采用区段责任制（或称分段责任制或网状责任制）。即货物的毁损、灭失发生于多式联运的某一区段时，适用调整该区段运输方式的有关法律规定。例如，货物毁损、灭失发生在铁路区段，则多式联运经营人依照《铁路法》的规定进行赔偿。《铁路法》第 17 条第 1 款第 2 项规定：“未按保价运输承运的，按照实际损失赔偿，但最高不超过国务院铁路主管部门规定的赔偿限额”。再如，货物毁损、灭失发生在航空运输区段的，则联运经营人按照《民用航空法》的规定进行赔偿，等等。

b. “货物毁损、灭失发生的运输区段不能确定的，依照本章规定承担损害赔偿责任。”即按照《合同法》第 312 条的规定承担赔偿责任。

（3）多式联运合同范例

甲方：________（托运人）

法定代表人：________

法定地址：________

邮编：________

经办人：________

联系电话：________

传真：________

银行账户：________

乙方：________（承运人）

法定代表人：________

法定地址：________

邮编：________

经办人：________

联系电话：________

传真：________

银行账户：________

甲乙双方经过友好协商，就办理甲方货物多式联运事宜达成如下合同。

① 甲方应保证如实提供货物名称、种类、包装、件数、重量、尺码等货物状况，由于甲方虚报给乙方或者第三方造成损失的，甲方应承担损失。

② 甲方应按双方商定的费率在交付货物________天之内将运费和相关费用付至乙方账户。甲方若未按约定支付费用，乙方有权滞留提单或者留置货物，进而依法处理货物以补偿损失。

③ 托运货物为特种货或者危险货时，甲方有义务向乙方做详细说明。未作说明或者说明不清的，由此造成乙方的损失由甲方承担。

④ 乙方应按约定将甲方委托的货物承运到指定地点，并应甲方的要求，签发联运提单。

⑤ 乙方自接货开始至交货为止，负责全程运输，对全程运输中乙方及其代理或者区段承运人的故意或者过失行为而给甲方造成的损失负赔偿责任。

⑥ 乙方对下列原因所造成的货物灭失和损坏不负责任。

a. 货物由甲方或者代理人装箱、计数或者封箱的，或者装于甲方的自备箱中；

b. 货物的自然特性和固有缺陷；

c. 海关、商检、承运人行使检查权所引起的货物损耗；

d. 天灾，包括自然灾害，例如但不限于雷电、台风、地震、洪水等，以及意外事故，例如但不限于火灾、爆炸、由于偶然因素造成的运输工具的碰撞等；

e. 战争或者武装冲突；

f. 抢劫、盗窃等人为因素造成的货物灭失或者损坏；

g. 甲方的过失造成的货物灭失或者损坏；

h. 罢工、停工或者乙方雇佣的工人劳动受到限制；

i. 检疫限制或者司法扣押；

j. 非由于乙方或者乙方的受雇人、代理人的过失造成的其他原因导致的货物灭失或者损坏，对于 g 项免除责任以外的原因，乙方不负举证责任。

⑦ 货物的灭失或者损坏发生于多式联运的某一区段，乙方的责任和赔偿限额，应该适用该区段的法律规定。如果不能确定损坏发生区段的，应当使用调整海运区段的法律规定，不论是根据国际公约还是根据国内法律。

⑧ 对于逾期支付的款项，甲方应按每日 0.05％的比例向乙方支付违约金。

⑨ 由于甲方的原因（如未及时付清运费及其他费用而被乙方留置货物或滞留单据或提供单据迟延而造成货物运输延迟）所产生的损失由甲方自行承担。

⑩ 合同双方可以依据《合同法》的有关规定解除合同。

⑪ 乙方在运输甲方货物的过程中应尽心尽责，对于因乙方的过失而导致甲方遭受的损失和发生的费用承担责任，以上损失不包括货物因延迟等原因造成的经济损失。在任何情况下，乙方的赔偿责任都不应超出每件________元人民币或每公斤________元人民币的责任限额，两者以较低的限额为准。

⑫ 本合同项下发生的任何纠纷或者争议，应提交中国海事仲裁委员会，根据该会的仲裁规则进行仲裁。仲裁裁决是终局的，对双方都有约束力。本合同的订立、效力、解释、履行、争议的解决均适用中华人民共和国法律。

⑬ 本合同从甲乙双方签字盖章之日起生效，合同有效期为________天，合同期满之日前，甲乙双方可以协商将合同延长________天。合同期满前，如果双方中任何一方欲终止合同，应提前________天，以书面的形式通知另一方。

⑭ 本合同经双方协商一致可以进行修改和补充，修改及补充的内容经双方签字盖章后，视为本合同的一部分。本合同正本一式________份。

甲方（盖章）：________　　乙方（盖章）：________

法定代表人（签字）：________　　法定代表人（签字）：________

________年____月____日　　________年____月____日

签订地点：________　　签订地点：________

2. 集装箱的发放、提取及运送

多式联运大多数使用集装箱运输。多式联运中使用的集装箱一般应由经营人提供。这些集装箱来源可能有三个：一是经营人自己购置使用的集装箱；二是由公司租用的集装箱，这类箱一般在货物的起运地附近提箱而在交付货物地点附近还箱；三是由全程运输中的某一分运人提供，这类箱一般需要在多式联运经营人为完成合同运输与该分运人（一般是海上区段承运人）订立分运合同后获得使用权。

如果双方协议由发货人自行装箱，则多式联运经营人应签发提箱单或者租箱公司或分运人签发的提箱单交给发货人或其代理人，由他们在规定日期到指定的堆场提箱并自行将空箱拖运到货物装箱地点，准备装货。如发货人委托亦可由经营人办理从堆场装箱地点的空箱拖运（这种情况需加收空箱拖运费）。

如是拼箱货（或是整箱货但发货人无装箱条件不能自装）时，则由多式联运经营人将所用空箱调运至接受货物集装箱货运站，做好装箱准备。

3. 出口报关

通关的基本程序：申报—查验—征税—放行。

（1）申报

① 出口货物的发货人在根据出口合同的规定，按时、按质、按量备齐出口货物后，即应当向运输公司办理租船订舱手续，准备向海关办理报关手续，或委托专业（代理）报关公司办理报关手续。

② 需要委托专业或代理报关企业向海关办理申报手续的企业，在货物出口之前，应在出口口岸就近向专业报关企业或代理报关企业办理委托报关手续。接受委托的专业报关企业或代理报关企业要向委托单位收取正式的报关委托书，报关委托书以海关要求的格式为准。

③ 准备好报关用的单证是保证出口货物顺利通关的基础。一般情况下，报关应备单证（除出口货物报关单外），主要包括：托运单（即下货纸）、发票一份、贸易合同一份、出口收汇核销单及海关监管条件所涉及的各类证件。申报应注意：报关时限。报关时限是指货物运到口岸后，法律规定发货人或其代理人向海关报关的时间限制。出口货物的报关时限限为装货的 24 小时以前。不需要征税费、查验的货物，自接受申报起 1 日内办结通关手续。

（2）查验　查验是指海关在接受报关单位的申报并已经审核的申报单位为依据，通过对出口货物进行实际的核查，以确定其报关单证申报的内容是否与实际进出口的货物相符的一种监管方式。

① 通过核对实际货物与报关单证来验证申报环节所申报的内容与查证的单、货是否一致，通过实际的查验发现申报审单环节所不能发现的有无瞒报、伪报和申报不实等问题。

② 通过查验可以验证申报审单环节提出的疑点，为征税、统计和后续管理提供可靠的监管依据。海关查验货物后，均要填写一份验货记录。验货记录一般包括查验时间、地点、进出口货物的收发货人或其代理人名称、申报的货物情况，查验货物的运输包装情况（如运输工具名称、集装箱号、尺码和封号）、货物的名称、规格型号等。需要查验的货物自接受申报起 1 日内开出查验通知单，自具备海关查验条件起 1 日内完成查验，除需缴税外，自查验完毕 4h 内办结通关手续。

（3）征税　根据《海关法》的有关规定，进出口的货物除国家另有规定外，均应征收关税。关税由海关依照海关进出口税则征收。需要征税费的货物，自接受申报 1 日内开出税单，并于缴核税单 2h 内办结通关手续。

（4）放行

① 对于一般出口货物，在发货人或其代理人如实向海关申报，并如数缴纳应缴税款和有关规费后，海关在出口装货单上盖“海关放行章”，出口货物的发货人凭以装船起运出境。

② 出口货物的退关　申请退关货物发货人应当在退关之日起三天内向海关申报退关，经海关核准后方能将货物运出海关监管场所。

③ 签发出口退税报关单　海关放行后，在浅黄色的出口退税专用报关单上加盖“验讫章”和已向税务机关备案的海关审核出口退税负责人的签章，退还报关单位。在我国每天大约出口价值 1.5 亿美元的货物，出口核销退税每延迟一天，就要给广大客户造成很大损失。如何加快出口核销退税速度呢？在单证操作方面最重要的一点就是正确填写出口报关单。报

关单的有关内容必须与船公司传送给海关的舱单内容一致，才能顺利的核销退税。对海关接受申报并放行后，由于运输工具配载等原因，部分货物未能装载上原申报的运输工具的，出口货物发货人应及时向海关递交《出口货物报关单更改申请单》及更正后的箱单发票、提单副本进行更正，这样报关单上内容才能与舱单上内容一致。

4. 货物装箱

（1）自行装箱　若是发货人自行装箱，发货人或其代理人提取空箱后在自己的工厂和仓库组织装箱，装箱工作一般要在报关后进行，并请海关派员到装箱地点监装和办理加封事宜。如需理货，还应请理货人员现场理货并与之共同制作装箱单。

（2）委托多式联运经营人或货运站装箱　若是发货人不具备装箱条件，可委托多式联运经营或货运站装箱（指整箱货情况），发货人应将货物以原来形态运至指定的货运站由其代为装箱。如是拼箱货物，发货人应负责将货物运至指定的集装箱货运站，由货运站按多式联运经营人的指示装箱。无论装箱工作由谁负责，装箱人均需制作装箱单，并办理海关监装与加封事宜。

（3）多式联运的配积载

① 配积载的含义　货物配积载是指根据货物种类、特性、数量、流向等多种货物的既定运输任务，通过合理配装以充分利用运输工具的容积及载重能力的作业环节。它是联合运输的一项重要的技术性较强的工作，相应工作人员应对运输程序、货物调运方法、车船性能及容积或载重量、货物拼配拼装条件等情况清楚明了。

② 配积载的要求

a. 掌握发运顺序。做到先急后缓，先重点后一般，先计划内后计划外，先远后近，先进先出，后进后出。

b. 掌握不同货物的拼配范围，确保货物安全。

c. 掌握轻重配积载原则，提高车船容积利用。

d. 掌握等级起价，节约运输费用。尤其是零担货物的配积载，因为零担整车的运价是按拼配货物最高的运价等级计收运费，故应尽量将运价等级相同或相近的货物拼配在一起。

③ 配积载的形式

a. 见单配积载。是在货物提交联合运输时，先集中托运单据，后集中货物。也就是在见到托运单据时先对货物进行配积载计划，待确定装车装船期限时，再将货物送到车站码头。见单配积载工作比较主动，一般不占用流转性的仓库、车站、码头货位的利用率高，但遇到大量货物发运时，短途运输压力较大。

b. 见货配积载。是把需要联运的货物先集中到流转性的仓库或车站、码头货位上，再根据货物的流量、流向进行配积载。见货配积载可方便货主、减少货主负担，装车、装船的时间有保证，短途运输压力小，但易造成仓库堵塞不畅。

5. 接收货物

对于由货主自装箱的整箱货物，发货人应负责将货物运至双方协议规定的地点，多式联运经营人或其代理人（包括委托的堆场业务员）在指定地点接收货物。如是拼箱货，经营人在指定的货运站接收货物。验收货物后，代表联运经营人接收货物的人应在场站收据正本上签章并将其交给发货人或其代理人。

6. 核收多式联运费用

（1）多式联运费用项目　多式联运费用主要包括运费、杂费、中转费和服务费。

① 运费　货物联运运费包括铁路运费、水路运费、公路运费、航空运费、管道运费 5

个类别。按货物通过的运输工具而按照国家或各省、市、自治区物价部门规定的运价计算运费。联运服务公司向货主核收的运输费用包括以下内容。

a. 发运地区（城市）内的短途运输运费（接取费）。

b. 由发运联运服务公司至到达联运服务公司之间的全程运费。

c. 到达地区（城市）内的短途运输运费（送达费）。

② 杂费

a. 多式联运杂费的种类：

ⅰ. 装卸费；ⅱ. 换装包干费；ⅲ. 货物港务费；ⅳ. 货物保管费

b. 联运杂费的计算公式：

ⅰ. 铁路（水路）装卸费＝货物重量×适用的装卸费率。

ⅱ. 换装包干费＝货物重量×适用的换装包干费率。

ⅲ. 港务费＝货物重量×港务费率。

ⅳ. 货物保管费＝货物重量（或车数）×天数×适用的保管费率。

ⅴ. 公路装卸费＝车吨（货物重量）×适用的装卸费率。

③ 中转费

a. 中转费的构成主要包括装卸费、仓储费、接驳费（或市内汽车短途转运费）、包装整理费等。

b. 计算方式：分实付实收和定额包干两种方式。实付实收方式是在中转过程中发生的各项运杂费用，采用实报实销的办法。这种方式除了收取固定的中转服务费外，其他费用均属于代收代付。

定额包干方式是指确定一定的额度，包含所有中转费用。这种方式除了按一种费率包干外，还有按运输方式包干、按费用项目包干和按地区范围包干等。

④ 服务费

a. 服务费是指联运企业在集中办理运输业务时支付的劳务费用。一般采取定额包干的形式。按不同运输方式和不同的取送货方式，规定不同费率。

b. 服务费的组成一般包括业务费和管理费。业务费是指用于铁路、水路、公路各个流转环节所发生的劳务费用。管理费是指从事联运业务人员的工资、固定资产折旧和行政管理费等方面的支出。

(2) 多式联运费用核收方式

① 多式联运费用常用的核收方式

a. 发付：即由发货人在发货地向发运联运服务公司支付一切运输费用。

b. 到付：即由收货人在收货地向到达联运服务公司支付一切运输费用。

c. 分付：即由发货人在发货地向发运联运服务公司支付发货地发生的杂费和运费；由收货人在收货地向到达联运服务公司支付到达地发生的费用。

② 由发运联运服务公司至到达联运服务公司之间的全程运费是联运货物运输费用的主要组成部分，联运服务公司向货主核收这部分运费的计算办法主要有两种：

a. 按运输合同规定的运输线路及有关运输工具的运费标准，分别计算单项运输阶段运费，全程运费等于各单项运费之和。

b. 按联运服务公司自行规定的运费标准计算全程运费。

采用第一种方法计算运费时，联运服务公司是以货主运输代理人的身份，为货主代办联运货物的全程运输；而采用第二种计算运费方法时，联运服务公司是以货物联运经营人的身份，向货主承包联运货物的全程运输。联运服务公司可根据具体情况分别采用不同的运费计算方法。

7. 订舱及安排货物运送

经营人在合同订立之后，即应制订合同涉及的集装箱货物的运输计划，该计划包括货物的运输路线，区段的划分，各区段实际承运人的选择确定及各区段衔接地点的到达、起运时间等内容。这里所说的订舱泛指多式联运经营人要按照运输计划安排洽定各区段的运输工具，与选定的各实际承运人订立各区段的分运合同。这些合同的订立由经营人本人（派出机构或代表）或委托的代理人（在各转接地）办理，也可请前一区段的实际承运人作为代表向后一区段的实际承运人订舱。

8. 办理保险

在发货人方面，应投保货物运输险。该保险由发货人自行办理，或由发货人承担费用由经营人代为办理。货物运输保险可以是全程，也可分段投保。在多式联运经营人方面，应投保货物责任险和集装箱保险，由经营人或其代理人向保险公司或以其他形式办理。

投保人先填制“运输险投保单”，内容包括投保人名称、货物名称、运输标志、船名或装运工具、装运地（港）、目的地（港）、开航日期、投保金额、投保险别、投保日期和赔款地点等。一式两份，一份由保险公司签署后交投保人作为接受投保的凭证；另一份由保险公司留存作为缮制保险单的依据。为简化手续，外贸公司也有将发票、出口货物明细单或出运货物分析单代替投保单，但仍须加注配舱回单的内容及投保险别和金额。

按 FOB、FCA. CFR、CPT 条件成交的，保险由买方办理，如卖方同意接受买方委托代办保险，应由买方承担费用和风险。投保手续同上。在信用证上应注明“保险费允许在信用证的额度以外超支”。

保险公司根据投保内容，签发保险单或保险凭证，并计算保险费，单证一式五份，其中一份留存，投保人付清保险费后取得四份正本，投保即告完成。

投保人在保险单证出具后，发现投保内容有错漏或需变更，应向保险公司及时提出批改申请，由保险公司出立批单，粘贴于保险单上并加盖骑缝章，保险公司按批改后条件承担责任。

申请批改必须在货物发生损失以前，或投保人不知有任何损失事故发生的情况下，在货到目的地前提出。

9. 签发多式联运提单，组织完成货物的全程运输

多式联运经营人的代表收取货物后，经营人应向发货人签发多式联运提单（表 6-1）。在把提单交给发货人前，应注意按双方议定的付费方式及内容、数量向发货人收取全部应付费用。

多式联运经营人有完成和组织完成全程运输的责任和义务。在接收货物后，要组织各区段实际承运人、各派出机构及代表人共同协调工作，完成全程中各区段的运输以及各区段之间的衔接工作，运输过程中所涉及的各种服务性工作和运输单据、文件及有关信息等组织和协调工作。

10. 货物交付

当货物运至目的地后，由目的地代理通知收货人提货。收货人需凭多式联运提单提货，经营人或其代理人需按合同规定，收取收货人应付的全部费用。收回提单后签发提货单（交货记录），提货人凭提货单到指定堆场（整箱货）和集装箱货运站（拼箱货）提取货物。

表 6-1 集装箱联运提单（样本）

<table>
<tr><td colspan="2">托运人
Shipper</td><td colspan="3" rowspan="5">B/L No.
中国对外贸易运输总公司
China National Poreign Trade Transportation
GA
联运提单
Combined Transport Bill of Lading
Received the goods in apparent good order and condition as specified below unless otherwise stated herein.
(1)undertakes to perform or to procure the performance of the entire transport from the place at which the goods are taken in charge to the place designated for deliberation in this document,and
(2) assumes liability as prescribed in this document for such transport. One of the Bills of Lading must be surrendered duly indorsed inexchange for the goods or delivery order.</td></tr>
<tr><td colspan="2">收货人或指示
Consignee or Order</td></tr>
<tr><td colspan="2">通知地址
Notify Address</td></tr>
<tr><td>前段运输
Pre-carriage</td><td>收货地点
Place of Receipt</td></tr>
<tr><td>海运船只
Ocean Vessel</td><td>装货港
Port of Loading</td></tr>
<tr><td>卸货港
Port of Discharge</td><td>交货地点
Place of Delivery</td><td colspan="2">运费支付地
Freight payable at</td><td>正本提单份数
Number of Original B/L</td></tr>
<tr><td>标志和号码
Marks and Nos.</td><td>件数和包装种类
Number and Kind of Packages</td><td>货名
Description of Goods</td><td>毛重/公斤
Gross Weight/kgs</td><td>尺码/立方米
Measurement/m³</td></tr>
<tr><td colspan="5">以上各细目由托运人提供
Above Particulars Furnished by Shipper</td></tr>
<tr><td colspan="2" rowspan="3">运费和费用
Freight and Charges</td><td colspan="3">In Witness where of the number of original Bills of Lading sited above have been signed,one of which being accomplished,the other (s) to be void.</td></tr>
<tr><td colspan="3">签单地点和日期
Place and Date of Issue</td></tr>
<tr><td colspan="3">代表承运人签字
Signed for or on Behalf of the Carrier
代理
As Agents</td></tr>
</table>

如果整箱提货，则收货人要负责至掏箱地点的运输，并在货物掏出后将集装箱运回指定的堆场，运输合同终止。

按惯例国际多式联运的全程运输（包括进口国内陆段运输）均应视为国际货物运输。因此该环节工作主要包括货物及集装箱进口国的通关手续，进口国内陆段保税（海关监管）运输手续及结关等内容。如果陆上运输要通过其他国家海关和内陆运输线路时，还应包括这些海关的通关及保税运输手续。

这些涉及海关的手续一般由多式联运经营人的派出所机构或代理人办理，也可由各区段的实际承运人作为多式联运经营人的代表办理，由此产生的全部费用应由发货人或收货人负担。

如果货物在目的港交付，则结关应在港口所在地海关进行。如在内陆地交货，则应在口岸办理保税（海关监管）运输手续，海关加封后方可运往内陆目的地，然后在内陆海关办理结关手续。

11. 货运事故处理

如果全程运输中发生了货物灭失、损害和运输延误，无论是否能确定发生的区段，发（收）货人均可向多式联运经营人提出索赔。多式联运经营人根据提单条款及双方协议确定责任并做出赔偿。如能确知事故发生的区段和实际责任者时，可向其进一步进行索赔。如不能确定事故发生的区段时，一般按在海运段发生处理。如果已对货物及责任投保，则存在要求保险公司赔偿和向保险公司进一步追索问题。如果受损人和责任人之间不能取得一致，则需通过诉讼时效内提起诉讼和仲裁来解决。

国内多式联运与国际多式联运的业务流程的不同，主要是在于是否需要报关和办理保险的迫切性。国际多式联运必须报关，办理货物运输保险的迫切性更大。

（1）提出索赔申请　保险索赔可分为以下两种情况。

① 属于出口货物遭受损失，对方（进口方）向保险单所载明的国外理赔代理人提出索赔申请。中国人民保险公司在世界各主要港口和城市，均设有委托国外检验代理人和理赔代理人两种机构，前者负责检验货物损失。收货人取得检验报告后，附同其他单证，自行向出单公司索赔，后者可在授权的一定金额内，直接处理赔案，就地给付赔款。

进口方在向国外理赔代理人提出索赔时，要同时提供下列单证：保险单或保险凭证正本；运输契约；发票；装箱单；向承运人等第三者责任方请求补偿的函电或其他单证，以及证明被保险人已经履行应办的追偿手续等文件；由国外保险代理人或由国外第三者公证机构出具的检验报告；海事报告。海事造成的货物损失，一般均由保险公司赔付，船方不承担责任；货损货差证明；索赔清单，等等。

② 属于进口货物遭受损失，我国进口方向保险公司提出索赔申请。当进口货物运抵我国港口、机场或内地后发现有残损短缺时，应立即通知当地保险公司，会同当地国家商检部门联合进行检验。若经确定属于保险责任范围的损失，则由当地保险公司出具《进口货物残短检验报告》。同时，凡对于涉及国外发货人、承运人、港务局、铁路或其他第三者所造成的货损事故责任，只要由收货人办妥上述责任方的追偿手续，保险公司即予赔款。但对于属于国外发货人的有关质量、规格责任问题，根据保险公司条款规定，保险公司不负赔偿责任，而应由收货人请国家商检机构出具公证检验书，然后由收货单位通过外贸公司向发货人提出索赔。

进口货物收货人向保险公司提出索赔时，要提交下列单证：进口发票；提单或进出口货物到货通知书、运单；在最后目的地卸货记录及磅码单。

若损失涉及发货人责任，须提供订货合同。如有发货人保函和船方批注，也应一并提供。若损失涉及船方责任，须提供卸货港口理货签证。如有船方批注，也一并提供。凡涉及发货人或船方责任，还需由国家商检部门进行鉴定出证。若损失涉及港口装卸及内陆、内河或铁路运输方责任，须提供责任方出具的货运记录（商务记录）及联检报告等。

收货人向保险公司办理索赔，可按下列途径进行：海运进口货物的损失，向卸货港保险公司索赔；空运进口货物的损失，向国际运单上注明的目的地保险公司索赔；邮运进口货物的损失，向国际包裹单上注明的目的地保险公司索赔；陆运进口货物的损失，向国际铁路运单上注明的目的地保险公司索赔。

（2）审定责任，予以赔付　被保险人在办妥上述有关索赔手续和提供齐全的单证后，即可等待保险公司审定责任，给付赔款。在我国，保险公司赔款方式有两种：一是直接赔付给收货单位；二是集中赔付给各有关外贸公司，再由各外贸公司与各订货单位进行结算。

课外知识延伸　“一带一路”战略

“一带一路”分别指的是丝绸之路经济带和21世纪海上丝绸之路。“一带一路”作为中国首倡、高层推动的国家战略，对我国现代化建设和屹立于世界的领导地位具有深远的战略意义。

国家发展改革委、外交部、商务部联合发布《推动共建丝绸之路经济带和21世纪海上丝绸之路的愿景与行动》，提出：发挥新疆独特的区位优势和向西开放重要窗口作用，深化与中亚、南亚、西亚等国家交流合作，形成丝绸之路经济带上重要的交通枢纽、商贸物流和文化科教中心，打造丝绸之路经济带核心区。

利用长三角、珠三角、海峡西岸、环渤海等经济区开放程度高、经济实力强、辐射带动作用大的优势，加快推进中国（上海）自由贸易试验区建设，支持福建建设21世纪海上丝绸之路核心区。充分发挥深圳前海、广州南沙、珠海横琴、福建平潭等开放合作区作用，深化与港澳台合作，打造粤港澳大湾区。

“一带一路”这条世界上跨度最长的经济大走廊，发端于中国，贯通中亚、东南亚、南亚、西亚乃至欧洲部分区域，东牵亚太经济圈，西系欧洲经济圈。它是世界上最具发展潜力的经济带，无论是从发展经济、改善民生，还是从应对金融危机、加快转型升级的角度看，沿线各国的前途命运，从未像今天这样紧密相连、休戚与共。

“一带一路”不仅是实现中华民族振兴的战略构想，更是沿线各国的共同事业，有利于将政治互信、地缘毗邻、经济互补等优势转化为务实合作、持续增长优势。

项目三 国际多式联运单证制作

国际多式联运单证主要涉及以下几种不同的业务。

一、集装箱拼箱出口业务

1. 货主提供的单证

(1) 出口委托书。

(2) 出口货物明细单。

(3) 装箱单 (packing List)。

(4) 发票 (invoice)。

(5) 出口许可证。

(6) 出口收汇核销单、退税单。

(7) 报关手册。

2. 货代负责的单证

(1) 出口十联单。

第一联：集装箱货物托运单 (货主留底) (B/N)；

第二联：集装箱货物托运单 (船代留底)；

第三联：运费通知 (1)；

第四联：运费通知 (2)；

第五联：场站收据 (装货单) (S/O)；第五联副本：缴纳出口货物港务费申请书；

第六联：大副联 (场站收据副本)；

第七联：场站收据 (D/R)；

第八联：货代留底；

第九联：配舱回单 (1)；

第十联：配舱回单 (2)。

(2) 提单 (正本/副本) (B/L original/copy)：

第一，分提单 (house B/L)；

第二，总提单 (ocean B/L)。

(3) 海运单 (sea waybill)。

(4) 出口货物报关单证。

第一，必要单证：报关单、外汇核销单、装货单、装箱单、发票、合同、信用证副本。

第二，其他单证：出口许可证、免税手册、商检证明、产地证明等。

(5) 货物报关清单。

(6) 进舱通知。

(7) 集拼货预配清单。

(8) 装箱单（CLP）。
(9) 集装箱发放/设备交接单：进场/出场（Eir In/Out）。

二、集装箱整箱出口业务

(1) 海运出口委托书。
(2) 十联单。
第一联：集装箱货物托运单（货主留底）(B/N)；
第二联：集装箱货物托运单（船代留底）；
第三联：运费通知（1）；
第四联：运费通知（2）；
第五联：场站收据（装货单）(S/O)；第五联副本：缴纳出口货物港务费申请书；
第六联：大副联（场站收据副本）；
第七联：场站收据（D/R）；
第八联：货代留底；
第九联：配舱回单（1）；
第十联：配舱回单（2）。
(3) 集装箱陆上货物运输托运单。
(4) 装箱单（container load PLA）。
(5) 集装箱发放/设备交接单 进场/出场（eir in/out）。
(6) 报关手册。
(7) 集拼货预配清单。
(8) 装箱单（container load plan）。
(9) 集装箱发放/设备交接单 进场/出场（eir in/out）。
(10) 提单（正本/副本）(B/L original/copy)。
① 普通货物：装船提单。
② 集装货：收讫代运提单。

三、集装箱整箱进口业务

(1) 进口货物代理报关委托书。
(2) 提货单（进口五联单）。
第一联：到货通知书；
第二联：提货单（D/O)；
第三联：费用账单（1）；
第四联：费用账单（2）；
第五联：交货记录。
(3) 设备交接单（♯1 船代留底联　♯2 堆场联　♯3 用箱人联）。
(4) 海关进口货物报关单/提单（正本/副本）(B/L original/copy)
① 普通货物：以装船提单；
② 集装货：收讫代运提单。
(5) 货物运输报价单。

知识链接

国际多式联运单证

国际多式联运单证是指证明多式联运合同以及证明多式联运经营人接管货物并负责按合同条款交付货物的单证。该单证包括双方确认的取代纸张单证的电子数据交换信息。国际多式联运单证不是多式联运合同，只是多式联运合同的证明，同时是多式联运经营人收到货物的收据和凭其交货的凭证。在实践中一般称为国际多式联运提单（Multimodal Transport B/L）。《公约》对多式联运单证所下的定义："是指证明多式联运合同及证明多式联运经营人接管货物并负责按合同条款交付货物的单据。"在实践中一般称为多式联运提单。

国际多式联运中使用的单证较多，有与进出口运输所需要和办理运输有关业务的单证。如多式联运提单、各区段的运单、提单、提箱单、设备交接单、装箱单、场站收据、交货记录等；有的是向各口岸监管部门申报所使用的单证，如商业发票、进出口许可证、商检、卫生检疫证明、合同副本、信用证副本等。

四、集装箱运输相关单证

（1）集装箱发放/设备交接单（equipment interchange receipt，简称 EIR）

（2）装箱单（container load plan，CLP）

（3）场站收据（dock receipt，D/R）

（4）交货记录（delivery record）

（5）待提集装箱（货物）报告［report of un-delivery container（Cargo)］

待提集装箱（货物）报告是集装箱堆场或集装箱货运站经营人编制并交送承运人的，用于表明经过一段时间尚未能疏运的，仍滞留在堆场或货运站的重箱或货物的书面报告。承运人据以向收货人发出催提货物的通知，以利于加速集装箱的流通。

五、国际多式联运提单

1. 国际多式联运提单的核心作用

国际多式联运提单在国际货运中处于核心地位，是主要单证。它是发货人与多式联运经营人订立的国际货物多式联运合同的证明；是多式联运经营人接管货物的证明和收据；是收货人提取货物和多式联运经营人交付货物的凭证；是货物所有权的证明，可以用来结汇、流通和抵押等。

2. 多式联运提单的签发

多式联运经营人在收到货物后，凭发货人提交的收货收据（在集装箱运输时一般是场站收据正本）签发多式联运提单，根据发货人的要求，可签发可转让或不可转让提单中的任何一种。签发提单前应向发货人收取合同规定和应由其负责的全部费用。

多式联运经营人在签发多式联运提单时，应注意以下事项：

如签发可转让多式联运提单，应在收货人栏列明按指示交付或向持票人交付。如签发不可转让提单，应列明收货人的名称。提单上的通知人一般是在目的港或最终交货地点，由收货人指定代理人。对签发正本提单的数量一般没有规定，但如应发货人要求签发一份以上的正本时，在每份正本提单上应注明正本份数。如签发任何副本（应要求），每份副本均应注明“不可转让副本”字样，副本提单不具有提单的法律效力。签发一套一份以上的正本可转让提单时，各正本提单具有同样的法律效力，多式联运经营人或其代理人如已按其中的一份正本交货，便已履行交货责任，其他提单自动失效。

多式联运提单应由多式联运经营人或经其他授权人签字。如不违背所在国法律，签字可以是手签，手签笔迹的印、盖章、符号或用任何其他机械或电子仪器打出。

如果多式联运经营人或其代表在接收货物时，对货物的实际情况和提单中所注明的货物的种类、标志、数量或重量、包件数等有怀疑，但又无适当方法进行核对、检查时，可以在提单中做出保留，注明不符之处和怀疑根据。但为了保证提单的清洁，也可按习惯做法处理。

经发货人同意，可以用任何机械或其他方式保存《公约》规定的多式联运提单应列明的事项，签发不可转让提单。在这种情况下多式联运经营人在接管货物后，应交给发货人一份可以阅读的单据，该单据应载有此种方式记录的所有事项。根据《公约》规定这份单据应视为多式联运单据，《公约》中的这项规定主要是为适应电子单证的使用而设置的。

多式联运提单一般在经营人收到货物后签发。由于联运的货物主要是集装箱货物，因而经营人接收货物的地点可能是集装箱码头或内陆堆场、集装箱货运站和发货人的工厂或仓库。由于接收货物地点不同，提单签发的时间、地点及联运经营人承担的责任也有较大区别。在各处签发提单的日期，一般应是提单签发时的日期。如果应发货人要求填写其他日期（如提前则称为倒签提单），多式联运经营人要承担较大风险。

3. 多式联运提单的主要内容

多式联运提单是多式联运经营人、发货人、收货人甚至实际承运人等当事人之间进行业务活动的凭证，是接受货物的收据和交货的凭证，因此提单不仅能证明合同及其内容，而且要证明货物的情况，提单内容是否准确、清楚、完整，对保证货物正常交接、安全运输和划分责任有重要的意义。其主要内容包括以下。

(1) 货物的外表状况。

(2) 多式联运经营人的名称和主要营业所。

(3) 发货人、收货人（必要时可有通知人）名称。

(4) 多式联运经营人接管货物的地点和日期。

(5) 交付货物的地点。

(6) 双方明确协议的交付货物地点、交货的时间、期限。

(7) 表示该提单为可转让或不可转让的声明。

(8) 多式联运提单签发的地点和日期。

(9) 多式联运经营人或经其授权人的签字。

(10) 经双方明确协议的有关运费支付的说明，包括应由发货人支付的运费及货币，或由收货人支付的其他说明。

(11) 有关运输方式、运输路线、转运地点的说明。

(12) 有关声明与保留。

(13) 在不违背签发多式联运提单所在国法律前提下双方同意列入提单的其他事项等。

各多式联运经营人印刷的多式联运提单一般都应注明上述各项内容。这些内容通常由发货人填写，或由多式联运经营人或其代表根据发货人提供的有关托运文件及双方协议情况填写。如属跟单信用证下的贸易，提单上填写的内容应与信用证内容及《UCP 500》的规定完全一致，以保证能顺利结汇。

4. 多式联运提单的缮制

货主或货运代理在接受提单时，一是要审查提单正面有关运输项目栏的设置和填制内容；二是要审查提单背面有关承运人责任期间的规定，确定承运人是全程负责还是仅对自己完成的运输区段负责。

(1) 提单编号（B/L NO.） 为了便于查询、核查和归档，提单均应按规定填写提单编号，提单编号一般是由代表公司名称的4位字母和代表航次及序号的8位数字组成。同一票货物的编写号应与装货单等其他货物单证编号保持一致。至于编号原则由承运人自行定制出自己的提单编号方法。

(2) 托运人（shipper） 即与承运人签订运输契约、委托运输的货主，即发货人。在信用证支付方式下，一般以受益人为托运人；托收方式以托收的委托人为托运人。另外，根据《UCP 500》第31条规定：除非信用证另有规定，银行将接受表明以信用证受益人以外的第三者为发货人的运输单据。

(3) 收货人（consignee） 收货人要按合同和信用证的规定来填写。一般的填法有下列几种：

① 记名式 在收货人一栏直接填写上指定的公司或企业名称。该种提单不能背书转让，必须由收货人栏内指定的人提货或收货人转让。

② 不记名式 即在收货人栏留空不填，或填“To bearer”（交来人/持票人）。这种方式承运人交货凭提单的持有人，只要持有提单就能提货。

③ 指示式 指示式的收货人又分为不记名指示和记名指示两种。

a. 不记名指示 是在收货人一栏填“To bearer”，又称空白抬头。该种提单，发货人必须在提单背面背书，才能转让。背书又分为记名背书和不记名背书（空白背书）两种。前者是指在提单背面填上“Deliver to ×××”“Endorsed to ×××”，然后由发货人签章；后者是发货人在背面不做任何说明只签章即可。记名背书后，其货权归该记名人所有，而且该记名人不可以再背书转让给另外的人。不记名背书，货权即归提单的持有人。

b. 记名指示 是在收货人一栏填“To order of shipper”，此时，发货人必须在寄单前在提单后背书；另外还有凭开证申请人指示即L/C中规定“To order of applicant”，在收货人栏就填“To order of ××× Co”；凭开证行指示，即L/C中规定“To order of issuing bank”，则填“To order of××× bank”。

在实际业务中，L/C项下提单多使用指示式。托收方式也普遍使用不记名指示式。若做成代收行指示式，事先要征得代收行同意。因为根据URC 522中第10条a款规定：除非先征得银行同意，货物不应直接运交银行，亦不应以银行或银行的指定人为收货人。如未经银行事先同意，货物直接运交银行，或以银行的指定人为收货人，然后由银行付款或承兑后将货物交给付款人时，该银行并无义务提取货物，货物的风险和责任由发货人承担。

④ 被通知人（notify party） 原则上该栏一定要按信用证的规定填写。被通知人即收货人的代理人或提货人，货到目的港后承运人凭该栏提供的内容通知其办理提货，因此，提单的被通知人一定要有详细的名称和地址，供承运人或目的港及时通知其提货。若L/C中未规定明确地址，为保持单证一致，可在正本提单中不列明，但要在副本提单上写明被通知人的详细地址。托收方式下的被通知人一般填托收的付款人。

⑤ 前程运输工具（pre-carriage by） 此栏应填入运输工具名称。

⑥ 收货地（place of receipt） 如果在收货地收货，此栏应填入具体名称。

⑦ 船名及船航次号（ocean vessel& voyage no.） 由承运人配载的装货的船名，班轮运输多加注航次（voy. no.）。

⑧ 装货港（port of loading） 填实际装运货物的港名。L/C 项下一定要符合 L/C 的规定和要求。如果 L/C 规定为“中国港口”（Chinese Port）此时不能照抄，而要按装运的我国某一港口实际名称填。

⑨ 卸货港（port of discharge） 原则上，L/C 项下提单卸货港一定要按 L/C 规定办理。但若 L/C 规定两个以上港口者，或笼统写“××主要港口”如“European main ports”（“欧洲主要港口”）时，只能选择其中之一或填明具体卸货港名称。

⑩ 交付地（place of delivery） 可根据需要填入具体名称。但值得注意的是，收货地、交付地栏可以均填入具体名称，也可仅在其中一项填入具体名称，另一栏保持空白，但不得均为空白，否则该提单就成为港-港提单，而非多式联运提单。

⑪ 标志、集装箱号及铅封号（mark& nos. container/seal no.） 此栏应填入的标志必须与商业发票及有关单据上的标志一致，且不得与信用证有任何抵触。对于集装箱货物，还应注明集装箱号及铅封号，以便核对与查询。对于无包装标志的散货等应在提单上注明“无标志”（N/M），不能在提单货物标志栏内保持空白。

⑫ 集装箱数或货物件数及货物描述（number of containers or packages, description of goods） 集装箱数或货物件数可按商业发票描述填写，且与信用证的要求一致。对货物的描述可填货物总称，不需填写详细的规格、等级等。

⑬ 毛重和体积（gross weight & measurement） 除非信用证有特别规定，提单上一般只填货物的总毛重和总体积，而不表明净重和单位体积。一般重量均以公斤表示，体积用立方米表示。

⑭ 总箱数或货物总件数（total number of containers and or/packages） 用英文大写字母而不是阿拉伯数字来填写集装箱的总箱数或货物的总件数。在件数前须加“SAY”字样，相当于“合计”，在件数后加上“ONLY”相当于“整”。如总数为 88 纸箱，表达为“SAY EIGHTY EIGHT CARTONS ONLY”。

⑮ 运费支付（freight & charges） 信用证项下提单的运费支付情况，按其规定填写。一般根据成交的价格条件分为两种：若在 CIF 和 CFR 条件下，则注明“freight prepaid”或“freight paid”；FOB 条件下则填“freight collect”或“freight payable at destination”。若租船契约提单有时要求填：“freight payable as per charter party”。有时信用证还要求注明运费的金额，按实际运费支付额填写即可。

⑯ 提单签发的份数（no. of originals B/L） 信用证支付方法下提单正本的签发份数一般都有明确规定，因此，一定要按信用证的规定出具要求的份数。例如，信用证规定：“full set 3/3 original clean on board ocean bill of lading...”，这就表明提单签发的正本三份，在提交给银行议付时必须是三份正本。若在提单条款上未规定份数，而是在其他地方指明：“…available by beneficiary’ s draft at sight drawn on us and accompanied by the following documents in duplicate”，表明信用证所要求提交的单据（包括提单），全都是一式两份。又如信用证规定：“Full set of clean on board bill of lading issued...”，此种规定没有具体表明份数，而是指“全套”，根据《UCP 500》第 23 条 a（4）款规定：“包括一套单独一份的正本提单，或如果签发正本超过一份，则包括出立的全套正本。因此，对此类规定，要按照实

际船方签发正本的份数而定。”

⑰ 提单签发地点与日期（place and date of issue） 提单的签发地点一般在货物运港所在地，日期则按信用证的装运期要求，一般要早于或与装运期为同一天。有时由于船期不准、迟航或发货人造成迟延，使实际船期晚于规定的装期，发货人为了适应信用证规定，做到单证相符，要求船方同意以担保函换取较早或符合装运期的提单，这就是倒签提单（Ante-Dated B/L）；另外，有时货未装船或未开航，发货人为及早获得全套单据进行议付，要求船方签发已装船提单，即预借提单（advance B/L）。这两种情况是应该避免的，如果发生问题，或被买方察觉，足以造成巨大经济损失和不良影响。

⑱ 承运人签章（signed for the carrier） 提单必须由承运人或其代理人签字才能生效。若信用证要求手签的也要照办。对于海运提单由哪些人签署才有效的问题，《UCP 500》作了新的补充规定，即第 23 条 a（1）款中规定签署人可以是承运人或作为承运人的具名代理人或代表，或船长，或作为船长的具名代理人或代表。

除以上栏目外，在缮制提单时，根据实际需要，在提单上还会加批各种各样的批注。单上常见的批注类型有以下。

a. 对货物与包装状况的批注 例如，one bag broken（一包破）；one bale of rubber stained by water（一包橡胶水渍）；all timber loaded wet（全部木材装船水湿）；one carton no. 23 middew stained（第 23 号纸箱有霉迹）；two boxes carshed，contents exposed（两箱打碎，货物暴露）。

b. 对附加费用的说明 例如，port ecpenses at destination to be borne by the consignee（目的港费用由收货人负担）。

c. 免责批注 例如，N/R for putrefaction（船方不负货物腐烂之责）；N/R for number of pieces caused by bondles off（散捆后船方对件数不负责）；said to contain...（据托运人说有……）。

d. 对运输方式的说明 例如，ship may discharge the goods at the neatest port if unable to reach the destination（如不能进入目的港，船方可将货物在就近港口卸下）。

e. 未明确表示货物与包装不良的批注 例如，second-hand cases（用过的箱子）；used drums（旧桶）。

f. 对货物数量的批注 例如，short shipped one jar（少装一坛）。

在上述五类批注中，有 A 类批注的无疑是不清洁提单。B 是说明费用的，除非信用证有相反规定，银行都会接受这种提单的。C 和 D 实际上是承运人认为需要时重申他的权利和责任，一般提单条款中已有类似说明，提单上加注这些内容，对收货人权益并无影响。E 并没有明确表明货物与包装的缺陷。所以有 b、c、d、e 这几类批注的都不属于不清洁提单。f 说明了货物的短少。货物在装船时由于损坏等原因，出口商一时又不能补齐货物，承运人就在提单上加这类批注。提单上有这类批注时，托运人均按实际出运数来缮制发票收取货款，对收货人来说仍是货真价实，不会吃亏。所以一般说来进口商可以接受这类单据。但是，也有这样的实例：我国某港货物在夜间装船，不慎货物落海一件，因船即将离港，来不及更换提单，船长在签单时注明：“shut-out one package”（退关一件），结果进口商以提单是不洁提单为由提出拒付货款，最后几经交涉，降价才付款。所以为谨慎起见，在这种情况下出口商还是尽可能更换提单，以防对方拒付。

工作任务单：国际多式联运操作模拟

任务描述：一艘满载货物的轮船经过13d的航行后，从中国盐田港（000088）抵达温哥华港，12h后，所有货柜卸载完毕，60h后所有货柜全部装上列车，只需要5d时间，列车就能抵达多伦多，4h内货柜就从火车上转运到卡车上，进而运往北美各地。

这就是加拿大国家铁路（CN）的多式联运模式，得益于加拿大亚太门户计划(APGCI)，从加拿大西部港口到多伦多，火车运输只要100h。加拿大国铁国内多式联运商业发展部销售主管托尼·比安科（Tony Bianco）介绍，加拿大国铁西至西海岸的鲁珀特王子港和温哥华港，东至大西洋（600558）港口哈利法克斯，南至墨西哥湾的新奥尔良港，是唯一一个连接三大海岸并拥有加拿大和美国境内铁路的运输公司。

阅读材料，完成以下任务。

（1）如果该任务交给某国际多式联运公司，请将其完整的运输线路和各阶段操作方案进行设计。

（2）该批货物应该怎样签发单证？

（3）国际多式联运公司在整个过程中的责任有哪些要负全程责任吗？

（4）货运代理人作为MTO安排多式联运业务，请回答国际多式联运公约对MTO交付货物的形式是如何规定的？

（5）发达国家多式联运发展现状与我国多式联运发展现状的区别是什么？

一、资讯阶段

（1）搜集资料，了解发达国家多式联运发展情况，要具体到某个国家分析。

（2）思考和分析：发展多式联运的好处是什么？

（3）有关国际多式联运的新闻搜索。

（4）阅读相关书籍和网站。

（5）搜集世界地图、世界海运路线、铁路路线、公路路线。了解我国主要的边境口岸(包含公路和铁路)。

（6）阅读书籍，了解国际多式联运的种类。

（7）自学国际多式联运费用的计收。

二、计划和决策阶段

（1）每组成员确定5人分角色扮演：国际多式联运公司操作员；外贸业务员；船公司工作人员、公路运输企业、航空公司业务员。

填写业务责任表（见表6-2）。

表6-2 业务责任表

业务流程	任务	责任人
识别客户传来的单据，确定发货地和目的地信息		
向公路运输企业办理内陆托运，向船公司订舱（或者向航空公司）、向铁路车站办理托运		
安排报关、报检、保险和各阶段货物运输衔接工作，签发多式联运提单		
各阶段费用结算，核对费用信息		

（2）以小组为单位，讨论订舱实施的流程和注意事项。

三、实施阶段

（1）外贸业务员委托国际多式联运公司操作员办理托运、报关、保险业务。

（2）国际多式联运公司设计联运方案。

（3）国际多式联运公司操作员根据委托，依据外贸合同信息选取保险公司，填制投保单；保险公司出具保险单。

（4）国际多式联运公司操作员根据委托，办理报关手续。

（5）国际多式联运公司与各分承运人结算费用，与外贸公司结算费用。

四、检查阶段

（1）角色安排、责任人安排和工作业务顺序安排是否正确

（2）报关单、投保单、保险单、（空运单）提单等填制是否正确

五、评估阶段

（1）每组制作PPT分角色汇报，陈述工作过程。

（2）按职业能力填写工作任务评价表（见表6-3）。

表6-3 工作任务评价表

能力		自评（10%）	小组互评（30%）	教师评价（60%）	合计
专业能力（60分）	(1)国际多式联运方案设计能力(20分)				
	(2)保险费计算能力(10分)				
	(3)投保单和保险单填制能力(10分)				
	(4)提单(空运单)填写能力(10分)				
	(5)成本核算能力(10分)				
方法能力（40分）	(1)解决问题能力(10分)				
	(2)地图路线分析能力(10分)				
	(3)创新能力(10分)				
	(4)团体协调能力(10分)				
综合评分					

一、单项选择题

1. 国际多式联运所应具有的特点不包括（　　）。

A. 签订一个运输合同　B. 采用一种运输方式　C. 采用一次托运　D. 一次付费

2. 内陆点多式联运又称为（　　）。

A. OCP运输　B. MLB运输　C. IPI运输　D. SLB运输

3. 在货运代理支付了有关全程运输费用后，海铁联运经营人签发（　　）给货运代理。

A. 海铁联运委托单　B. 海铁联运提单　C. 运输委托书　D. 铁路运单

4. 多式联运经营人只要在交给发货人或其代理人的（　　）上签章（必须是海关能接受的），证明接受委托申请，多式联运合同就已经订立并开始执行。

A. 场站收据（空白）副本　　　　B. 场站收据（空白）正本

C. 多式联运提单　　　　D. 运输委托书

5. 在国际多式联运中，如果货物在全程运输中发生了灭失、损害和运输延误，如不能确定事故发生的区段时，一般按在（　　）发生处理。

A. 公路段　　B. 海运段　　C. 铁路段　　D. 空运段

6. 由多式联运经营人（MTO）完成全程运输组织业务的联运组织方法称为（　　）。

A. 衔接式多式联运　　B. 法定联运　　C. 协作式多式联运　　D. 协作联运

7. 在多式联运中处理货损事故时多采用（　　）。

A. 统一责任制　　B. 网状责任制　　C. 责任限额制　　D. 单一责任制

二、多项选择题

1. 适用国际铁路联运的交货条款主要有（　　）。

A . CPT　　B. CIP　　C. FCA　　D. FOB

2. 国际多式联运的特点是（　　）。

A. 由不同运输企业按照统一的公约共同完成全程运输工作

B. 签订一个运输合同，对货物运输的全程负责

C. 采用两种或两种以上不同运输方式来完成运输工作

D. 采用一次托运、一次付费、一票到底、统一理赔、全程负责的运输业务

3. 目前世界主要的大陆桥运输线有（　　）。

A. OCP 运输线

B. 美国大陆桥运输线和加拿大大陆桥运输线

C. 西伯利亚大陆桥运输路线

D. 新亚欧大陆桥运输线

4. 属于多式联运方式的运输组织方式有（　　）。

A. OCP 运输　　B. MLB 运输　　C. IPI 运输　　D. SLB 运输

5. 按全程收取运费的运输组织方式有（　　）

A. OCP 运输　　B. MLB 运输　　C. IPI 运输　　D. SLB 运输

6. 提单签发适用于全程运输区段的运输组织方式有（　　）。

A. OCP 运输　　B. MLB 运输　　C. IPI 运输　　D. SLB 运输

7. 多式联运单一费率由（　　）共同组成。

A. 货物成本　　B. 运输成本　　C. 经营管理费用　　D. 利润

三、案例分析题

香港某出口商通过作为多式联运经营人的货运代理经孟买转运至新德里发运一批半成品服装。货物由多式联运经营人在其货运站装入 2 个集装箱，且签发清洁提单表明已于良好状态下接收货物。

集装箱经海路从香港运至孟买，再由铁路运至新德里。在孟买卸船时发现其中 1 箱外表损坏，多式联运经营人在该地的代理在将货通过铁路运输前已将此损害通知实际承运人。

当集装箱在新德里开启之后，发现：

外表损坏的集装箱内装货物严重受损；

另一集装箱虽然外表完好铅封也无损，但内装货物受损。

(1) 多式联运经营人对两箱货损是否负责？如果负责，负责到什么程度？

(2) 对于两个集装箱，多式联运经营人是否有权向两个承运人索赔？对于每个集装箱其责任如何？

知识拓展练习答案

学习情境一　国际货运代理认知

一、单项选择题

1. C　2. C　3. B　4. B　5. B　6. B　7. B　8. D

二、判断题

1. ×　2. ×　3. √　4. ×　5. √　6. ×

三、案例分析题

1. A 贸易公司和船公司无责任。B 货运代理公司负全责。

2. 承运人无须对其他货主的损失承担赔偿责任。由于 B 货运代理公司未向船公司告知该批货物为危险品货物，因此由此产生的货物灭失和对其他货物及船舶的损失均由 B 货代公司负责。我国海商法规定，运输危险品时托运人未通知或者通知有误的，承运人可以在任何时间、任何地点根据情况需要将货物卸下、销毁或者使之不能为害，而不负赔偿责任。托运人对承运人因运输此类货物所受到的损害，应当负赔偿责任。

3. 责任保险人不承担责任。因为投保人隐瞒了货物的真相，属于欺骗性质，保险公司免责。

学习情境二　国际贸易相关业务认知

一、单项选择题

1. A　2. C　3. B　4. D　5. C

二、多项选择题

1. ABD　2. ABCD　3. ABDE　4. ACD　5. AC

三、案例分析题

分析：本案中天津××进出口公司为出口货物的发货人，有资格申请为自理报检单位。国家对自理报检单位实行备案登记管理制度。凡纳税人自理报检范围的单位，首次报检之前都应办理备案登记手续，取得登记代码，方可办理自理报检业务。因此，该公司在首次办理报检业务之前，备案登记申请人应首先填写自理报检单位备案登记申请表，然后向其工商注册所在地辖区内的天津检验检疫局提交以下材料（一般都通过网上提交），来办理备案登记申请：(1) 加盖企业公章的企业法人营业执照复印件，同时交验原件；

(2) 加盖企业公章的企业组织机构代码证复印件，同时交验原件；

(3) 提交报检时使用的印章印模及法人代表签名手迹备查；

(4) 有进出口经营权的国内企业及中外合资、中外合作、外商独资企业，应交验企业工商营业执照和政府批文，并交付有效复印件；

(5) 无进出口经营权的出口货物生产企业及其他企业，应交验企业工商营业执照并交付有效复印件，以及与出入境事项有关的文件或合同等；

(6) 检验检疫机构要求的其他证件。

获取了天津检验检疫局注册的登记代码后，该企业即可从事报检工作。

小李虽已考取报检员资格证，但要成为正式报检员，还要由天津××进出口公司向天津检验检疫局申请，提交报检员注册申请书，经审核发给报检员证。获得报检员证后，小李方可从事报检工作，并应在报检时主动出示其报检员证。

学习情境三　国际海运货运代理操作

一、单项选择题

1. C　2. B　3. C　4. B　5. B　6. C

二、判断题

1. √　2. ×　3. ×　4. √　5. ×　6. ×

三、计算题

解：1. 应付 18500 美元，(1600＋150＋100)×10＝1850×10＝18500(USD)

2. all in rate 是 1850.00USD

3. 托运人应支付 All in Freight 的运费是 18500.00USD

四、操作题

1. 船期表（liner schedule）

船期表的主要内容包括：航线、船名、航次编号、始发港、中途港、终点港的港名，到达和驶离各港的时间，其他有关的注意事项等。

2. 船期表上的英文缩写：

ETA—estimated time of arrival 船舶预计抵达的时间；

ETD—estimated time of departure 船舶预计离港的时间；

ETS—estimated time of sailing 船舶预计开航时间；

ETB—estimated time of berthing 船舶预计停靠码头的时间。

3. 船期表上的时间

(1) booking closing 截单期：

船公司接受订舱的最后日期。

超过截单期，如果船公司同意再次接受订舱，称之为“加载”。

(2) CY open 开港日：

重柜可以还回船公司码头的时间。

(3) CY closing 截港时间：

码头截至收柜的时间。

(4) customs submission 截关时间：

截止报关放行的时间。

学习情境四　国际航空货运代理操作

一、单项选择题

1. B　2. C　3. A　4. B　5. A

二、多项选择题

1. ABCD　2. BC　3. ABC

三、判断题

1. √　2. √　3. ×　4. √　5. √

四、简答题

答：①危险品申报单须填写一式两份，签字后一份始发站留存，另一份随货到达目的地。②托运人须自行填写并签字，同时对申报单的内容负责。③任何代理人都不可代托运人签字。

五、计算题

volume：89×61×35cm＝190015cm^3×6＝1140090cm^3

volume weight：1140090cm^3÷6000cm^3/kg＝190.015kg＝190.5kg

gross weight：122.4kg

chargeable weight：190.5kg

applicable rate：50%×38.22CNY＝19.11CNY

weight charge：19.11CNY×190.5＝3640.46CNY

六、案例分析题

（1）A货运代理公司是集运商，B货运代理公司是A货运代理公司的代理人，对承运人航空公司而言，他们是托运人。他们对货物遗失不承担责任。

（2）适用国际航空货运公约。因为货物从沈阳运至香港属于国际运输。

（3）没有法律依据。因为货物“声明价值”栏未填写即没办理声明价值并支付声明价值附加费，所以航空公司按普通货物赔偿，最高限额为每公斤20美元。

七、操作题

（1）用硬质木材或铁箱包装，必要时加“井”字铁腰加固并使用铅封或火漆封志。

（2）除识别标签和操作标签外不应有其他任何额外标贴，特别是不应有任何对内装货做出提示的标记。

（3）真实的货物名称，准确的净重和件数，同时注明“Valuable Cargo”字样。

（4）能。

（5）不得超过十万美元。

学习情境五　国际陆运货运代理操作

一、单项选择题

1. C　2. C　3. A　4. C　5. A

二、多项选择题

1. ABCD　2. BD　3. ABD　4. ABC　5. ABC

三、案例分析题

（1）国际货运代理企业无义务支付运费。因为他是作为托运人的代理人，故与铁路公司之间无运输合同关系。

（2）在国际货运代理企业未支付运费情况下，托运人有义务支付运费。因为托运人与铁路公司之间存在铁路联运合同。

学习情境六　国际多式联运操作

一、单项选择题

1. B　2. C　3. B　4. A　5. B　6. A　7. B

二、多项选择题

1. ABC　2. BCD　3. BCD　4. BCD　5. BCD　6. BCD　7. BCD

三、案例分析题

(1) 集装箱是多式联运经营人自己装箱且已承认收货时货物外表状况良好，因而他对两箱货损都要负责。

(2) 第一个集装箱是在从香港至孟买的海运途中损坏的，很明显货物也是此时受损的。多式联运经营人要对出口商的损失负责，但他可以根据海牙规则或海牙—维斯比规则限制其责任，且多式联运经营人有权向海上承运人索赔。

对于第二箱货损，应看作隐藏损害，因为货损发生在哪一阶段无从查明。此时，多式联运经营人的责任可以按照ICC对于“统一联运单证”的规定限制在2SDR/kg。

参考文献

[1] 陈智刚，张垠，晏威等. 国际货运代理与报关实务. 北京：清华大学出版社，2008.

[2] 白世贞，李楠. 国际物流与货运代理. 北京：中国人民大学出版社，2009.

[3] 陶广华，武力波，杨国荣. 国际货运代理. 北京. 高等教育出版社. 2010

[4] 李洪奎，孙明贺. 国际货运代理. 北京：高等教育出版社，2010.

[5] 安仲文，秦强. 国际货运代理实务. 北京：对外经济贸易大学出版社，2009.

[6] 吕军伟. 国际物流业务管理模块与岗位操作流程. 北京：中国经济出版社，2005.

[7] 顾寒梅. 国际货物运输保险理论与实务. 北京：中国物资出版社，2005.

[8] 曾凡华. 集装箱运输业务. 北京：机械工业出版社，2005.

[9] 武德春，武骁. 国际多式联运实务. 北京：中国机械工业出版社，2005.

[10] 刘耀威. 进出口商品的检验与检疫. 北京：对外经济贸易大学出版社，2001.

[11] 姚新超. 国际贸易运输与保险. 北京：对外经济贸易大学出版社，2006.

[12] 胡美芬. 远洋运输业务. 第 4 版. 北京：人民交通出版社，2006.

[13] 王为. 国际铁路货物联运. 北京：中国商务出版社，2007.

[14] 孙家庆. 航运与物流市场营销. 大连：大连海事大学出版社，2006.

[15] 孙家庆. 集装箱多式联运. 北京：中国人民大学出版社，2009.

[16] 董千里. 特种货物运输. 北京：中国铁道出版社，2007.